Réserve

p Y² 164.

Reserve
p Y 154.

Les Horribles

faictz & prouesses espouuẽ-
tables de PANTA-
GRVEL roy des
Dipsodes, composez
par feu M. ALCO
FIBRAS,
abstracteur
de quinte
essen-
ce.

M.D.XXXVII.

On les vend a Lyon, Chez
Francoys Iuste, druant
nostre dame de
Confort.

...IN DE M. HVGVES ...ALEL a l'autheur de cestuy liure.

...mesler prouffit auec doulceur
...ou̇s vn autheur grandement,
...seras, de cela tiens toy seur:
...le cognois, car ton entendement
...re verer soubz plaisant fondement
...lié a si tresbien descripte,
Qu'il m'est aduis que soy vn Democrite
Riant les faictz de nostre vie humaine.
Perseuere, & si n'en as merite
En tres bas temps: l'auras en l'hault domaine.

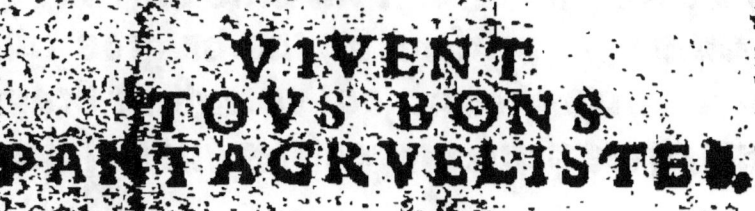

VIVENT
TOVS BONS
PANTAGRVELISTES.

Prologue de l'autheur.

Tresilustres & treschevalereux champions, gentilz hommes, & autres, q voluntiers vous adonnez à toutes gentillesses & honestetéz, vous avez na gueres veu, leu, & sceu, les grades & inestimables chronicques de lenorme grãt Gargãtua, & cõme vrays fideles les avez creues, tout ainsi q̃ texte de Bible, ou du sainct Euãgile, & y avez maintesfois passé de vre tẽps avecq̃s les honorables Dames & Damoyselles, leur en faisãt beaulx & lõgs narréz, alors q̃ estiez hors de ppos dont estés bien dignes de grãde louãge. Et à la mienne voluntè q̃ vn chascũ laissast sa propre besomgne, & mist ses affaires ppres en oubly, affin de y vacqr entieremẽt sans q̃ son esperit fust de ailleurs distraict ny empesché, iusq̃s à ce q̃ son les tint p cueur affin q̃ si d'aventure l'art de imprimerie cessoit ou en cas q̃ toꝰ livres perissent, au tẽps advenir vn chascũ les peust bien au net enseigner à ses enfãs. Car il y a plus de fruict q̃ par adventure ne pensent vn tas de gros talvassiers tous crousteleuéz, qui entendent beaucoup moins en ces petites ioyeusetéz, que ne faict Ra-

A ij

clet en l'institute. J'en ay congneu de haultz et
puissans seigneurs en bon nombre, qui allans a
chasse de grosses bestes, ou voller pour faulcon:
s'il advenoit q̃ la beste ne feust rencõtrée par les
vautres, ou q̃ le faulcon se mist a planer, voyãt la
praye gaigner a tire d'aesle, ilz estoient bien mar-
rys, cõme entẽdez assez: mais leur refuge de recõ-
fort, & affin de ne soy morfõdre, estoit a recoler les
inestimables faictz dudict Gargantua. Aultres
sõt p le mõde (ce ne sont fariboles) q̃ estans grãde-
ment affligez du mal des dentz apres avoir tous
leurs biens despendu en medicins, sans en rien
profiter ne ont trouué remedé plus eppediẽt que
de mettre lesdictes chroniq̃s entre deux beaulx
linges bien chaulx, & les appliquer au lieu de la
douleur, les sinapizãt auecques vn peu de pouldre douribus. Mais que diray ie des pauures verolez & goutteux? O quãtesfois nous les auons
veu, a l'heure q̃ ilz estoyent bien oingtz & engres-
sez a poinct, & le visage leur reluysoit comme la
claueure dun charnier, & les dentz leur tressail-
loyent comme font les marchettes dung clauier
d'orgues ou despinette, quand on ioue dessus, et
que le gosier leur escumoit comme a vn verrat

que les Bauffrez ont aculé entre les toilles: que faisoyent ilz alors? toute leur cõsolation n'estoit que de ouyr lire quelque page dudict liure. Et en auons veu qui se donnoyent a cent pippes de dia- bles, en cas que ilz n'eussent senty allegemẽt ma- nifeste a la lecture dudict liure, lors qu'on les te- noit es lymbes, ny plus ny moins que les femmes estãts en mal d'enfant, quãd on leurs lísit la vie de saincte Marguerite. Est ce rien cela? Trouuez moy liure en quelque langue, en quelque faculté a sciẽce que ce soit, qui ayt telles vertus, proprie- téz et prerogatiues, et te payeray chopine de trippes. Non messieurs nõ. Il ny en a poinct. Et ceulx qui vouldroiẽt maintenir que si, reputez les abu- seurs et seducteurs. Bien vray est il que lon trou- ue en aulcuns liures dignes de memoire certai- nes proprietéz occultes, on nombre desquelz lon tient Fessepinthz, Orlando furioso, Robert le diable, Fierabras, Guillaume sans paour, Huõ de Bourdeaulx, Monteuille, et Matabrune: Mais ilz ne sont comparables a celluy duquel parlons. Et le monde a bien congneu par eppe- rience infallible le grand emolument et vtilité q̃ venoit de ladicte chronique Gargantuine, car en a esté plus vendu des imprimeurs en deux moys, qͥl ne sera acheté de Bibles en neuf ans. Voulãt doncques ié vostre humble esclaue acroistre vos passetemps d'aduãtaige: vous offre de present vn aultre liure de mesme billon sinon qu'il est vn peu plus equitable & digne de foy que n'estoit l'autre. Car ne croyez(si ne voulez errer a vostre esciẽt)que l'en parle comme le iuifz de la loy. Ie ne suis nay en telle planette, & ne m'aduint oncques de mẽtir,ou asseurer chose q̃ ne fust veritable. I'en parle cõme sainct Iean de l'apocalypse: qd̃ vidimus testamur. Ce st des horribles faictz & prouesses de Pantagruel, lequel i'ay seruy a gaiges des lors que ie fuz hors de paige, iusques a present, que par son cõgié suis venu visiter mon pais de vacche,& sçauoir si en vie estoit parent mien aulcun. Pourtant, affin q̃ ie face fin a ce prologue, tout ainsi comme ie me donne a cent mille panerees de beaulx diables corps & ame, trippes & boyaulx, en cas que l'en mẽt en toute l'hystoire d'vn seul mot: pareillemẽt le feu sainct Antoine voꝰ arde, mau de terre voꝰ vire, le lacy, le maulubec voꝰ trousse, la caqu sangue vous viengne, le mau fin feu de

ricqueracque, auſſi menu que poil de vacche, tout renforcé de vif argent vous puiſſe entrer au fondement, & comme Sodome & Gomorrhe puiſſiez tomber en ſoulphre, en feu et en abyſme, ſy vous dieux & ſy vous bons homs,
miculx vouldroit boyre iuſques a caros: en cas que vous ne croyez fermemẽt tous ce que ie vous racõpteray en ceſte preſente chronique, qui ne me entend, ie me entens. He dehayt. Beuuons la petite foys, par grace.

A iiij

¶ De lorigine & antiquité du grant
Pantagruel. ¶ Chapistre.j.

Ce ne sera chose inutile ne oy
sifue, veu q sommes de seiour
vous ramenteuoir la premie
re source & origine dont nous
est né le bon Pātagruel. Car
ie voy que tous bons hystorio
graphes ainsi ont traicté leurs
¶ Chroniques, non seullement les Arabes, Bar
bares & Latins, mais aussi les Gregoys gen
tilz qui furent beuueurs eternelz. Noter doncq
vous conuient, que au commencement du mon
de, peu apres que Abel fut occis par son frere
Cayn, la terre embue du sang du iuste fut vne
certaine annee si tresfertile en tous fruictz qui de
ses flans nous sont produytz & singulierement
en Mesles, que on l'appella de toute memoire
l'anne des grosses Mesles: car les troys en fai
soyent le Boysseau, on moys de Octobre, ce me
semble, ou bien de Septēb. (affin que ie ne erre)
fut la sepmaine tant renommee par les fastes
nosez, qu'on nomme la sepmaine des troys

gruaie: car il y en eut voire, a cause des irregu-
liers bissextes, que le Soleil bruncha quelque
peu comme debitoribus a gauche, & la Lune varia de son cours plus de cinq toises, le monde voluntiers mangeoit desdictes Mesles: car elles
estoyent belles a l'oeil, & delicieuses au goust.
Mais tout ainsi comme Noé le sainct homme
(au quel tant sommes obligez & tenuz, de ce qu'il
nous planta la vine, dont nous vient ceste nec-
tareicque, delicieuse, precieuse, celeste, ioyeuse et
deificque liqueur, qu'on nomme le piot) fut trompé en le beuuant, car il ignoroit sa grande vertu
& puissance d'icelluy. Semblablement les hommes & femmes de celluy temps mangeoyent en
grand plaisir de ce beau & gros fruict, mais acci-
dens bien diuers leurs en aduindrent. Car a
tous suruint en corps vne enfleure treshorrible,
mais non a tous en vn mesme lieu. Car aulcuns enfloyent par le ventre, & le ventre leur de-
uenoit bossu comme vne grosse tonne: desquelz
est escript: Ventrem omnipotentem: iceulx furent tous gens de bien & bons raillars. Et de ceste race nasquit sainct Pansart & Mardygras.
Les aultres infloyent par les espaulles, & tant

estoyēt bossus qu'on [...] pelloit montiferes, cō
me porte montaignes, dont vous en voyez encores par le monde en diuers sexes & dignitez. Et
de ceste race yssit Esopet: duquel vous auez les
beaulx faictz & dictz par escript. Les aultres enfloyent en longueur par le membre, qu'on nomme
le laboureur de nature: en sorte quilz le auoyent
merueilleusement long, grand, gras, gros, vert, &
accresté, a la mode antique, si bien quilz s'en seruoyent de ceinture, se redoublantz a cinq ou six
foys par le corps. Et s'il aduenoit qu'il fust en
poinct: & eust vent en pouppe, a les veoir eussiez
dict que c'estoient gens qui eussent leurs lances
en l'arrest po[ur] iouster a la quintaine. Et d'iceulx
est perdue la race, ainsi cōme disent les femmes.
Car elles lamentēt continuellement, qu'il n'en
est plus de ces gros &c. Vous sçauez la reste de la
chanson. Aultres croissoyent par les iambes, et
a les veoir eussiez dict que c'estoyent grues, ou biē
gens marchans sus eschasses. Et les petis grimaulx les appellent en grammaire Iambus.
Es aultres tāt croissoyt le nez qu'il sembloit la
fleute dun alambic, tout diapré, tout estincelé de
bubelettes pullulant, purpuré, a pompettes, tout

esmaillé, tout boutonné & brodé de gueules. Et l'as auez veu le chanoyne Panzoult & Piedeboys medecin de Angiers, de laquelle race peu furent qui aimassent la ptissane, mais tous furent amateurs de purée Septembrale. Mason cest Duise en prind son origine, Et tous ceulx desquelz est escript, Ne reminiscaris. Aultres croissoient par les aureilles, lesquelles tant grandes auoyent, que de l'une se faisoyent pourpoint, chausses, & sayon: de l'autre se couuroyent cōme d'une cappe a l'Hespaignole. Et dict on q en Bourbonnoys encores dure l'eraige, dōt sont dictes aureilles de Bourbonnoys. Les aultres croissoyent en long du corps:& de ceulx la sont venuz les geans, et par eulx Pantagruel. Et le premier fut Chalbroth, qui engendra Sarabroth, qui engendra Faribroth qui engendra Hurtaly, qui fut beau mangeur de souppes,& regna on temps du deluge:qui engendra Nembroth, qui engendra Athlas, qui auecques ses espaules garda le ciel de tumber, qui engendra Goliath, qui engendra Erys lequel fut inuenteur du ieu des gobeletz, qui engendra Titié, qui engendra Eryon, qui engendra Polyphené, qui engendra Cacé,

qui engendra Etion, lequel premier eut la verol=
le pour nauoir beu frays en esté, comme tesmoi=
gne Bartachim: qui engendra Encelade, qui en=
gendra Ceé, qui engendra Typhoé, q̄ engendra
Aloé: qui engēdra Othé, qui engendra Aegeon,
qui engendra Briare qui auoit cent mains, qui
engendra Porphirio, qui engendra Adamastor,
qui engēdra Anteé, qui engēdra Agatho, qui en=
gendra Poré, contre lequel batailla Alexandre
le grand, qui engendra Brantfas, qui engendra
Gabbara, qui premier inuenta de boyre dautant,
qui engendra Goliath de Secundille, qui engen
dra Offot, lequel eut terriblemēt beau nez a boy
re au baril, qui engendra Artachees, qui engen=
dra Dromedon, qui engendra Gemmagog, qui
fut inuenteur des souliers a poulaine, qui engen=
dra Sisyphé, qui engendra les Titanes, dont
nasquit Hercules, qui engendra Enay, qui fut
tresexpert en matiere de oster les cirons des
mains, qui engendra Fierabras, lequel fut vain
cu par Oluier pair de France compaignon de
Roland, qui engēdra Morguan, lequel premier
de ce monde ioua au dez auecques besicles, qui
engendra Fracassus: duquel a escript Merlin

Coccaie, dõt nasquit Ferragus, q̃ engẽdra Happemousche, q̃ premier inuẽta de fumer les lãgues de bœuf a la cheminee, car au parauant le mõde les saloit cõme on faict les iambons: q̃ engendra Bolluoray, qui engendra Longys, qui engendra Gayoffe, lequel auoit les couillons de peuple z le vit de cormier, qui engendra Malchesain, qui engendra Brullefer, qui engendra Engoulevent, qui engendra Galehault, lequel fut inuenteur des flaccons, qui engendra Mirelangault q̃ engẽdra Galaffre qui engẽdra Falourdin, qui engendra Roboastre, qui engendra Sortibrant de Conimbres, q̃ engẽdra Brushât de Mõmiere, q̃ engẽdra Bruyer, lequel fut vaincu par Ogier le Danoys pair de France, qui engẽdra Mabrun, qui engendra Fotasnon, qui engendra Hacquelebac, qui engendra Vitdegrain, qui engendra grãd Gosier, qui engendra Gargantua, qui engendra le noble Pantagruel mon maistre. J'entẽds bien que lysãs ce passaige, vous faictes en vous mesmes vn doubte bien raisonnable. Et demandez comment est il possible que ainsi soit, veu que ou temps du deluge tout le monde perit, fors Noé e sept personnes auecques luy dedans l'arche: on nombre desquelz n'est mis ledict Hurtaly. La demande est bien faicte sans doubte & bien apparente: mais la respōce vous cōtentera. Et par ce que n'estoys de ce temps la pour vous en dire à mon plaisir, je vous alligueray l'authorité des Massoretz interpretéz des sainctes letres Hebraicques: lesquelz afferment, que veritablement ledict Hurtaly n'estoit dedans l'arche de Noé aussi ny eust il peu entrer, car il estoit trop grand: mais il estoit dessus a cheval iambe deza iambe de la, comme sont les petitz enfans sus les cheuaulx de boys. En icelle faczon, sauua apres dieu ladicte arche de perilller: car il luy bailloit le bransle auecques les iambes, & du pied la tournoit ou il vouloit, comme on faict du gouuernail d'une nauire. Ceulx qui dedans estoiēt luy enuoyent viures par vne cheminee a suffisance, comme gens bien recongnoissans le bien qu'il leur faisoit. Et auesque foys parlemētroy ēt ensemble, comme faisoit Scaromenippe a Jupiter scelon le raport de Lucian. Auez vous biē le tout entēdu? Beuez dōcques vn bō coup sans eau.

⁋ De la natiuité du tresredoubté
Pantagruel. Chap. ij.

Gargantua en son eage de quatre cēs quatre vingtz quarante q quatre ans engēdra son filz Pantagruel de sa femme nōmée Badebec, fille du Roy des Amaurotes en Utopie, laquelle mourut de mal d'enfant, car il estoit si merueilleusement grand q si lourd, qu'il ne peust venir a lumiere, sans ainsi suffocquer sa mere. Mais pour entendre pleinement sa cause q raison de son nom qui luy fut baille en baptesme. Dōn noterez qu'en icelle annee fut seche resse tant grande en tout le pays de Africque, que passerent .xxxvi. moys, et d'auantaige sans pluye, auec chaleur de soleil si vehemente que toute la terre en estoit aride. Et ne fut on temps de Helye, plus eschauffee que fut pour lors. Car il nestoit arbre sus terre qui eust ny fueille ny fleur, les herbes estoient sans verdure, les riuieres taries, les fontaines a sec, les paurures poissons delaissez de leurs propres elemēs, s'agans q crians par la terre horriblement, les oyseaulx tumbans de l'air par faulte de rosee, les loups, les regnars, cerfz, sangliers, daims, lieures, cōnilz, belettes, foynes, blereaulx, q aultres bestes son trouuoit par les champs mortes gueulle baye. Au regard des hommes, ce stoit la grande pitié, vous les eussiez veuz tirans la langue comme leurieres qui ont couru six heures: Plusieurs se gettoyent dedans les puis. Aultres se mettoyent on ventre d'une vacche pour estre a l'ombre:& les appelle Homere Alibantes. Toute la contrée estoit a l'ancre, ce stoit pitoyable cas, de voir le travail des humains pour se garentir de ceste horrificque alteration. Car il avoit prou affaire de sauver leaue benoiste par les ecclises: a ce que ne feust desconfite, mais l'on y donna tel ordre par le conseil de messieurs les Cardinaulx & du sainct pere, q̃ nul n'en ausoit prendre que une venue. Enco es quand quelqu'un entroit en l'eclise, vous en eussiez veu a vingtaines de paouures alterez qui venoyent au derriere de celluy qui la distribuoit a quelcun, la gueulle ouverte pour en avoir quelque goutelette:comme le maulvais Riche, afin que rien ne se perdist. O que bien heureux fut en icelle année celluy qui eut cave fraische & bien garnie. Le Philosophe raconte en mouvent la question, Pourquoy c'est que l'eau de la mer est salée: que on temps que Phebus bailla le gouvernement de son chariot ntot, tuctsicque à son filz Phaeton, le dict Phaeton mal apris en l'art, & ne sçauant ensuyure la ligne ecliptiq̃ entre les deux tropiques de la sphere du Soleil, varia de son chemin, & tant approcha de terre, qu'il mist a sec toutes les contrées subiacentes, bruslant une grande partie du ciel, que les philosophes appellent Via lactea: & les Lifrelofres, nommẽt le chemin sainct Jacques. Adont la terre fut tant eschaufée, que il luy vint une sueur enorme, dont elle sua toute la mer, qui par ce est salée: car toute sueur est salée, ce que vous direz estre vray si voulez taster de la vostre propre, ou bien de celle des verolez quand on les faict suer, ce me est tout un. Quasi pareil cas arriua en ceste dicte année, car un iour de Vendredy que tout le monde s'estoit mys en deuotiõ, & faisoit une belle procession auecques forces letanies & beaux preschans, suppliãs a dieu omnipotent les vouloir regarder de son oeil de clemence en tel desconfort, visiblement furẽt veues de terre sortir grosses gouttes d'eaue comme quant quelque personne sue copieusemẽt. Et le paoure peuple commenca se iouyr comme si ce eust esté chose a eulx proffitable, car les aulcuns disoyent que de humeur il ny en auoit goutte en l'air, dôt on esperast auoir pluye, & que la terre suppsoit au deffault. Les aultres gens sçauans disoyent que c'estoit pluye des Antipodes: côme Seneque narre au quart liure questionum naturalium parlant de l'ougine & source du Nil, mais ilz y furent tompez, car la procession finie alors que chascun vouloit recueillir de ceste rousée & en boire a plein gobet, trouuerêt q̃ ce n'estoit que saulmere pire & plus salee que n'est leaue de la mer. Et par ce que en ce propre iour nasquit Pantagruel, son pere luy imposa tel nom. Car Panta en Grec vault autant a dire comme tout, & Gruel en langue Hagarene vault autãt comme alteré, voulent inferer, que a l'heure de sa natiuité le monde estoit tout alteré. Et voyãt en esperit de prophetie quil seroit quelque iour dominateur des alterez, Ce que luy fut monstré a celle heure mesmes par aultre signe plus euidêt. Car alors que sa mere Badebec l'enfantoit, & que les saiges femmes attendoyent pour le recepuoir issirêt premier de son ventre soixante & huyt tregentiers chascun tirant par le licol vn mulet tout chargé de sel, apres lesquelz sortirent neuf dromadaires chargez de iambons, & saguetz de beuf fumees, sept chameaulx chargez d'aguillettes, puis .xxv. charrettes de porreaulx, d'aulx, d'oignons, & de cibotz, ce que espouenta bien lesdictes saiges femmes, mais les aulcunes d'entre elles disoyent. Voicy bonne prouision. Aussi bien beuuions nous que laschement, non en lancemēt cecy n'est que bon signe, ce sont aguillons de vin. Et comme elles caquetoyent de ces menus propos entre elles, voicy sortir Pantagruel, tout velu comme ung Ours, dont dist une delles en esprit propheticque. Il est né a tout le peil, il fera choses merueilleuses, & s'il vit il aura de l'eage.

℅ Du dueil que mena Gargantua de la mort de sa femme Badebec.   Chap. iij.

Quand Pantagruel fut né, qui fut bien esbahy & perplex ce fut Gargantua son pere: car voyant d'un cousté sa femme Badebec morte, & de l'autre son filz Pantagruel né, tant beau et tant grand, ne sçauoit que dire ny que faire. Et le doubte qui troubloit son entendement estoit, ascauoir mon, s'il deuoit plourer pour le dueil de sa femme, ou rire pour la ioye de son filz: D'un cousté & d'aultre il auoit

B.4

argumens sophistiques qui le suffocquoient, car il les faisoit tresbien in modo & figura, mais il ne les pouoit souldre. Et par ce moyen demouroit impestré cõme vn Milan prins au lasset. Pleureray ie, disoit il: ouy: car pourquoy? Ma tant bonne femme est morte, qui estoit la plus cecy la plus cela que fust on monde. Jamais (ientẽds de troys iours) ie ne la verray, iamais ie nen recouureray vne telle: ce m'est vne perte inestimable. O mon dieu, que te auoye ie faict pour ainsi me punir? Que ne enuoyas tu la mort a moy premier que a elle: car viure sans elle ne m'est que languir. Ha Badebec, ma mignonne, m'amye, mon petit con (toutesfois elle en auoit bien troys arpens & deux sexterees) ma tendrete, ma braguette, ma sauate, ma pantofle iamais ie ne te verray. Ha pauure Pantagruel tu as perdu ta bonne mere, ta doulce nourrisse, ta dame tresaymee. Ha faulce mort tant tu me es maliuole, tant tu me es oustrageuse de me tollir celle a laquelle immortalité appertenoit de droict. Et ce disant pleuroit côme vne vacche, mais tout soubdain rioit comme vn veau, quand Pantagruel luy venoit en memoire. Ho mon petit filz (disoit il) mon couilson mon besson mon peton, que tu es ioly, z tant ie suis tenu a dieu de ce quil ma donné vn si beau filz tant ioyeulx, tant riant, tant ioly. Ho/ho/ho/ ho que suis ayse, beuuons ho/laissons toute melancholie, apporte du meilleur, rince les verres, boute la nappe, chasse ces chiens, souffle ce feu, allume la chandelle, ferme ceste porte, taille ces souppes, enuoye ces pauures, baille ce quilz demandēt, tiens ma robbe q ie me mette en pourpoint pour mieulx festoyer les commeres. Ce disant ouyt la letanie z les mementos des prebstres qui portoyent sa femme en terre, dont laissa sō bō propos z tout soubdain fut rauy ailleurs: disant, Iesus fault il que ie me cōtriste encores? cela me fasche, ie ne suis plus ieune, ie deuiens vieulx, le temps est dangereux, ie pourray prendre quelque fiebure, me voy la affolle. Foy de gētil homme il vault mieulx pleurer moins a boyre d'auantage. Ma femme est morte, z bien par dieu da iuradi, ie ne la resusciteray mye par mes pleurs, elle est bien, elle est en paradis poꝰ le moins si mieulx né est: elle prie dieu pour nous, elle est bien heureuse, elle ne se soucie plus de nous miseres z calamitez, autant nous en pend a loeil.

dieu gard le demourant, il me fault penser d'en
trouuer une autre. Mais voicy q̃ vo⁹ ferez, dist
iles saiges femmes (Ou sont elles bonnes gẽs,
ie ne vous peuz veoir:)allez a lenterrement del
le, ce pendent ie verseray icy mon filz, car ie me
sens bien fort alteré,a seroys en danger de tomber malade, mais beuuez quelque bon traict deuant: car vous vous en trouuerrez bien a m'en
croyez sur mõ honeur. A quoy obtẽperãtz allerẽt
a l'enterremẽt a funerailles, a le pauure Gargantua demoura a l'hostel, mais ce pẽdẽt feist lepita-
phe pour estre engraué en la maniere q̃ sensuyt.

Elle en mourut la noble Badebec
Du mal d'enfant, que tant me sembloit nices
Car elle auoit visaige de rebec,
Corps d'Hespagnole, a ventre de Souycez
Priez a dieu qu'a elle soit propice,
Luy pardonnant sans rien oultrepassa:
Cy gist son corps on quel vesquit sans vice,
Et mourut l'an a iour que trespassa.

¶ De l'enfance de Pãtagruel. Chã. iiii.

IE trouue par les anciens historiegraphes a
poetes, que plusieurs sont nez en ce mõde en

façons bien estranges que seroient trop longues a racompter, lisez le .vij. liure de Pline si auez loysir. Mais vous n'en ouystes iamais d'une si merueilleuse comme fut celle de Pantagruel, car c'estoit chose difficile a croyre comment il creut en corps et en force en peu de temps. Et n'estoit rien Hercules qui estant au berseau tua ses deux serpens: car lesdictz serpens estoyent bien petitz et fragiles. Mais Pantagruel estant encores au berseau feist cas bien espouuentables.
Je laysse icy a dire comment a chascun de ses repas il humoit le laict de quatre mille six cés vaches. Et comment pour luy faire vn paesson a cuire sa bouillie furêt occupez tous les paesliers de Saumur en Anjou, de Villedieu en Normandie, de Bramont en Lorraine: a luy bailloit en ladicte bouillie en vn grand tymbre qui est encores de psent a Bourges pres du palays, mais ses dentz luy estoiêt desia tât crues et fortifiées qu'en rompit dudict tymbre vn grãd morceau côme tresbiê apparoist. Vn certain iour vers le matin q on le vouloit faire tetter vne de ses vacches (car de nourrisses il n'en eut iamais aultrement côme dit l'hystoire) il deffit des liês q le tenoyêt

B iiij

au berceau vn des bras,& vous prist ladicte vach
che par dessoubz le iarret,& luy mãgea les deux
tetins & la moytie du ventre,aurecques le foye &
les roignons,& l'eust toute deuorée,ne'ust este qu'il
le cryoit horriblement comme si les loups la te
noient aux iambes,auquel cry le mõde arriua,
& osterent ladicte vacche à Pantagruel,mais il
ne sceurent si bien faire que le iarret ne luy en
demourast comme il le tenoit,& le mangeoit tres
bien comme vous feriez d'une saulcisse,& quand
on luy voulut oster los,il lauaslla bien tost,cõme
vn Cormaran feroit vn petit poysson,& apres cõ
mẽcza a dire,Bon bon bon,car il ne scauoit enco
res bien parler,voulant donner a entendre,qu'
il auoit trouue fort bon,& qu'il nen fairoit plus
que autant. Ce que voyãs ceulx qui le seruoyẽt
le lierent a gros cables,comme sont ceulx que lõ
faict a Tham pour le voyage du sel de Lyon,
ou comme sont ceulx de la grand nauf Fran
coyse qui est au port de Grace en Normandie.
Mais quelque foys que vn grand Ours que
nourrissoit son pere eschappa,& luy venoit les
cher le visaige,car les nourrisses ne luy auoyent
bié a point torche les babines,il se deffict desdich

tables aussi facilement comme Sanson dentre les Phisistins, & vous paint monsieur de Tours, & le mist en pieces comme vn poulet, & vous en fist vne bonne gorge chaulde pour ce repas. Parquoy craignant Gargantua quil se gastast, fist faire quatre grosses chaines de fer pour le lyer, & fist faire des arboutãs n son berceau bié aſuſtez. Et de ces chaines en auez vne a la Rochelle, q̃ lon lieue au soir entre les deux grosses tours du Haure. Laultre est a Lyon, Laultre a Angiers. Et la quarte fut emportée des diables pour lier Lucifer qui se deschainoit en ce tẽps la, a cause d'une colique, qui le tourmentoit extra ordinairement, pour auoir mangé lame dun sergeant en fricassée a son desiuner. Dont pouez b.en croire ce que dict Nicolas de Lyra sur le passaige du pſaulier ou il est escript. Et Og regem Basan. Que ledict Og estant encores petit estoit tant fort & robuste, qu'il le failloit lyer de chaines de fer en son berceau. Et ainsi demoura coy & pacifique: car il ne pouoit rompre tant facilement lesdictes chaines, mesmement qu'il n'auoit pas espace au berceau de donner la secousse des bras. Mais voicy q̃ arriua vn iour d'une grãde feste, que son pere Gargantua faisoit ung beau banquet a tous les princes de sa court. Je croy bien que tous les officiers de sa court estoyent tant occupez au service du festin, q̃ lon ne se soucyoit point du pauure Pantagruel, q̃ demouroit ainsi a reculorum. Que fist il? Quil feist mes bonnes gens escoutez. Il essaya de rompre les chaisnes du berceau auecques les bras, mais il ne peut, car elles estoyent trop fortes: adonc il trepigna tant des piedz quil rompit le bout de son berceau qui toutesfoys estoit d'une grosse poste de sept empans en quarre, q̃ ainsi qu'il eut mys les piedz dehors, il se auaissa le mieulx qu'il peut, en sorte que il touchoit les piedz en terre. Et alors auecques grande puissance se leua emportant son berceau sur le schine ainsi lye comme une tortue qui monte contre une muraille. Et a le veoir sembloit que ce fust une grande carracque de cinq cens toneaulx qui feust debout. En ce poinct entra en la salle ou lon banquetoit, et hardiment qu'il espouēta bien l'assistance, mais par autant qu'il auoit les bras lyez dedans il ne pouoit rien prendre a manger, mais en grande peine se inclinoit pour prendre a tout la langue q̃lquelippée. Quoy voyant son pere entendit bien que son l'auoit laisse sans luy bailler a repaistre & comãda qu'il fust deslié desdictes chaines par le conseil des princes & seigneurs assistãs ensemble aussi que les medecins de Gargãtua disoyẽt que si lon le tenoit ainsi au berseau, quil seroit toute sa vie subiect a la grauelle. Lors qu'il fust deschainé lõ le fist asseoir & repeut fort biẽ & mist sondict berceau en plus de cinq cens mille pieces dun coup de poing qu'il frappa au millieu par despit auec protestation de iamais ny retourner.

¶ Des faictz du noble Pantagruel, en son ieune eage.
Chap. v.

Ainsi croissoit Pantagruel, de iour en iour & prouffitoit a veue doeil, dont son pere se iouyssoit par affection naturelle. Et luy feist faire cõme il estoit petit vne arbaleste poˀ sesbatre apres les oysillons qu'on appelle de pſẽt la grãd arbalistre de Chȃtelle. Puis lenuoya a lescole pour apprendre & passer son ieune eage. De faict vint a Poictiers, pour estudier, et prossita beaucoˀp, auquel lieu voyant que les escholiers estoyent aulcunesfoys de

loysir q̃ ne sçauoient a quoy passer temps, il [en]
eut compassion. Et vn iour print dun grand ro[-]
chier qu'on nõme Passelourdin, vne grosse Ro[-]
che, ayant enuiron de douze toyzes en quarré, [et]
d'espesseur quatorze pas. Et la mist sur quat[re]
pilliers au milieu dun champ bien a son ayse,
affin que lesdictz escholiers quãd ilz ne sçauroi[ent]
aultre chose faire passassent le temps a mont[er]
sur ladicte pierre, & la banqueter a force flaccõ[s]
iambons, & pastez, & escripre leurs noms dessu[s]
auec vn cousteau, & de present lapelle on La pi[er]-
re leuée. Et en memoire de cé, n'est auiourdhu[y]
passé aulcun en la matricule de ladicte vniuer[si]-
té de Poictiers sinon qu'il ait beu en la fontain[e]
Caballine de Crousteles, passé a Passelour[-]
din, & monté sur la Pierre leuée. En apres lisã[t]
les belles chronicq̃s de ses ancestres, trouua [que]
Geoffroy de Lusignan, dict Geoffroy a la grã[t]
dent grand pere du beau cousin de la seur asné[e]
de la tante du genõre de loncle de la bruz de s[a]
belle mere: estoit enterré a Maillezays, print v[n]
iour campos pour le visiter comme homme d[e]
bien. Et partant de Poictiers auecques aulcũ[s]
de ses compaignons, passerent par Legugé, p[ar]

Lusignan, par Hansay, par Celles, par sainct
Ligaire, par Colonges, par Fontanay le conte
de a arriverēt a Maillezais, ou visita le sepul
chre dudict Geoffroy a la grand dent, dont il eut
quelque peu de frayeur voyāt sa pourtraicture,
car il y est en ymage cōme dun homme furieux,
tirant a demy son grand malchus de la guaine.
Et demādoit la cause de ce, les chanoines dudict
lieu luy dirent que n'estoit aultre cause sinon q̄
Pictoribus atque Poëtis ꝛc, c'est a dire, que les
Painctres & Poëtes ont liberté de paindre a
leur plaisir se quilz veullent, Mais il ne se con-
tenta de leur responce, & dist, Il n'est ainsi painct
sans cause. Et me doubte que a sa mort on luy
a faict quelque tort, duquel il demande vengēce
a ses parens. Je men enquesteray plus a plein &
en feray ce que de raison. Ainsi retourna non a
Poictiers, mais il voulut visiter les aultres vniuersitez de France, dont passant a la Rochelle
se mist sur mer & vint a Bourdeaulx, mais il n'y
trouua grand exercice, sinon des guabarriers
iouans aux luettes sur la graue, de la vint a
Thoulouse, ou il aprint fort bien a dancer & a
iouer de l'espée a deux mains comme est l'usance

de escholiers de ladicte vniuersité, mais il ny demoura gueres, quand il vit qu'ilz faisoyent brusler leurs regens tout vifz comme harans soretz, disant. Ia dieu ne plaise que ainsi ie meure, car ie suis de ma nature assez alteré sans me chauffer dauantage. Puis vint a Montpellier ou il trouua fort bons vins de Mireuaulx & ioyeuse compagnie, & se cuida mettre a estudier en Medicine, mais il considera que lestat estoit fascheux par trop & melancholique, & que les medicins sentoyent les clisteres comme vieulx diables. Pourtant vouloit estudier en loix, mais voyant que nestoient que troys teigneux & vn pelé de legistes audict lieu sen partit. Et on chemin fist le pont du Guard, & l'amphiteatre de Nimes en moins de troys heures, qui touteffoys semblent oeuures plus diuine que humaine. Et vint en Auignon ou il ne fut troys iours qu'il ne deuint amoureux, car les femmes y iouent voluntiers du serrecropyere par ce que cest terre papale. Ce que voyant son pedagogue nommé Epistemon len tira & le mena a Valēce on Daulphiné, mais il vit q̃ ny auoit grand epertice, & que les marroufles de la ville batoyent les escholiers, dont il eut despit, ε Vn beau Dimanche que tout le monde dansoit publiquement, vn escholier se voulut mettre en dance, ce que ne permirent lesdictz marrouffles. Quoy voyant Pantagruel leur bailla a tous la chasse iusques au bort du Rosne, ε les voulott faire tous noyer, mais ilz se musserent contre terre comme taulpes, bien demye lieue, soubz le Rosne, Le pertuys encores y apparoist. Et apres il s'en partit, et a troys pas et vn sault vint a Angiers, ou il se trouuoit fort bien, et y eust demeuré quelque espace, n'eust esté que la peste les enchassa. Ainsi vint a Bourges ou estudia bien long temps ε prouffita beaucoup en la faculté des loix. Et disoit aulcunesfois que les liures des loix luy sembloyent vne belle robbe d'or triumphante ε precieuse a merueilles, qui feust brodée de merde, car disoit il, au monde ny a liures tãt beaulx, tant aornez, tant elegãs, comme sont les textes des Pandectes, mais la brodure diceulx, c'est assauoir la glose de Accursé est tãt salle tant infame ε punaise, que ce n'est que ordure ε villennie. Partant de Bourges vint a Orleãs ε la trouua force rustres d'eschotiers, qui luy firent grant chere a sa venue, & en peu de temps aprint auecque eulx a iouer a la paulme si bié qu'il en estoit maistre. Car les estudiás dudict lieu en font bel eprcice & le menoyt aulcunesfoys es isles pour sesbatre au ieu du poussauát. Et au regard de serōpre fort la teste a estudier, il ne le faisoit mie, de peur q̃ la veue ne luy diminuast. Mesmement que vn quidam des regens disoit souuent en ses lectures qu'il ny a chose tant contraire a la veue comme est la maladie des yeulx. Et quelque iour que lō passa Licentié en loix quelcun des escholiers de sa congnoissance, qui de science nen auoit gueres plus que sa portée. Mais en recompẽse scauoit fort bien dāser & iouer a la paulme. Il fist le blason & diuise des Licentiez, en ladicte vniuersite disant. Vn esteuf en la braguette, en la main vne raquette, vne loy en la cornette, vne basse dance au talon, voy vous la passe coquillon.

¶ Comment Pantagruel rencōtra
vn Lymousin qui contrefaisoit
le langaige francoys
¶ Chapitre. 8.

Quelque

Quelque jour que Pantagruel se pour
menoit apres soupper avecques ses cõ
paignõs par la porte dõt lon va a Pa
ris, Il rencõtra vn escholier tout iolliet, qui ve
noit par vceluy chemin: a apres quilz se furent
saluez, luy demanda, Mon amy dont viés tu
a ceste heure? Lescholier luy respõdit, De lalme
inclyte a celebre academie, que lon vocite Lutece.
Qu'est ce a dire? dist Pantagruel, a vn de ses
gens: c'est (respondist il) de Paris. Tu viés donc
ques de Paris, dist il. Et a quoy passez vous le
temps vous aultres messieurs estudiens audict
Paris? Respõdit lescholier. Nous transfretõs
la Sequane au dilucule, a crepuscule, nous dea
bulons par les compites a quadruies de l'urbe,
nous despumons la verbocination Latiale et
comme verrisimiles amorabundz captons la be
niuolence de lomnijuge omniforme et omnigene
sexe feminin, certaines diecules nous inuisons
les lupanares de Champgaillard de Matcon,
de Cul de sac, de Bourbõ, de Gluslieu, a en ecsta
se Venerique inculcons nos veretres es peni
tissimes recesses des pudendes de ces meritriculles
amicabilissimes, puis cauponizons es taber
C

nes meritoires, de la pomme de pin, du Castel, de la Magdaleine, & de la Mulle, belles spatules dueruecines perforaminées de petrosil. Et si par forte fortune y a rarité ou penurie de pecune, en nos marsupies & soyent ephaustes de metal ferrugine, po' lescot nº dimittõs nos codices & vestes oppineraées, pstolãs les tabellaires a venir des penates & lares patriotiqs. A quoy Pãtagruel dist. Que diable de languaige est cecy? Par dieu tu es quelque hereticque. Seignor non dist lescholier, car libentissimement des ce qui illucesce quelque minutule lesche du iour ie demigre en quelqun de ces tant bien architectes monstiers, & la me irrorant de belle eaue lustrale, grignotte dung transon de quelq missicq precation de nos sacrificules. Et submirmillant mes precules horaires elue, & absterge mon anime de ses inquinamens nocturnes. Ie reuere les olimpicoles. Ie venere latrialement le supernel astripotent. Ie dilige & redame mes proximes. Ie serue les prescriptz decalogicqs. & selon la facultatule de mes vires, n'en discede le late vnguicule. Bien est verisorme q̃ a cause q̃ Mammone ne supergurgite goutte en mes locules, ie suis qlq peu rare & lent a supereroger les eleemosynes a ces egenes queritãs le ſtipe hoſtiatemẽt. Et bren, bren dist Pãtagruel, qu'est ce q̃ veult dire ce fol: Ie croy qu'il nous forge icy q̃lque langaige diabolicque, q̃ nous cherme cõme enchanteur. A quoy dist ung de ses gẽs. Seigneur sans doubte ce gallant veult contrefaire la langue des Parisians, mais il ne fait que escorcher le latin a cuide ainſi Pindariſer, a luy semble bien qu'il est q̃lque grand orateur en Frãcoys: p ce qu'il desdaigne lusance commun de parler. A quoy dist Pãtagruel. Est il vray? Le scholier respondit, Seignor missayre, mon genie n'est point apte nate a ce que dict ce flagitiose nebulõ pour escorier la cuticule de noſtre vernacule Gallicque, mais vice versement ie gnaue opere q par seles q rames ie me enite de le locupleter de la redundance latinicome. Par dieu dist Pãtagruel ie vous apprendray a parler. Mais deuant respõdes moy dõt es tu? A quoy dist le scholier. L'origine primeue de mes aues q ataues fut indigene des regions Lemouicques, ou requiesce le corpore de l'agiotate sainct Martial. Ie n'entends bien, dist Pãtagruel. Tu es Lymousin, pour tout potaige. Et tu veulx icy contrefaire le Parisien. Or biens-cza que ie te dõne vn tour de pigne. Lors le print a la gorge, luy disant. Tu escorches le latin, par sainct Jean ie te feray escorcher le renard, car ie te escorcheray tout vif. Lors commença le paoure Lymousin a dire. Vée dicou gentilastre, hô sainct Marsault adiouda my. Hau hau laissas aquau au nom de dious,e ne me touquas grou. A quoy dist Pantagruel. A ceste heure parle tu naturellement, e ainsi le laissa: car le paoure Lymousin conchyoit toutes ses chausses qui estoiẽt faictes a queue de merluz, e non a plein fons, dont dist Pantagruel. Sainct Alipentin corne my de bas, quelle ciuete? Au diable soit le mascherabe tant il put. Et ainsi le laissa: mais ce luy fut vn tel remord tou= te sa vie e tant fut altéré, qu'il disoit souuent que Pantagruel le tenoit a la gorge. Et apres quel= ques années mourut de la mort Roland, ce fai= sant la vengeance diuine, e nous demonstrãt ce que dit le Philosophe a Aule Gelle, qu'il nous conuient parler scelon le langaige vsité. Et cõ= me disoit Octauian Auguste qu'il fault euiter les motz espaues en pareille diligence que les pa= trons des nauires euitent les rochiers de mer.

¶ Comment Pantagruel vint a Paris:
& des beaulx liures de la librarie de
sainct Victor. Chap. vij.

Pres que Pantagruel eut fort bié estu
dié en Aurelias,il delibera visiter la grā
de vniuersité de Paris,mais deuāt que
partir fut aduerty que vne grosse & enorme cloche estoit a sainct Aignan dudict Aurelians,
en terre:passéz deulx cens quatorze ans:car elle
estoit tant grosse que par engin aulcū ne la pouuoit on mettre seullement hors de terre,combien
que lon y eust applicqué tous les moyēs q̃ mettent Vitruuius de architectura, Albertus de re
edificatoria, Euclides, Thion, Archimedes, Ari
stoteles in mechanicis, & Hero de ingeniis, car
tout ny seruit de rien. Dont voluntiers encline
a l'humble requeste des citoyens & habitans de
ladicte ville, delibera la porter au clochier a ce
destiné. De faict vint au lieu ou elle estoit:& la
leua de terre auecques le petit doigt aussi facillement que feriez vne sonnette d'esparuier. Et deuant que la porter au clochier, Pantagruel en
voulut donner vne aubade par la ville,& la fai
re sonner par toutes les rues en la portant en

C iij

samain, dont tout le mõde se resiouyst fort: mais il en aduint vn inconuenient bien grand, car la portant ainsi, q la faisent sonner p les rues tout le bon vin Dorleãs poussa,z se gasta. De quoy le monde ne se aduisa q la nuyct ensuyuãt quãd vncbascun se sentit tant alteré de auoir beu de ces vins poussez, quilz ne faisoient que cracher aussi blãc cõme cotton de Malthe disans, nous auons du Pantagruel, z auons les gorges sallees. Ce faict vint a Paris auecques ses gens. Et a son entree tout le mõde sortit hors pour le veoir, comme vous sçauez que le peuple de Paris est sot par nature, par bequarre, z par bemol, et le regardoyent en grand esbahyssement, z non sans grande peur quil nemportast le Palais ailleurs en quelque pays a remotis, cõme son pere auoit emporté les cãpanes de nostre dame, pour atacher au col de sa iument. Et apres quelque espace de tẽps quil y eut demouré a fort bien estudié en tous les sept ars liberaulx, il disoit que cestoit vne bõne ville pour viure, mais non pour mourir, car les guenaulx de sainct Innocẽt võ chauffoyent le cul des ossemens des mors. Et trouua la librairie de sainct Victor fort magni

fiz, mesmemẽt dauleũs liures q̃l y trouua des-
qtz sensuyt le repertoire. Bigua salutis. Brague
ta iuris. Pãtosia decretoꝛ. Malogranatũ vicio-
rum. Le Peloton de theologie, Le Dissepenacɞ
des prestheurs, cõposé p̃ Pepin. La Couillebar-
rine des prestꝛ. Les Hanebanes des euesques,
Marmotretus de Baboinis a Cigis cũ cõmento
Doꝛbellis. Decretũ Vniuersitatis Parisiẽsis su
per goꝛgiasitate muliercularũ ad placitum, Lap
paritiõ de saicte Gertrude a vñé nõnain de Pois
sy estant en mal d'enfant. Ars honeste pettan-
di in societate p̃ M. Oꝛtuinũ. Le Moustardier
de penitence. Les Pouseaulx, alias les Bottes de
patience. Formicarium artium. De brodioꝛum
vsu a honestate chopinandi, per Siluestrem
pꝛiaratem Iacopinum. Le Beliné en court. Le
cabatz des notaires. Le pacquet de mariage. Le
tresiou de cõtẽplation. Les fartbolles de droict.
Laguillõ de vin. Lesperõ de fromaige. Decrota
toꝛiũ scholariũ. Tartaretꝰ de modo cacãdi. Les
fanfares de Rome, Bucol de differẽtus souppa-
rũ. Le culot de discipline, La sauatte de humili-
té. Le tripier de bõ pẽsemẽt. Le chaulderon de ma
gnanimité. Les Hanicrochemẽs des cõfesseurs.

C. iii

la croquignole des curez. Reuerendi patris. fr.
Lubini prouincialis Bauardie de croquandis
lardonibus lib. tres. Pasquilli doctoris marmo
rei de capreolis cum chardonneta comedendis
tempore papali ab ecclesia interdicto. L'inuention
saicte croix a six personaiges ioué par les clercs
di finesse. Les lunettes des Romipetes. Maio-
ris de modo faciendi boudinos. La cornemuse
des prelatz. Beda de optimitate triparum. La
complainte des aduocatz sus la reformatiō des
dragees. Le chat fourré des procureurs. Des
poys au lart cum cōmento. La profiterolle des
indulgences. Preclarissimi iuris vtriusque doctoris M. Pilloti Racquidenari de bobelidan-
dis glosse Accursiane baguenaudis repetitio
enucidiluculidissima. Stratagemata Francar-
chieri de Baignolet. Franctopinus de re milita
ri cum figuris Teuoti. De vsu & vtilitate escor-
chādi equos & equas, authore m. nostro de Que-
becu. La rustrie des prestolans. M. n. Rostoco-
stotambedanesse de monstarda post prandium
seruenda lib. quatuordecim, apostillati per M.
Vaurillons. Le couillage des promoteurs. Ja-
bolen9 de Cosmographia purgatorii. Questio

subtilissima, Utrum Chimera in Vacuo Bombi-
nans possit comedere secundas intentiones: et
fuit debatuta per decem hebdomadas in concilio
Constantiensi Le Maschefain des aduocatz,
Barbouillamenta Scott. La retepenade des
Cardinaulx. De calcaribus remouendis deca-
des undecim, per m. Albericum de rosata. Eiuſ-
dem de castrametandis crinibus lib. tres Lentree de Antoine de Leſve, es terres de Grecz il,
Marſotij Baccalarij cubantis Rome de pelan-
dis maſcarandiſq̃ cardinalium muſis. Apoloꝫ
gie dycelluy contre ceulx qui disent que la mulle
du pape ne mangue que a ses heures. Pronoſti-
catio que incipit Silui trique Balata per m.
n. Songecruxium Boudarini episcopi de emul-
gentiarum profectibus eneades nouem cum pri-
uilegio papali ad triennium e postea non. Le
chiabrena des pucelles. Le culpelé des befues.
La cocqueluche des moines Le Barrage de mā-
ducite, Le claqdens des marroufles. La ratouere des theologienes. L'ambouchouoir des maistres en ars. Les marmitons de Olcam á ſim-
ple tonſure. Magistri n. Fripeſaulcetis de gri-
bellationibus horarum canonicarum, lib. qua-

ragtia. Cullebutatoriũ cõfratriarũ, incerto au
thore. La cabourne des Buffaulx. Le faguenat
des Hespaignolz super coquelicãtiqué par frat
Inigo. La barbotine de marmiteaux. Poiltro-
nismº rerũ Italicarũ authore magistro Bruslefer. R. Lulli⁹ de batiffolagiis principum. Casti-
stratorium cassardie, actore M. Jacobo Hocstratem Hereticometra. Chault couillonis de magistro nostrandorum magistro nostratorumq̃
Beunetis lib. octo. quastãtissimi. Les petarra-
des des Bullistes, copistes, scripteurs, abbreuiateurs, referendaires, & dataires, compliés par
Regis. Almanach perpetuel pour les goutteux
& Berollez. Maneries ramonãdi fournellos, per
M. Eccius. Le poulemart des marchans. Les
aises de vie monachale. Les happesoupes des
officiaulx. La bauduffe des thesauriers. Babinatoriũ Sorboniformiũ. Antipericatametanaparbeugedãpsteribrationes medicãtium. Le Limasso des rimasseurs. Le boutauãt des Alchymistes. La nicquenocque des questeurs cabassacée p frére Serratis. Les entraues de religiõ.
La racõte des Bribasseurs. L'acobouoir de vieillesse. La muselière de noblesse. La patenostre

du singe. Les grezillõs de deuotz. La marmite des quatre temps. Le mortier de vie politicq. Le mouschet des hermites. La barbute des poenitétiers. Le trictrac des freres frappars. Tourbaudus de vita & honneſtate braguardorũ. Lyripipij Sorbonici moraliſatores, per m. Lupoldũ Les Bumbelettes des voyageurs. Les potingues des euesques potatifz. Tarabaſlationes doctorũ Colonieſiũ aduerſus Reuchlin. Les cymbales des dames. Les Bobelins de frãc courage. La mommerie des rabatz & lutins. Gerson de auferibilitate pape ab ecclesia. La ramasse des nommez et grabuez ſo. Dytembrostj de terribilidate excõmunicationũ libellulus acephalos, Ingenioſitas inuocãdi diablos, per M. Guinguolfum Le hoschepot des perpetuons. La morisque des heretiques Les henilles de Caietan. Moillegroin doctoris cherubici de origine patepelutarum & torticollorũ ritibus lib. septem. Soixante & neuf breuiaires de haulte gresse. Le gaudemarre des cinq ordres des medids. La pelleterie des tyrelupis, extraicte de la bote fauue icornifiſtibullee en la faume ãgelicq. Le Rauaſſeur des cas de conſcience. La bedõ jalne des presidens. Le Biefbazouer des abbés. Sutoris aduersus quendam qui bocauerat eum friponnatorem, & quod fripponnatores non sunt damnati ab ecclesia, Cacatorium medicorum Le ramonneur dastrologie. Le tyrepet des apothecaires. Le baisecul de chirurgie. Justinianus de cagotis tollendis. Antidotarium anime Merlinus Coccaius de patria diabolorum,desquelz aulcuns sont ja imprimez, & les aultres lon Imprime maintenant en ceste noble ville de Tubinge.

Comment Pantagruel estant a Paris receut lettres de son pere Gargantua, & la copie dicelles. Cha. viij.

Antagruel estudioit fort bien comme assez entendez, & prouffitoit de mesmes, car il auoit lentendement à double rebras &: capacité de memoire a la mesure de douze oyres & botes dolif. Et comme il estoit ainsi la demourant receupt ung iour lettres de son Pere en la maniere que sensuyt.

Treschier filz Entre les dons,graces & pri

rogatiues, desquelles le souuerain plasmateur Dieu tout puissant a endouayré & aorné l'humaine nature a son commencement, celle me semble singuliere & excellente, par laquelle elle peult en estat mortel acquerir espece de immortalité, & en decours de vie transitoire perpetuer son nom & sa semence, Ce que est faict par lignée issue de nous en mariage legitime, Dont nous est aulcunement instauré ce que nous feut tollu par le peché de nos premiers parens, esquelz feut dict, que par ce qu'ilz n'auoyent estez obeissans au commandement de Dieu le createur, ilz mourroyent: & par mort seroit reduicté a neant ceste tant magnificq plasmature, en laquelle auoit esté l'homme créé. Mais par ce moyen de propagation seminale demoure es enfans ce que estoit deperdu es parens, & es nepueux ce que deperissoit es enfans, & ainsi successiuement iusques a l'heure du iugement final, quand Iesuschrist aura rendu a Dieu le pere son Royaulme pacificque hors tout dangier & contaminatiõ de peché, car alors cesseront toutes generations & corruptions, & seront les elemens hors de leurs transmutations continues, veu que la paix tãt desirée sera consumee, & parfaicte, & que toutes choses serõt reduictes a leur fin & periode. Dõcques non sans iuste & equitable cause ie rends par Iesus le chust graces a Dieu mon cõseruateur, de ce qu'il ma dõné pouoir veoir mon antiquité chanue refleurir en ta ieunesse, car quand par le plaisir de luy q tout regist & modere, mon ame laissera ceste habitation humaine, ie ne me reputeray totallement mourir, ains passer dun lieu en aultre, attendu que en toy & par toy ie demeure en mon ymage visible en ce monde viuãt, voyant, & conuersant entre gens de honneur et mes amys comme ie souloys, laquelle mienne conuersation a esté moyennant layde & grace diuine, non sans peché, ie le cõfesse(car nous pechons tous, & continuellement requerons a dieu qu'il efface noz pechez) mais sans reproche. Parquoy ainsi comme en toy demeure lymage de mon corps, si pareillement ne reluysoient les meurs de lame, lon ne te iugeroit estre gardé et thesor de limmortalité de nostre nom, & le plaisir que prendroys ce voyant, seroit petit, considerant que la moindre partie de moy, qui est le corps demoureroit, & que la meilleure qui est lame: & par laqlle demeure nostre nõ en benediciõ entre les

gēmes, seroit degeneratē & abastardie. Ce q̄ ie
ne dys par desfiance que ie aye de ta vertuz la
quelle m'a este ia par icy deuāt esprouuée, Mais
poᵘ pl⁹ fort te encourager a prouffiter de bien en
mieulx. A laq̄lle entreprinse parfaire & cōsōmer,
il te peut assez souuenir, cōmēt ie n'ay rien espar-
gné mais aisi te y ay ie secouru cōme si ie n'eusse
aultre thesor en ce mōde, que de te veoir vne foys
en ma vie absolu & parfaict, tāt en vertuz honne-
stete, & preudhōme, cōme en tout scauoir liberal
& honeste, & tel te laisser apres ma mort cōme vn
mirouer representāt la personne de moy tō pere,
& sinon tant excellent, & tel de faict, comme ie te
souhaite, certes bien tel en desir. Mais encores
que mon feu pere de bonne memoire Grāt gousier eust adōné tout son estude, a ce que ie prouf-
fitasse en toute perfection & scauoir politique, & q̄
mon labeur & estude corespondist tresbien, voire
encores oultrepassast son desir, toutesfois cōme
tu peulx bien entendre le tēps n'estoit tant ydoi-
ne ny cōmode es lettres cōme il est de present, et
n'auoys copie de telz precepteurs cōme tu as eu.
Le tēps estoit encores tenebreux & sentāt l'ifelici-
té & calamité des Gothz, q̄ auroiēt mis a destru-

estoit toute bonne literature, Mais par la bonté divine, la lumiere & dignité a esté de mon eage rendue es lettres, & y voy tel amendement, que de present a difficulté seroys ie receu en la premiere classe des petitz grimaulx, qui en mon eage virile estoys (non a tort) reputé le plus scauant dudict siecle. Ce que ie ne dis par iactance vaine, encores que ie le puisse louablement faire en te escripuant comme tu as l'authorité de Marc Tulle en son liure de vieillesse, & la sentence de Plutarche on liure intitulé comment on se peult louer sans enuie, mais: pour te donner affection de plus hault tendre. Maintenant toutes disciplines sont restituées, les langues instaurées, Grecque sans laquelle c'est honte que vne personne se die scauant. Hebraïcque, Caldaïcque, Latine. Les impressions tant elegantes & correctes en vsance, qui ont esté inuentées de mon eage par inspiration diuine, comme a contrefil l'artillerie par suggestio diabolicque. Tout le monde est plein de gens scauans, de precepteurs tresdoctes, de libraires tresamples, qu'il m'est aduis que ny au temps de Platon, ny de Ciceron, ny de Papinian, n'estoit telle commodité d'estude qu'on

qu’on il y veoit maintenāt. Et ne se fauldra (pᵉ
dorenauāt trouuer en place ny en ꝓpaignie q̄ ne
sera ne bien eppoly en l’officine de Minerue. Ie
voy les brigans, les bourreaulx, les auāturiers,
les palefreniers, de maintenāt plus doctes q̄ les
docteurs et prescheurs de mō temps. Que diray
ie? Les femmes et filles ont aspire a ceste louan
ge et manne celeste de bonne doctrine. Tant y a
que en l’eage ou ie suis i’ay este contrainct de ap
prēdre les letres Grecques, lesquelles ie n’auois
cōtenue cōme Caton, mais ie n’auoye eu loysir
de cōprendre en mon ieune eage. Et voluntiers
me delecte a lire les moralux de Plutarche, les
beaulx dialogues de Platon, les monumens
de Pausanias, et antiquitez de Atheneus, atten
dant l’heure qu’il plaira a dieu mon createur me
appeller et commander yssir de ceste terre. Par
quoy mon filz ie te’ admonneste que employe ta
ieunesse a’ bien prouffiter en estude et en vertus.
Tu es a Paris, tu as tō precepteur Epistemō
dont l’un par viues et vocales instructions, l’aul
tre par louables exemples te peut endoctriner.
I’entēds et veulx q̄ tu aprenes les lāgues parfai
tement. Premieremēt la Grecq̄, comme le veult

D

Quintilian, secondement la latine. Et puis l'Hebraicq pour les sainctes letres, & la Chaldaicq & Arabicq pareillement, & q̃ tu formes tõ stille quãt a la Grecq, a limitatiõ de Platõ: quãt a la latine, a Cicerõ. Qu'il ny ait hystoire que tu ne tiẽgne en memoire p̃nte, a quoy te aydera la Cosmographie de ceulx q̃ en ont escript. Des ars liberaulx Geometrie, Arismeticq & Musicq, ie t'en donnay q̃lq̃ goust quãt tu estoys encores petit en leage de cinq a six ans, poursuis le reste, & de Astronomie saches en tous les canõs, laisse moy Lastrologie diuinatrice, & lart de Lullius cõme abuz & vanitez. Du droict Ciuil, ie veulx que tu saches par cueur les beaulx textes, & me les cõfere auecques philosophie. Et quãt a la cõgnoissance des faictz de nature, ie veulx q̃ tu te y adõne curieusemẽt, qu'il ny ayt mer, riuiere, ny fõtaine, dõt tu ne cõgnoisse les poissons, tous les oyseaulx de lair, tous les arbres arbustes & fructices des forestz, toutes les herbes de la terre, tous les metaulx cachez on ventre des abysmes, les pierreries de tout Oriẽt & Midy, rien ne te soit incõgneu. Puis songneusemẽt reuisite les liures des medecins, Grecz, Arabes, & latins, sans contẽnẽr les Thalmudistes,& Cabalistes,& par frequentes anatomies acquiers toy parfaicte congnoissance de lautre monde,qui est lhôme. Et par ꝗlques heures du iour cômēce a visiter les sainctes lettres. Premierement en Grec,le nouueau testament & Epistres des apostres,& puis en Hebrieu le vieulx testamēt. Hôme que ie voye ung abysme de science:car doresnauāt que tu deuies hôme & te fais grād,il te fauldra issir de ceste trāquillité & repos destude,& apprēdre la cheualerie & les armes pour defēdre ma maison,& nos amys secourir en tous leurs affaires côtre les assaulx des malfaisans. Et veulx que de briefz tu essaye cōbiē tu as proffité:ce que tu ne pourras mieulx faire,ꝗ tenāt côclusions en tout scauoir publicquement enuers tous & côtre tous,& hantāt les gens letrez,qui sont tāt a Paris cōme ailleurs. Mais par ce ꝗ scelō le saige Salomō, Sapiēce nētre poinct en ame maliuose,& sciēce sās ꝯsciēce n'est ꝗ ruine de lame. Il te ꝗuiēt seruir,aymer,& craindre Dieu ꝗ en luy mettre toutes tes pēsées & tout tō espoir,& par foy formée de charité estre à luy adioinct,en sorte ꝗ iamais nē soys desemparé par peché,aye suspectz les abus du mōde,ne

D ij

Quintilian, & comdemne la latine. Et puis l'Hebraicq pour les sainctes letres,& la Chaldaicq & Arabicq pareillemēt, & q̄ tu formes tō stille quāt a la Grecq,à limitatiō de Platō:quāt a la latine,à Cicerō. Qu'il ny ait hystoire que tu ne tiēgne en memoire presente,à quoy te aydera la Cosmographie de ceulx q̄ en ont escript. Des ars liberaulx Geometrie, Arismeticq & Musicq. Je t'en donnay qlq gouft quāt tu estoys encores petit en leage de cinq a six ans, poursuis le reste,& de Astronomie saiche en to⁹ les canōs, laisse moy L'astrologie divinatrice,& l'art de Lullius comme abuz & vanitez. Du droict Civil, je veulx que tu saiche par cueur les beaulx textes,& me les confere avecques philosophie. Et quāt a la cognoissance des faictz de nature,je veulx q̄ tu te y adonne curieusemēt, qu'il ny ayt mer, riviere, ny fōtaine, dōt tu ne cōgnoisse les poissons, tous les oyseaulx de l'air, to⁹ les arbres arbustes & fructices des forestz, toutes les herbes de la terre, tous les metaulx cachez on ventre des abysmes, les pierreries de tout Oriēt & Midy, rien ne te soit incōgneu. Puis songneusemēt reuisite les liures des medecins, Grecz, Arabes,& latins, sans contēner

metz tõ cueur a sanité: car ceste vie est trãsitoire
mais la parolle de Dieu demeure eternellemẽt.
Soys seruiable a to⁹ tes pchains, ⁊ les aymes
cõme toymesmes. Reuere tes precepteurs, fuis
les cõpaignies des gẽs esquelz tu ne veulx poinct
resembler. Et les graces que Dieu te a dõnées,
icelles ne recoiptz en vain. Et quand tu cõgnoi
stras q auras tout le scauoir de par dela acqs,
retourne vers moy affin q ie te voye ⁊ dõne ma
benediction deuãt q mourir. Mon filz la paix ⁊
grace de nostre seigneur soit auecqs toy. Amen.
De Vtopie ce dixseptiesme iour du moys de
Mars, ton pere Gargantua.

Ces lettres receues ⁊ veues Pãtagruel print
nouueau courage ⁊ feut enflambé a pusfiter pl⁹
q iamais en sorte que le voyãt estudier ⁊ prouf
fiter, eussiez dit que tel estoit son esprit entre les
liures, comme est le feu parmy les brandes, tant
il sauoit infatigable ⁊ strident.

¶ Cõment Pantagruel trouua Panur
ge lequel il ayma toute sa vie. Chap. ix.

Vn iour Pantagruel se pormenant hors
la ville vers labbaye sainct Antoine de
uisant ⁊ philosophant auecqués ses gẽs

q aulcuns escholiers, rēcontra ung homme beau de stature & elegāt en tous lineamens du corps, mais pitoyablement nauré en diuers lieux, et tant mal en ordre qu'il sembloit estre eschappé es chiēs, ou mieulx resembloit ung cueilleur de pōmes du païs du perche. De tant loing que le vit Pantagruel, il dist es assistās, Voyez vous cest homme qui vient par le chemin du pont Charanton: Par ma foy il n'est pauure que par fortune: car ie vous asseure que a sa physonomie nature la produyt de riche & noble lignée, mais les aduentures des gēs curieux le ont reduyt en telle penurie & indigence. Et ainsi qu'il fut au droict d'entre eulx, il luy demanda. Mon amy ie vous prie que vng peu vueillez icy arrester & me respondre a ce que vous demanderay, & vous ne vous en repentirez poinct, car i'ay affection tresgrande de vous dōner ayde a mon pouoir en la calamité ou ie vous voy, car vous me faictes grand pitié. Pourtant mon amy dictes moy qui estes vous, dont venez vous, ou allez vous, que querez vous, & qu'el est vostre nom: Le compagnon luy respond en langue Germanicque. Juncker gott geb euch glück vnnd hail. Lūuor

D iij

lieber iüncker laß(t) as euch ü(n)wiffen das da ir mich
von fragt/ist ein arm vnnd erbarmglich ding/
Vnnd ÿber vil darvon zu sagen/v̈berleßes euch
ver druslich zuhoeren, Vnnd mir zu erzelen v̈ber
wievol die Poëten vnnd Oratores vorzeitts ha-
ben gesagt in iren sprüchen vnnd sentzen das die
gedechtnus des ellends vnnd armuot vorlange
erlitten ist ain grosser lust. A quoy respõdit Pantagruel. Mõ amy ie n'ent̃dz poict ce barragouyn
pourtãt si voulez qu'on vo' entẽde parlez aultre
langaige Adõcques le cõpaignõ luy respõdit. Al
barildim gotfano dech min brin alabo dordin fal
broth ringuam albaras. Nin porth zadikim al
mucathin milko prim al elmim enthoth dal he-
ben en squim: kuth im al dim alkatim nim broth
dechoth porth min michais im enboth pruch dal
marsouium hol moth dansrikrim lupalbas im
voldemoth. Nin hur diauoith mnarboth in dal
gousch pal frapi duch im scoth pruch galeth dal
chind, min foulchrich al conin butharbe doth dal
prim Entendez vous rie ladist Pantagruel ce
assistans. A quoy dist Epistemon. Ie croy q ceft
langaige des Antipodes, le diable ny mordoit mie.
Lors dist Pantagruel, Cõpere, ie ne scay si les

28

murailles vous entendrõt, mais de nous nul ny entend note. Dõt dist le cõpaignon. Signor mio voi vedete per experiẽsio che la Cornamusa nõ suona mai se la non a il ventre pieno, Costio partamente non vi sapzei contare le mie fortune, se przima il si tribulato ventre non a la solita refectione. Al quale e advifo che le mani & li denti abbui perso illozo ordine naturale & del tutto annichilati. A quoy respõdit Epistemon, Autãt de lung comme de lautre. Dont dit Panurge, Lard gest tholb be sua virtiuff be intelligence: aff yi body sehalbiff be naturall relviht tholb suld of me pety haue somatur gaff lõff equaly maide: bot fortune sum epaltit geff and oyis depzuit: nõ yeleff vioiff men virtiuff depzuit and virtiuff men diseruiff for amen ye sad end iff non guþ, A quoy dist Carpalim Sainct Treignan soutys vodescoff, ou l'ay failly a entendre. Lors respondit Panurge. Prug freft frinft sozgõmand strochõt dzinds pag vikelard. Grauot chauygny pomardiere ruftẽ phaffbziacg deuintere pres sainct Mays. Heuille halmuch monach drupp velmentplift rincp dlrnd dobeff vp dzentloch mir; fts rinquaft de Lino dere gozbelis vuriocf;

D iiij

ſtrampenardes. A quoy diſt Epiſtemon. Parlez
vous chriſtian: mon amy, ou languaige pateli-
noys. Dõt diſt Panurge. Heere ic en ſpreke an-
ders gheen taele dã kerſten taele, my dunct no-
chtans, al enſeg ic v met een wordt, myne noot
vcklaert ghenõch wat ie begere, gheeft my vnyt
bermher ticheyt yet vhaer vn ic gheuoet mach
zijn. A quoy reſpondit Pantagruel Autãt de
celluy la. Donc diſt Panurge. Seignor de tãto
hablar yo ſoy canſado, por que ſupplico a voſtra
reuerentia que mire a los preceptos euãgelicos,
para que ellos mouant voſtra reuerentia a lo
ques de conſcientia, y ſy ellos non baſtarent para mouer voſtra reuerentia a piedas, ſupplico q̃
mire a la piedas natural laqual yo creo que le
moura como es de razõ, y con eſto nõ digo mas.
A quoy reſpondit Pantagruel, dea mon amy.
Je ne fays doubte aucun que ne ſachez bië parler diuers langaiges, mais dictez nous ce que
vouldrez en quelque langue que puiſſions enten
dre. Lors diſt le compaignon. Myn Herre enbog
teg met ingſen tunge taleðe, lyge ſom boern och
vſli vnlig creatner: myne klee bon och myne le-
gõs mager hes vvvuyſer allyguel klalig vvvas

tyng meg meest beßoff girereß, som aer sadeligh
mad ocß drycke: Hß dar for forbar me teg om sy-
der offuer meg: ocß befael at gyffue meg nogetß
aff huylket ieg kað styre myne groeßdes magße
lygeruß som mand Cerbero en soppe forsettßr.
Hoa schal tu loeffue lenge ocß lyk saligh. Je
croy (dist Eusthenes) que les Gotz parloient
ainsi. Et si dieu vouloit, ainsi parlerions nous
du cul. Adoncques dist le compaignon. Adont
scholom lecha: im tschar harob hal habbeca be-
meßeraß th: then si kikar leßem, cham cathub
laaß al adonai cho nen ral. A quoy respondit
Epistemon. A c'este heure ay ie bien entendu:
Car cest langue hebraicque bien Rethorique-
ment pronuncée. Donc dist le compaignon. De-
spota tinyn panagathe, doiti sy my vc arkodoti
horas gar limo analiscomenon eme athlios, ce
en to metapy eme vc eleis vvamos, zete de par
emu ha v chre, ce bomos philologi pandes homo
logusi tote logus te celrßemata peritta hypar-
thin, opote pragma afto pasi delon esti. Entha
gar anācei monon logi isin, hina pragmata (hon
peri amphisbetumen me prospsoros epipherete.
Quoy dist Carpalim lacquays de Pātagruel,

est Grec, ie l'ay entendu. Et cõment, as tu demou
re en Grece? Donc dist le compaignon. Agonou
dõt ousyus vou denaguez algarou, nou den fa-
rou, zamist vou mariston ulbrou, fousquez vou
brol tanz brdaguez moupreton den goul houst,
dagtrez daguez nou croupys fost barbou nossist
nou grou. Agou paston tol nalprissys hourtou
los ecbatanous prou dhouquys brol panygou
den bascrou nou dous caguous goulfren goul
oust troppassou. Ientende si me semble, dist Pã
tagruel: car ou cest langaige de mõ pays de Vto
pie, ou bien luy resemble quant au son. Et cõme
il vouloit cõmencer. Alque propos, le cõpaignon
dist. Iam totiés vos per sacra perq3 deos deasq3
omnes obtestatus sum, ut si qua vos pietas per-
mouet, egestatem meam solaremini, nec hilum
proficio clamãs q etulãs. Sinite, queso, sinite bi-
ri impii quo me fata vocãt abire, nec ultra vanis
vestris interpellationib' obtundatis, memores ve
teris illius adagii, quo venter famelicus auriculis
carere dicitur. Dea mon amy, dist Pantagruel:
ne sçauez vous parler Francoys? Si foys tresbien seigneur, respõdit le cõpaignõ, Dieu mercy
cest ma lãgue naturelle, & maternelle, car ie suis

ge ay esté noury jeune ou jardin de Frâce,c'est
Touraine. Dôcques, dist Pantagruel, racôptez
nous quel est vostre nom, & dôt vous venez. Car
par ma foy je vous ay ja prins en amour si grâd
q si vous côdescendez a mô vouloir, vous ne vou
gerez jamais de ma côpaignie, & vous & moy fe=
rons vn nouueau pair damitié telle q feut entre
Enée & Achates. Seigneur dist le côpaignon,
Mon vray & propre nom, de baptesme, est Pa=
nurge, & a present viens de Turquie, ou je fuz me
né prisonnier lors qu'on alla a Metelin en la
male heure. Et volutiers vous racompteroys
mes fortunes qui sont plus merueilleuses, que
celles de Vlysses, mais puis qsl vous plaist me
retenir auecqs vos, & je accepte volutiers loffre
protestât jamais ne vous laisser, & allissez vos a
tous les diables, no? aurôs en aultre tēps plus
cômode, assez loy sir d'en racôpter, car pour ceste
heure j'ay necessite biē vrgente de repaistre, dentz
aguēs, vêtre vuyde, gorge seichē, tout y est deliberé
si me voulez mettre en oeuure ce sera basme de
me veoir briber, po² Dieu dônez y ordre. Lors cō
mēda Pâtagruel quō le menast en son logis &
quō luy apportast foze viures, Ce q fut faict, &

mangea tresbien a ce soir q sen alla coucher en
chappon,q dormit iusques au lendemain heure
de disner.
¶ Comment Pantagruel equitablement
iugea d'une cõtrouerse merueilleusement obscure z difficile, si iustement
q son iugement fut dict plus ad
mirable que celluy de Sa
lomon. Chapitre. ix.

Pantagruel bien recordz des lettres z ad-
monition de son pere, boulut vn iour es-
sayer son scauoir. De faict par tous les
carrefours de la bille mist conclusions en nombre de neufmille sept cens soixante q quatre en
tout scauoir, touchant en ycelles les plus fors
doubtes qui feussent en toutes sciences. Et premierement en la rue du feurre tint contre tous
les regens artiens, z orateurs, q les mist tous de
cul. Puis en Sorbonne tint cõtre tous les theo
logiens par lespace de six sepmaines despuis le
matin quatre heures, iusques a six du soir, exceptez deux heures d'interualle pour repaistres q
prendre sa refection. Non qu'il engardast lesdictz
theologiens Sorbonicques de chopiner, q se re-

faisoyr a leurs beuuettes acoustumées. Et a ce
assisterēt la plus part des seigneurs de la court:
maistres des requestes, presidens, conseillers, les
gens des comptes, secretaires, aduocatz, & aultres, ensemble les escheuins de ladicte ville auec
ques ses medicins & canonistes. Et notez que diceulx la plus part prindrēt bien le frain au dētz:
mais nonobstāt leurs ergotz & fallaces, il les feit
tous quinaulx, & leurs monstra visiblemēt qu'ilz
n'estoient que beaulx engiponnéz. Dont tout le
mōde cōmencza a bruyre & parler de son scauoir
si merueilleux, iusques es bōnes femmes lauan-
dieres, courratieres, rousstissieres: ganyuetieres, &
aultres, lesqlles quād il passoit par les rues disoyēt, c'est luy, a quoy il prenoit plaisir, cōme Demosthenes prince des orateurs Grecz faisoit
quand de luy dist vne vieille acropie le monstrāt
au doigt, c'est cestuy la. Or en ceste propre saison
estoit vn proces pendent en la court entre deux
gros seigneurs, desquelz l'un estoit monsieur de
Baysecul demādeur d'une part, l'aultre mōsieur
de Hume besne defendeur de l'aultre. Desquelz
la controuerse estoit si haulte & difficille en droict
que la court de Parlement n'y entendoit que le

gault Alemant. Donc par le cōmandement du
roy furēt assemblez quatre les plus scauās ꞇ les
plus gras de tous les Parlemēs de France, ensemble le grand cōseil, ꞇ tous les principaulx regens des vniuersitez, non seulement de France,
mais aussi Dangleterre ꞇ Italie, cōme Iason,
Phi·lippe Dece, Petr9 de petronibus, ꞇ vn tas
daultres vieulx Rabanistes. Ainsi assemblez p̄
lespace de quarante ꞇ six sepmaines n'y auoyēt
sceu mordre, n'y entēdre le cas au net, pour se mettre en droict en façon quelcōq̄s, dōt ilz estoyēt si
despitz qu'ilz se cōchioyēt de honte villainemēt.
Mais vn dētre eulx nōmé Du douhet, le plus
scauant, le plus expert ꞇ prudēt de tous les aultres, vn iour qu'ilz estoyent tous philogrobolizez
de cerueau, leur dist. Messieurs ia lang temps a
que sommes icy sans rien faire que despendre, ꞇ
ne pouōs trouuer fonō n'y riue en ceste matiere,
ꞇ tāt plus y estudions tāt moins y entēdōs, qui
nous est grande honte ꞇ charge de conscience, ꞇ
a mon aduis que nous nen sortirons que a deshonneur, car nous ne faisons que rauasser en
nos consultations. Mais voicy que i'ay aduisé.
Vous auez bien oy parler de ce grād personnaige

nommé maistre Pátagruel,lequel on a cōgneu estre scaiant dessus la capacité du téps de maintenant:es grandes disputations qu'il a tenu contre tous publicquement. Je suis d'opinion, que nous l'appellons,& conferons de cest affaire auecques luy:car iamais homme n'en viendra a bout si cestuy la n'en vient. A quoy volunuers consentirent tous ces conseilliers & docteurs:de faict l'enuoyerent querir sur l'heure,& le prierent vouloir le pces canabasser & grabeler a poinct,& leur en faire le rapport tel que bon sembleroit en vraye science legale,& luy liurerent les sacs & pátarques entre ses mains qui faisoyent presq le fais de quatre gros asnes couillars. Mais Pátagruel leurs dist. Mes seigneurs, les deux seigneurs qui ont ce proces entre eulx sont ilz encores viuans? A quoy luy fut respondu, que ouy. De quoy diable donc(dist il)seruent tant de fatrasseries de papiers & copies que me baillez? N'est ce le mieulx ouir par leur viue voix leur debat,que lire ces babouyneries icy qui ne sont que tromperies,cautelles diaboliques de Cepola,& subuersiōs de droict? Car ie suis sceur que & vo' & tous ceulx p les mains desquelx a passé le noces, y aues machiné ce que aues peu: pro & contra, & on cas que leur controuerse estoit patente & facile a iuger, vous lauez obscurcie par sottes & desraisonnables raisons & ineptes opinions de Acurse, Balde, Bartole, de Castro, de Imola, Hippolytus, Panorme, Bertachin, Alexandre, Curtius, & ces aultres vieulx mastis, q̃ tamais nentendirent la moindre loy des Pandectes, & nestoyent que gros veaulx de disme, ignorãs de tout ce qu'est necessaire a lintelligence des loix. Car (comme il est tout certain) ilz nauoyent cõgnoissance de langue ny Grecque ny Latine, mais seulement de Gothicque & Barbare. Et touteffoys les loix sont premierement prinses des Grecz, comme vous auez le tesmoignage de Vlpiã. l. posteriori. de orig. iuris. & toutes les loix sont pleines de sentences & motz Grecz: & secondement sont redigées en Latin le plus elegant & aorné qui soit en toute la langue Latine, & nen excepteroys Salustier n'y Saluste, n'y Varrõ, n'y Ciceron, n'y Senecque, n'y T. Liue, n'y Quintilian. Comment doncques eussent peu entendre ces vieulx resueurs le texte des loix, qui jamais ne virent bon liure de langue Latine,

comme

comme manifestement appert à leur stile, qui est
stilé de ramoneur de cheminée, ou de cuysinier z
marmiteux: non de iurisconsulte. Dauantaige
veu que les loix sont extirpées du mylieu de
philosophie moralle z naturelle, comment lenten=
dront ces folz qui ont par dieu moins estudié en
philosophie q ma mulle? Au regard des lettres
de humanité, z congnoissance des antiquitez et
histoire, ilz en estoyent chargez comme ung crapault de plumes, z en vsent comme ung crucifix
dun pifre, dont toutesfoys les droictz sont touts
pleins, z sans ce ne peuuent estre entenduz, com
me quelque iour te monstreray plus appertemēt
par escript. Par ce si voulez que te congnoisse de
ce proces, premieremēt faictes moy brusler touts
ces papiers: z secondement faictes moy venir
les deux gentilz hommes personnellement deuant moy, z quand ie les auray ouy, ie vous en
diray mon opinion sans fictiō n'y dissimulatiō
quelconques. A quoy aulcuns dentre eulx con=
tredisoyent, comme vous sçauez que en toutes
compaignies il y a plus de folz que de saiges, z la
plus grande partie surmonte tousiours la meil=
leure, ainsi que dit Tite Liue parlant des Car-

E

tages. Mais ledict du Douhet tint au contraire strictement contendent que Pātagruel auoit bien dict, que ces registres, enquestes, replicques, reproches, saluations, & aultres telles diableries n'estoient que subuersiōs de droict, & allōguemēt de proces, & q̄ le diable les emporteroit tous, s'ilz ne procedoyēt aultrement selon equité euāgelicq̄ & philosophicque. Somme tous les papiers furent bruslez, & les deulx gentilz hōmes personnellemēt conuocquez. Et lors Pātagruel leur dist. Estez vous qui auez ce grand different entre vous deux? Ouy, dirēt ilz monsieur. Lequel de vous est demandeur? C'est moy, dist le seigneur de Baisecul. Or mon amy, contez moy de poinct en poinct vostre affaire, selon la verité, car par le corps dieu si vous en mētez d'un mot, ie vous osteray la teste de dessus les espaules, & vous monstreray que en iustice & iugemēt lon ne doibt dire que verité, par ce donnez vous garde de adiouster n'y diminuer au narré de vostre cas, dictes.

⸿ Comment les seigneurs de Baisecul & Humeuesne plaidoient deuāt Pātagruel sans aduocatz. Cha. x.

Donc comença Baisecul en la maniere q̃ sensuyt. Monsieur il est vray que une bonne femme de ma maison portoit ven̄-dre de oeufz au marché, Couurez vo' Baisecul dist Pantagruel. Grand mercy monsieur, dist le seigneur de Baisecul. Mais a propos, passoit entre les deux tropicqs six blācs vers le zenith diametralement opposé es Troglodytes, par autant que les mons Rhiphées auo-yent eu celle annee grāde sterilité de happelour-des, moyennant une sedition de balliuernes me-ue entre les Barragouyns & les Accoursiers po' la rebellion des Souyces q̃ sestoyēt assēblez deux tards iusqs au nombre de troys six, neuf dix po' aller a laguillanneuf, le pmier trou de sā q̃ lō dōne la souppe aux boeufz, & la clef du char-bon aux filles, po' donner lauoine aux chens. Toute la nuict lon ne feist la main sur le pot, que despecher bulles de postes a pied & lacquais a cheual pour retenir les bateaulx, car les cou-sturiers vouloyent faire des retaillons desrobez une sarbataine pour couurir la mer oceane, qui pour lors estoit grosse d'une potée de choulx scelō l'opiniō des boteleurs de foin: mais les physicies

E ij

disoient que a son brine ilz ne cognoissoient signe
euident au pas dostarde de manger bezagues q̃
la moustarde,si non q̃ messieurs de la court feissent par bemol commandement a la berolle, de
non plus assebotter apres les maignans,& ainsi
se pourmener durant le seruice diuin: car les
marrousles auoyent ia bon commencement a
dancer,lestrindore au diapason bn pies au seu q̃
la teste au mylieu comme disoit le bon Ragot.
Ha messieurs Dieu modere tout a son plaisir,&
contre fortune la diuerse bn chartier rompit son
souet,ce fut au retour de la Bicocq̃,alors qu'on
passa licentie maistre Antithus des cressonnie-
res en toute sourderie:comme disent les canonistes: Beati sourdes de granzelles quoniam tre-
buchauerunt. Mais ce que faict la quaresme si
hault,par sainct Fiacre de Brie,ce nest por̃ aultre chose que la Pentecoste ne bient foys quel-
se conseillers du hier ne me couste : mais hay
auant,peu de pluye abat par les antan grand
bent entendu que le sergeant ne mist si hault le
blanc a la butte,q̃ le greffier ne sen leschast or-bi-
culairement ses doigtz empenes de tard,& nous
boyons manifestement que chascun sen prent

au nez, sinõ qu'on regardast en perspectiue ocu
larement vers la cheminée a lendroit ou pend
lenseigne du vin a quarante sangles, qui sont
necessaires a vigt bas de quinquenelle: a tout le
moins qui ne, vouldroit lascher loyseau deuant
que cent francs le decouurir: car la memoire sou
uent se pert quand on se chausse au rebours sa
dieu gard de mal Thibault mitaine. Alors dist
Pãtagruel. Tout beau nõ amy, tout beau, par
lez a traict ꞇ sans cholere. Ientends le cas, pour
suyuez. Vrayement, dist le seigneur de Baisecul,
cest biẽ ce que lon dict, qu'il faict bon aduiser aul
cunesfoys les gẽs, car vn hõme aduisé en vault
deux. Or mõsieur, ladicte bõne fẽme disant ses
gaudez ꞇ audinos, ne peult se couurir dũ reuers
faulx mõtãt p̃ la vertuz quoy des priuileges de
luniuersité: sinõ p̃ biẽ soy bassiner anglicquemẽt
le couurãt dũ sept de quarreaulx ꞇ luy tirãt vn
estoc vollãt, au pl⁹ ꝑs du lieu ou lõ vẽt les vieulx
drapeaulx dõt vsẽt les paictres de Flãdres, quãd
ilz veullẽt biẽ a droict ferrer les cigalles, ꞇ mesba
hys biẽ fort cõmẽt le mõde ne pond veu ꝗ́ faict
si beau couuer. Icy voulut interpeller ꞇ dire ꝗ́lq̃
chose le seigneur de Hume vesne, dont luy dist

E iij

Pātagruel Et vôtre sainct Antoine, t'appartiēt il de parler sans commandemēt? Je sue icy de hâan, pour entendre la procedure de vostre different, & tu me viens encores tabuster: paix, de par le diable paix, tu parleras ton sou, quand cestuy cy aura acheué. Poursuyuez, dist il a Barsecul & ne vous hastez poinct. Voyant donc, Sires, dist Barsecul, que la Pragmaticque sanction n'en faisoit nulle mention, & que le pape dōnoit liberté a un chascun de peter a son aise, si les Blāchetz n'estoient rayéz, quelque pauureté que feust ou mōde, po^r veu qu'on ne se signast de ribaudaille, l'art ancien fraischement esmoulu a Milā pour esclourre les alouettes, cōsentit que la bōne femme escullast les isciaticques par le protest des petitz poissons couillastrys qui estoyēt pour les necessaires a entendre la construction des vieilles Bottes, pourtāt Jed le Beau son cousin geruais remué d'une busche de moulle, luy cōseilla quelle ne se mist poinct en ce hazard de seconder la Buée Bumbattatoyre sans premier allumer le papier: a tant pisse, vade, tocque, fore, car non de ponte vadit qui cum sapientia cadit, attendu q̄ messieurs des cōptes ne cōuenoyēt en la sommatiō

des fleutes dallemāt, dōt on auoit basty les lunettes des prices imprimée nouuellemēt a An-
uers. Et voyla messieurs q̄ faict maulnais rap
port. Et en croy p̄tre aduerse in sacer verbo do-
tis, car voulant optēperer au plasir du roy ie me
estois armé de pied en cap d'une carreleure de bē
tre po' aller veoir cōmēt mes vēdāgeurs auoyēt
deschicqtéleurs haulp bōnetz, po' mieulp iouer
des manequins: car le tēps estoit q̄ lō peu dangé
reup de la foire, dont plusieurs francz archiers
auoyēt esté refusez a la monstre, nonobstant que
les cheminées feussēt assez haultes selō la pro-
porsiō du iauart a des maladies lamybaudīchz.
Et par ce moyen fut grande année de quaque-
rolles en tout le pays de Artoys, qui ne fut petit
amendement po' messieurs les porteurs de coustretz, quand on māgeoit sans desguainner coq̄
cigrues a vētre deboutonné. Et a la mienne volū
té q̄ chascū eust aussi belle voyx, lō en tourroit bē
aucoup mieulp a la paulme, a ces petites finef-
ses, qu'ō faict a etymologizer les pattis, desc̄dro
yēt pl' aisemēt en Seine po' tousiours seruir au
pont aup meusniers, cōme tādis seut decreté p̄ le
roy de Canarre, a l'arrest en est au greffe de cēs.

E iiii

Pour ce monsieur ie requiers que par Voſtre ſei-
gneurie ſoit dict & declairé ſur le cas ce q̃ de raiſon,auecques deſpens,dommaiges & intereſt.
Lors dist Pãtagruel. Mon amy voulez vous
plus rien dire:Reſpondit Baiſecul, non mon-
ſieur:car ien ay dict tout le tu autem,& nen ay
en rien varié ſur mon honneur. Vous dõcques
(dist Pantagruel)monſieur de Humevesne,di
ſtes ce que vouldrez & abreuiez,ſans rien toutes-
ſoys laiſſer de ce que ſeruira au ppos. Lors cõmencza le ſeigneur de Humevesne ainſi que ſenſuyt. Monſieur & meſſieurs,ſi liniquité des hõmes eſtoit auſſi facilement veue en iugement
categoricque comme on congnoiſt mouſches en
laict,le monde ne ſeroit tant mangé de ratz,com
me il eſt & ſeroient aureilles maintes ſur terre
qui en ont eſté rongées trop laſchemẽt. Car cõbien que tout ce que a dict partie aduerſe ſoit bi-
vray quant a la letre & hiſtoire du factum,tou-
teſſoys meſſieurs la fineſſe,la tricherie,les petitz
hanicrochemens,ſont cachez ſoubz le pot aux
roſes. Doibs ie endurer que a lheure que ie man
ge ma ſouppe ſans mal penſer ny maldire lon
vie viengne ratiſſer & tabuſter le cerueau me

sonnãt lantiquaille, disant, qui boit en mangeãt
sa souppe, quand il est mort il ne boit goutte. Et
saincte dame cõbien auons nous heu de gros ca
pitaines en pléin camp de bataille, alors qu'on
donnoit les horions du pain benist de la con
frairie, pour plus honnestement se dodeliner,
iouer du luc, soner du cul, & faire les petitz saulx
en plate forme sur beaulx escarpins deschiqtez
à barbe descreuisse: mais maintenant le mõde
est tout detraué de souchetz des balles de Luce-
stre, lũ se desbauche, laultre se caiche le museau
pour les froidures hybernales, & si la court n'y
donne ordre, il fera aussi mal glener ceste année
qu'il feist ou bien fera de troys sepmaines. Si
une paouure persõne va aux estuues pour se faire enluminer le museau de douzes de hacche ou
achapter bottes de yuer, & les sergeans passans
ou bien ceulx du guet receuent la decoction d'un
clystere, ou la matiere fecale d'une celle persée
sur leurs tintamarres, en doibt lon pourtãt rot-
gner les testons & fricasser les escutz elles de
boys? Aulcunefoys nous pẽsons sũ, mais Dieu
faict laultre, & quand le soleil est couché, toutes
bestes clercs de greffe sont en lombre, ie nen veulx

estre creu,si ie ne le prouue haulgrement par gens
dignes de memoire. Lan trête a six iauoys acha
pté vn courtault Dalemaigne hault a court das
sez bône laine a tainct en grene,côme asseuroyêt
les oisenes,touteffoys le notaire y mist du cete-
ra. Ie ne suis poinct clerc pour prêdre la lune auec
ques en apres les dentz,mais au pot de beurre
ou lon scelloit les instrumens Vulcaniques le
bruyt estoit. q̃ le Boeuf salé faisoit trouuer le vin
en plein minuyct sans chandelle a feust il caiche
au fôs dun sac de charbônier,houzé a bardé auec
ques le chanfrain a boguines requises a bien fricasser rustrye,cest teste de mouton,q̃ cest bien ce
qu'on dit en puerbe,qu'il faict bô veoir vacches
noires en boys bruslé,quand on iouyst de ses
amours. I'en feis gsulter la matiere a messies
les clercs a pour resolution conclurent en frise
somorum qu'il n'est tel que de faucher lesté en ca
ue bië garnie de papier a dâcre de plumes a gant
uet de Lyon sur le Rosne tarabin tarabas : car
incontinent que vn harnoys sent les aulx,la ro
uille luy mâgeue le foye,a puis lô ne faict q̃ rebec
qr torty colli fleuretât le dormir dapres disner : a
voyla q̃ faict le sel tât cher. Messieurs ne croyez

¶ au tẽps q̃ ladicte bõne femme englua la poche cuillere po⁹ le recors du sergeãt mieulx opanager q̃ la fressure bouldinalle terguersa par les bourses des huriers,il ny eust riẽ meilleur a soy garder des Canibailes,q̃ prẽdre brie liasse dobghõs liéé de troys cens Auez mariatz,a ãlq̃ petit d'une fraize de beau,du meilleur alloy q̃ ayẽt les alchymistes a bien luter a calciner ses pãtouffes mouslin mouflart auecq̃s belle saulce de raballé a foy mucer en ãlq̃ petit trou de taulpe, fauluant tousiours les larbõs. Et si le dez ne vous veult aultremẽt dire,q̃ tousiours ambezars, ternes six a troys, quare das, mettez la dame au coig du lict, friguez la touresoura lafin,a beuez a oustrãce: depiscãdo grenouilliʙ⁹ a tout beaulx housseaulx coturnicq̃s ce sera po⁹ les petitz oysõs de mué q̃ sesbatẽt au ieu de foucht, attẽdãt battre le metal,a chauffer la cyre aux bauars de gousale. Bien vray est il que les quatre boeufz desquelz est questiõ, auoyẽt quelque peu la memoure courte, toutesfoys pour sçauoir la game il n'en, craignoyent courmaran n'y quanard de Sauoye, a les bõnes gẽs de ma terre en auoyẽt bõne esperance, disãs, ces enfãs deuiẽdrõt grãds en Algoustme,

re nous sera vne rubrique de droict, nous ne pou
uons faillir a prẽdre le loup, faisans nos hayes
deſſus le moulin a vent duquel a eſté parlé par
ptie aduerſe. Mais le diable y eut enuie: & miſt
les Allemans par le derriere, qui firent diables
de humer, her tringue, tringue, das dich gots mar
tre ſchend, frelorum bigot paupera guerra fuit.
Et meſbahys bien fort, cõment les aſtrologues
ſen empeſchent tant en leurs almucantarathz.
Car il ny a nulle apparence de dire que a Paris
ſur petit pont geline de feurre, & feuſſent ilz auſſi
huppez que duppes de marays, ſinõ vrayemẽt quod
ſacrifiaſt les põpettes au moret fraichement eſ-
moulu de lettres verſalles ou curſiues ce m'eſt
tout vn, pourueu que la trãche file n'y engendre
les vers. Et poſé le cas que au coblement des
chiens courans, les marmozelles euſſent corne
prinſe deuãt que le notaire euſt baillé ſa relation p
art Cabaliſticque, il ne ſenſuyt pas ſauué meilleur iugement de la court, que ſix arpens de pré
a la grand laize feiſſent troys bottes de fine ancre ſans ſouffler au baſſin, conſideré que aux funerailles du roy Charles lon auoit en plein
marché, la toyſon pour ſix blancz, i'entends par

mon serment de laine. Et ie Voy ordinairement en toutes bônes maisons que quād son va a la pippée, faisant troys tours de balail par la cheminée, & insinuant sa nomination: son ne fait q̄ bander auꝝ reins & souffler ou cul, si d'auāture il est trop chault,& queller luy bille, incontinēt les lettres beues, les vaccħes luy furent rendues. Et en fut donné pareil arrest a la martingalle lan diꝝ & sept pour le maulgouuert de Touzefougerouse, a quoy il plaira a la court d'auoir esguard. Ie ne dis brayement qu'on ne puisse par equité de posseder en iuste tiltre ceulꝝ q̄ de l'eau Beniste beuuroyent cōme on faict dun rançon de tisserant dont on faict les suppositoires a ceulꝝ qui ne voulent resigner, sinon a beau ieu bel argent. Tuc messieurs quid iuris pro minoribus? Car lusance commune de la loy Salicque est telle, que le premier boutefeu qui escornifle la vache qui mousche en plein chant de Musicque, sans solfier les poinctz des sauatiers, doibt en temps de goudemarre sublimer la penurie de sō mēbre p la mousse cuillie alors qu'on se moifent a la messe de minuict, pour bailler l'estrapade a ces bins blancs d'Aniou q̄ font la iambette col

re nous sera une rubrique de droict, nous ne pou
uons faillir a prẽdre le loup, faisans nos hayes
dessus le moulin a vent duquel a esté parlé par
ptie aduerse. Mais le diable y eut enuie: & mist
les Allemans par le derriere, qui firent diables
de humer, her tringue, tringue, das dich gots mar
tre schend, fredorum bigot paupera guerra fuit.
Et mesbahys bien fort, cõment les astrologues
sen empeschent tant en leurs almucantarathz.
Car il ny a nulle apparence de dire q̃ a Paris
sur petit pont geline de feurre, & feussent ilz aussi
huppez q̃ duppes de marays, sinõ vrayemẽt quõ
sacrifiast les põpettes au moret fraichement esmoulu de lettres versalles ou cursiues ce m'est
tout ũn, pourueu que la trãche file n'y engendre
les vers. Et posé le cas que au coblement des
chiens courans, les marmozettes eussent come
prinse deuãt q̃ le notaire eust baillé sa relation p
art Cabalisticque, il ne sensuyt pas sauué meilleur iugement de la court, que six arpens de pré
a la grand laize feissent troys bottes de fine ancre sans souffler au bassin, considéré que aux funerailles du roy Charles lon auoit en plein
marché la toyson pour six blancz, ientends par

et a collet a la mode de Bretaigne. Concluent côme dessus auecques despens, dõmaiges & interestz. Apres que le seigneur de Humeuesne eut acheué, Pãtagruel dist au seigneur de Baisecul, Mõ amy voulez vo⁹ rien replicquer? A quoy respondit Baisecul. Non monsieur: car ie n'en ay dict que la verite: & pour dieu dõnez fin a nostre differêt: car no⁹ ne sommes icy sans grãd frais.

℅ Comment Pantagruel donna sentence sus le different des deux seigneurs. ℅ Chapitre vi.

Lors Pantagruel se leue, et assemble tous les Presidens, Côseilliers & Docteurs la assistans, & leur dist. Or ça messieurs, vous auez ouy viue vocis oraculo le differêt dõt est question, que vous en semble? A quoy respondirent. Nous lauons veritablemêt ouy, mais nous n'y auons entêdu au diable la cause. Par ce nous vous prions vna voce & supplions par grace, q̃ vueillez dõner la sentêce telle q̃ verrez, & en nrc put et tãc no⁹ lauõs aggreable, & ratifiõs de nos pleins cõsentemês. Et bê messieurs, dist Pãtagruel, puis qu'il vo⁹ plaist ie le feray: mais ie ne trouue le cas tãt difficile q̃ vo⁹ sequelles. Vostre paraphe Caton, la loy frater, la loy Gall', la loy Quinq; preftii, la loy Vinst, la loy Si dñs, la loy Mater, la loy Muller bo na, la loy Si qs, la loy Põpontus, la loy füst, la loy Emptor, la loy Pretor, la loy Venditor, & tant daultres, sont bien plus difficiles, en mon opiniõ. Et apres ce dict, il se pourmena un tor ou deux par la sale, pensant bien profondement, comme l'on pouoit estimer, car il gehaignoit comme un asne qu'on sangle trop fort, pensant qu'il falloit a un chascun faire droict, sans varier n'y accepter personne, puis retourna s'asseoir & commença pronuncer la sentence comme sensuyt.

Veu, entendu, & bien calculé le different d'entre les seigneurs de Baisecul et Humevesne, la court leur dict que consideree l'orripilation de la ratepenade declinãt bravemẽt du solstice estival pol mugueter les billes vesees q̃ont eu mat du pyon par les males vexatiõs des lucifuges nycticoraces, q̃ sont inclines au climat diarhomes d'un crucifix a cheual bendãt une arbaleste au reins, le demandeur eut iuste cause de callafater le galliõ q̃ la bonne fẽme boursoufloit un pied chaussé & laultre nud, le rẽboursant bas & roide en sa cõscience d'autant de baguenaudes, cõme y a de poil en dix huyt vaches, à autant pour le brodeur. Semblablement est declairé innocẽt du cas privilegié des gringuenaudes, qu'on pensoit qu'il eust encouru de ce qu'il ne pouoit baudement fiãter par la decision d'une paire de gands parfumez de petarrades à la chandelle de noix, cõme on use en son pays de Mirebaloys, laschãt la bouline auecques les bouletz de bronze, dont les houssepailleurs pastissoyent conestablemẽt ses legumaiges interbastez du loyre a tout les sonnettes desparuier faictes a poinct de hongrie, que son beaufrere portoit memorialement en ung panier fimitrophe, brodé de gueulles à troys chevrons hallebrenez de canabasserie, au caignard angulaire dont on tire au papegay vermiforme auecques la vistemvenarde. Mais en ce qu'il met sus au defendeur qu'il fut rataconneur tyrofageur a goildronneur de mõmye, q̃ n'a esté en brimbalant trouué vray cõme bien l'a d basty ledict defendeur. la court le condemne à troys verrassées de caillebotes assimentées pr roresitãtées a gaudepisées cõme est la coust du pays, enuers ledict defendeur payables a l my Aoust en May, mais ledict defendeur sera tenu de fournir de foing & destoupes a lembouchement des chassetrapes gutturales emburelucocquées de guilvardons bien grabelez a rouelle, & amys comme deuant: sans despens, & pour cause. Laqlle sentête prononcée les deux parties despartiret toutes deux côtêtes de larrest, q̃ feut quasi chose icreable. Au regard des Côseillers & aultres Docteurs q̃ la assistoyêt, ilz demeureret en ecstase esvanoys bien troys heures & tous rauys en admiration de la prudêce de Pantagruel plus q̃ humaine laqlle auoyêt côgneu clerement en la decision de ce iugemêt tât difficile & espineux. Et y feussent encores, sinon qu'on apporta force vinaigre & eaue rose pour leur faire reuenir le sens & entêdemêt acoustumé, dôt dieu soit loué par tout.

⸿ Côment Panurge racôpte la maniere comment il eschappa de la main des Turcqs. Chap. vij.

LE iugemêt de Pantagruel feut incôtinêt sceu & entêdu de tout le môde, & imprimé a force, & redigé es Archiues du Palais, en sorte que le môde cômencza a dire. Salomon qui rédit par soubz son lefant a sa mere, jamais ne mõstra tel chef d'oeuure de prudẽce cõme a faict ce dõ Pãtagruel: nous sommes heureux de l'auoir en nostre pays. Et de faict lõ le houlut faire maistre des requestes ᷓ Pfidẽs en la court: mais il refusa tout, les remerciãt gracieusemẽt, car il y a (dist il) trop grãde seruitude a ces offices, ᷓ a trop grãde poine peuuẽt estre sauluez ceulx ᷓ les exercẽt, heu la corruptiõ des hõmes. Mais si auez ᷓlᷓ muitz de bõ vin, holãtiers i'en recepuray le prñt. Ce ᷓ ilz firẽt holãtiers ᷓ luy enuoyerẽt du meilleur de la uille, ᷓ beut assez b.ẽ. Mais le pãuure Panurge en beut uaillãment, car il estoit exrimé comme un harain soret. Aussi alloit il du pied cõme un chat maigre. Et quelcun l'admonesta en disnant, disant, Compere tout beau, uous faictes raige de humer. Par sainct Thibault (dist il) tu dys uray, ᷓ si ie montasse aussi biẽ cõme ie aualle, ie feusse desia au dessus de la sphere de la lune, auecᷓs Empedocles. Mais ie ne scay ᷓ diable cecy brult dire, ce vin est fort bõ ᷓ biẽ delicieux mais plus i'en boy, tãt plus i'ay soif. Ie croy ᷓ l'umbre de mõseigneur Pãtagruel engẽdre les alterez, cõme la lune faict les catarrhes, A quoy se

hindrēt a rire les assistās. Ce q̄ voyāt Pāta=
gruel dist. Panurge qu'est cè q̄ auez a rire? Sei
gneur(dist il)ie leur cōtoys, cōmēt ces diables de
Turcqs sont biē malheureux de ne boire gout=
te de vin. Si aultre mal n'estoit en l'alchorā de
Mahumeth, encores ne me mettray ie mie de
saloy. Mais or me dictes cōmēt/dist Pātagruel
v9 eschappastes de leurs mains? Par dieu sei=
gne2/dist Panurge, ie ne v9 en mētiray de mot.
Les paillards Tucrqs mauoyēt mys en bro=
che tout lardé, cōe vn cōnil, car i'estoys tāt emīe
q̄ aultremēt de ma chair c'ust esté fort mauluai=
sé viāde, q̄ en ce poīct me faisoyēt roustir tout vif.
Ainsi cōme ilz me roustissoyēt, ie me recōmādoys
a la grace diuine: ayāt en memoire le bon sainct
Laurēt, q̄ tousiours esperoys en Dieu q̄l me de=
liureroit de ce tormēt, ce q̄ feut faict biē estrāgemēt
Car ainsi q̄ me recōmādoye biē de bon cueur a
Dieu, cryāt. Seigne2 dieu ayde moy. Seigneur
Dieu sauue moy. Seigneur Dieu oste moy de
ce tormēt, auq̄l ces traistres chiēs me detiēnēt po2
la maintenāce de ta loy, le roustisseur s'ēdormyt p
le bouloir diuin, ou biē de q̄lq̄ bon Mercure q̄
endromyt cautemēt Arg9 q̄ auoit cēt yeulx. Di

F ij

quand ie vy qu'il ne me tournoit plus en routissant, ie le regarde, & voy qu'il s'endort, ainsi ie prẽs auecques les dẽtz ung tyson par le bout ou il n'estoit poinct bruslé, & vous le gette au gyrõ de mõ routisseur, & ung aultre ie gette le mieulx que ie peulx soubz ung lict de camp, qui estoit au pres de la cheminée, ou estoit force paille. Incõtinent le feu se print a la paille, & de la paille au lict, & du lict au solier qui estoit embrunché de sapin faict a queues de lãpes. Mais le bon feut, que le feu que iauoys getté au gyron de mõ paillard routisseur, luy brusla tout le penil & se prenoit aus coillõs, sinon qu'il n'estoit tãt punays qu'il ne le sentit plus tost que le iour, & debout estourdy se leuãt crya a la feneftre tãt qu'il peult das barotz, das barotz, q vault autãt a dire cõme, au feu, au feu: & vint droict a moy pour me getter du tout au feu, & desia auoyt couppé les cordes dont on m'auoit lyé les mains, & couppoit les liens des piedz, mais le maistre de la maison ouyãt le cry du feu, & sentãt ia la fumée de la rue ou il se pourmenoit auecques quelque aultres Saschatz & Musaffitz, courut tant qu'il peult y donner secours & pour emporter ses bagues. De pleine arriuée il tyre la broche ou i'estoys embroché,à tua tout roidde mõ roustisseur, dont il mourut la par faulte de gouuernement ou aultremẽt,car il luy passa la broche peu au dessus du nõbril vers le flan droict,à luy perçea la tierce lobe du foye,& le coup haussant luy penetra le diaphragme, & par à trauers la capsule du cueur luy sortit la broche par le hault des espaules entre les spondyles & l'omoplate senestre. Vray est que en tirãt la bro-che de mon corps ie tũbe à terre pres des landiers, & me feis vn peu de mal à la cheute,toutessfois nõ grãd:car les lardõs soustindrẽt le coup. Puis voyant mon Haschaz,que le cas estoit desespe-ré,& que sa maison estoit bruslée sans remission, & tout son bien perdu:se dõna à tous les diables, appellant Gulgoth, Astaroth,& Rappallus par neuf foys. Quoy voyãt ieuz de peur pour plus de cinq solz, craignant: les diables viendrõt à c'e-ste heure pour emporter ce fol icy seroyent ilz bië gens pour m'eporter aussi: Je suis ià demy rou-sty,mes lardons seront cause de mõ mal:car ces diables icy sont fryans de lardons,comme vous auez l'autorité du philosophe Iamblic-que, & Murmault en l'apologie de Bossutis & cõ-

fi iij

trefactæ pro Magistros nostros, mais ie fetz le signe de la croix, cryant agyos, athanatos, ho theos, & nul ne venoit. Ce q̃ congnoissant mõ villain Baschaz se vouloit tuer de ma broche, & sen percer le cueur, de faict la mist cõtre sa poictrine: mais elle ne pouuoit oultre passer car elle n'estoit assez poinctue: & pousoit tãt q̃l pouoit, mais il ne puffitoit riẽ. Alors ie vins a luy, disãt. Mis saire Bougrino tu pers icy ton temps: car tu ne te tueras iamais ainsi: Biẽ te blesseras quelq̃ hurte, dont tu lãguiras toute ta vie entre les mains des barbiers: mais si tu veulx ie te tueray icy tout franc en sorte que tu n'en sentiras rien, & mẽ croys: car i'en ay bien tué daultres q̃ sen sont biẽ trouuez. Ha mon amy (dist il) ie ten prie, & ce faisant ie te dõne ma bougette, tiẽs voyla la: il y a six cẽs serapbz dedãs, & quelques dyamãs & rubyz en perfection. Et ou sont ilz (dist Epistemon) Par sainct Ioã, dist Panurge, ilz sont biẽ loing silz võt tousiours. Acheue, dist Pãtagruel, ie te pry q̃ nous saichons comment tu acoustras ton Baschaz. Foy d'homme de bien, dist Panurge, ie n'en mentz de mot. Ie le bende d'une meschãte braye q̃ ie trouuay la demy bruslée, & veus ie lye

rustrement piedz & mains de mes cordes, si bič qͥ
n'eust sceu regimber, puis luy passay ma broche
a travers la gargamelle,& le pendys acrochant
la broche a deux gros crampōs, qui soustenoient
des alebardes. Et vous attisé vn beau feu au
dessoubz & vous flamboys mō milourt cōme on
faict les harās soretz a la cheminée, puis prenāt
sa bougette & vn petit tauelot q̄ estoit sur les crā
pons mē fuys le beau galot. Et dieu scait cōme
ie fētoys mō espaule de moutō. Quādz ie fuz descēdu en la rue, ie trouuay tout le monde q̄ estoit
acouru au feu a force beau pour lestaindre, & me
voyās aisi a demy rousty eurēt pitié de moy na-
turellemēt & me getterēt toute leͬ eau sur moy, &
me refraicherēt ioyeusemēt, ce q̄ me fist fort grād
bič, puis me dōnerēt qͭque peu a repaistre, mais
ie ne mangeoys gueres: car ilz ne me bailloyent
que de leau a boyre a leur mode. Aultre mal ne
me firent, sinon vn villain petit Turcq bossu
par deuant, qui furtiuement me crocquoit mes
lardons: mais ie luy baillys si fert dronos sur
les doigts a tout mon tauelot qu'il n'y retourna
pas deux foys. Et vne ieune Corinthiace,
qui mauoit apporte vn pot de Myrobalans

F iiii

emblicz confictz a leur mode, laquelle regardo
mon paouure haire esmoucheté, comment il sc
stoit retiré au feu, car il ne me alloit plus q̄ iusq̄
sur les genoux. Mais notez que cestuy rotisse
ment me guerist d'une sciaticque entierement a
laquelle iestoys subiect plus de sept ans, auoit
du cousté on quel mon routisseur sendormāt me
laissa brusler. Or ce pendent qu'ilz se amusoyent
a moy, le feu triumphoit ne demandez comment
a prendre en plus de deux mille maisons, tāt que
quelcū dentre eulx laduisa & escrya, disant. Dē
tre Mahom toute la ville brusle, & nous amu
sons icy. Ainsi chascun sen ba a sa chascuniere.
De moy ie prens mon chemin bers la porte. Et
quand ie fuz sur vn petit tucquet qui est aupres,
ie me retourne arriere, comme la femme de Loth,
& vys toute la bille bruslant comme Sodome et
Gomorre, dont ie fuz tant aise que ie me cuyday
cōchier de ioye: mais Dieu m'en punit bien. Com
ment, dist Pantagruel. Ainsi (dist Panurge) q̄
ie regardoys en grand liesse ce beau feu, me gabe
lant: & disant. Ha paouures pulses, ha pouures
sons, vo⁹ aurez mauluais hyuer, le feu est en bo
stre paillier, sortirent plus de six voire plus de

treze cens chiens gros & menutz tous ensemble
de la ville, fuyāt le feu. De premiere venue acoururent droict a moy, sentent lodeur de ma paillarde chair demy rostir, & me eussent deuoré a lheure, si mō bō ange ne m'eust biē inspiré. Et q̃ fys tu pauuret? dist Pantagruel. Soudain (respondit Panurge) ie me aduisé de mes lardōs, & les leurs gettoys au mylieu d'entre eulx, lors ch. ens d'aller, & de se entrebattre lun laultre a belles dentz, a qui auroit le lardō. Par ce moyē me laisserent, & ie les laisse aussi se pelaudās lun laultre. Ainsi eschappe gaillard & dehyat, & vive la rostisserie.

¶ Cōment Panurge enseigne vne maniere bien nouuelle de bastir les murailles de Paris.   Chapitre plii.

Pantagruel ālque tour, pourque se recreer de son estude se pourmenoit vers les faulx Bours sainct Marceau voulant veoir la sotie Guobelin. Panurge estoit auecques luy, ayant tousiours le flaccō soubz sa rabbe, & ālque morceau de iābō: car sans cela iamais ne alloit il, disant q̃ c'estoit son garde corps, aultre espeé ne portoit il. Et quand Pantagruel luy en voulut bailler vne,il respõdist,quelle luy eschaufferoit la ratelle. Voire mais,dist Epistemon,si lon te assailloit cõmẽt te defendroys tu? A grans coups de brodequin:respondit il,pourueu que les estocz feussent defenduz. A leur retour Panurge consideroit les murailles de la ville de Paris,& en irrision dist a Pãtagruel. Voyez cy ces belles murailles,ô q̃ fortes sont & bien en poinct pour garder les oysons en mue? Par ma barbe,elles sont cõpetement meschãtes pour vne telle ville cõme est c'este cy:car vne vacche auecques vn pet en abbatroit plus de six brasses. O mõ amy,dist Pãtagruel,sçez tu bie ce que dist Agesilaé,quãd on luy demãda:Parquoy la grãde cité de Lacedemoné n'estoit ceincte de murailles? Car mõstrãt les habitãs & citoyẽs de la ville tant bien expers en discipline militare:& tant fors & bien armez. Voicy,dist il,les murailles de la cité. Signifiãt qu'il n'est muraille que de os,& que les villes ne sçauroyẽt auoir muraille plus sceure & pl9 forte que de la vertu des habitãs. Ainsi c'este ville est si forte par la multitude du peuple belliqueux qui est dedans,qu'ilz ne se soucient de faire aultres murailles. D'aduãtaige,qui la vouldroit emmurailler comme Strasbourg, Orleans, ou Carpentras, il ne seroit possible, tant les frays seroyent excessifz. Voire mais, dist Panurge, si faict il bon auoir quelque visaige de pierre, quãd on est enuahy de ses ennemys, à ne feust ce que pour demander, qui est la bas: Au regard des frays enormes que dictes estre necessaires si on la vouloit murer, Si messieurs de la ville me voulent donner quelque bon pot de vin, ie leurs enseigneray vne maniere bié nouuelle, cõmẽt ilz les pourrõt bastir a bõ marché. Cõmẽt: dist Pã tagruel. Ne le dictes dõcques mie, respõdit Pa nurge, si ie vous l'enseigne. Ie voy q̃ les callibi strys des femmes de ce pays, sont a meilleur marché q̃ les pierres, diceulx fauldroict bastir les mu railles en les arrãgeãt par bõne symmetrye d'ar chitecture, a mettãt les plº grãdes au pmiers rãcz, & puis en taluãt a doz d'asne arrãger les moyẽs q̃ finablemẽt les petitz. Puis faire un beau petit entrelardemẽt a poinctes de diamãs cõe la grosse tour de Bourges, de tãt de bracquemars enroidis q̃ habitẽt p les baguettes claustrales. Qu'el diable defferoit telle muraille: Il n'y a metal q̃ tant resistãt aux coups, Et puis q̃ les couilles

urines se y vinsent froter, vous en verriez (par
dieu) incontinent distiler de ce benoist fruict de gros
se Berosse menu comme pluye. Hec au nom d[es]
diables. D'aduantaige la fouldre ne tombero[it]
iamais dessus. Car pourquoy? ilz sont tous be[ne]
nistz ou sacrez. Je n'y voy qun inconuenient. ho
ho, ha, ha, ha (dist Pantagruel) Et quel? C'est q[ue]
les mousches en sont tant friandes q[ue] merueille[s],
q[ui] se y cueilleroyent facilement q[ui] y feroyent leur or
dure, q[ue] voyla l'ouurage gasté q[ue] le pape diffamé.
Mais voicy comment l'on y remediroit. Il fault
roit tresbien les esmoucheter auecques belles
queues de renards, ou bons gros vietz d'aze[s]
de Prouence. Et a ce propos ie vous veulx di
re: nous en allans pour souper vn bel exemple
que met frater de Cornibus libro de copotatio
nibus medicantium. Au temps que les bestes par
loyent (il n'y a pas troys iours) vn pauure lyon
par la forest de Biere se pourmenant q[ue] disant ses
menus suffrages passa dessoubz vn arbre auq[ue]l
estoit monté vn villain charbonier pour abatre
du boys. Lequel voyant le lyon, luy getta sa coi
gnée, q[ui] le blessa enormement en vne cuysse. Do[nt]
le lyon cloppant tant courut q[ue] tracassa par la

forest pour trouuer ayde, qu'il rencontra vn charpentier, lequel voluntiers regarda sa playe, & la
nettoya le mieulx qu'il peust, & l'emplyt de mouſ-
ſe, luy disant, qu'il esmouchast bien sa playe, que
les mousches n'y feiſſent ordure, attendãt qu'il
yroit chercher de l'herbe au charpentier. Ainſi le
lyon guery, se pourmenoit par la forest, a quelle
heure vne vieille sempiternelle ebuschetoit et
amaſſoit du boys par ladicte forest. Laquelle voyãt
le lyon venir, tumba de peur a la renuerse en telle façon, que le vent luy renuersa robbe, cotte, &
chemise iusques au deſſus des espaules. Ce que
voyant le lyon, accourut de pitié, veoir si elle sestoit faict aulcun mal, & considerant son commẽt
a nom: dist, O pauure fẽme, qui t'a ainsi bleſſée?
Ce disant, apperceut vn regnard, lequel il appella, disant: Compere regnard, ſau çza çza, & pour-
cause. Quand le regnard feut venu, il luy dist,
Compere mon amy, l'on a bleſſé ceste bõne femme icy entre les iambes bien villainement & y
a solution de continuité manifeste, regarde que
la playe est grande, depuis le cul iusques au nõbril mesure quatre: mais bien cinq empãs & demy,
c'est vn coup de coignie, ie me doubte q̃ la playe

soit vieille, pourtant affin que les mousches ne
prennent, esmousche la bien fort, ie ten pry, e bie[n]
sans et dehors, tu as bonne queue et longue
esmousche mon amy, esmousché ie ten supply, ce
pendant ie voys querir de la mousse, pour y
mettre. Car ainsi nous fault il secourir e ayder
l'un l'aultre, dieu le commande. Esmouché fort
ainsi mon amy, esmouché bien: car ceste playe
veult estre esmouchée souuent, aultrement la
personne ne peult estre a son aise. Or esmousche
bien mon petit compere, esmouché, dieu ta bien
pourueu de queue, tu l'as grande et grosse a
l'aduenant, esmousche fort e ne t'enuye poinct, vn
bon esmoucheteur qui en esmouchetant continuellement esmosche de son mouchet, par mousches
iamais emmousché ne sera. Esmousche couil-
laud esmousche mon petit bedaud ie n'arresteray
gueres. Puis va chercher force mousse, e quand
il feut quelque peu loing il se scrya parlant au
regnard, Esmousche bien tousiours compere,
esmousche et ne te fasche iamais de bien esmou-
cher, par dieu mon petit cõpere ie te feray estre a
gaiges, esmoucheteur de la royne Marie, ou bie[n]
de doin Pietro de Castille. Esmousche seuleme[n]t

esmouche q rie plus. Le pauure regnard esmou-
choitfort bien q decza q dela q dedans q dehors:
mais la faulse vieille vesnoit q vessoit puant
côme cent diables, Le pauure regnard estoit bie
mal a son ayse:car il ne scauoit du quel cousté se
virer,pour euader le parfum des vesses de la
vieille:q ainsi qu'il se tournoit il veit que au derriere estoit encores vn aultre pertuys, nõ si grãd
que celluy qu'il esmouchoit dont luy venoit ce
vent tant puant q infect. Le lyon finablemẽt retourne portant de mousse plus que n'en tiẽdroyẽt
dix q huyt balles,q cômencza en mettre dedãs la
playe,auecques vn baston qu'il apporta,q y en
auoit ia bien mys seize balles q demye q se ba-
hyssoit que diable ceste playe est parfõde,il y en-
treroit de mousse plus de deux charretées,q bien
puis que dieu le veult q tousiours fourroit dedans. Mais le regnard ladinsa. O côpere lyon
mon amy,ie te pry ne metz icy toute la mousse
gardes en qlque peu,car ya encores icy dessoubz
vn aultre petit pertuys,qui put côme cinq cens
diables, I'en suis empoisonné de l'odeur,tant il
est punays. Ainsi fauldroit garder ces murailles
des mousches,q mettre esmoucheteurs a gaiges.

Lors dist Pantagruel. Coment scez tu, que les membres honteux des femmes sont a si bon marché: car en ceste ville il y a force prudes femmes chastes & pucelles. Et dont prenues? dist Panurge. Je vous en diray non mon opinion, mais vraye certitude & asseurance. Je ne me vante d'en auoir embourré quatre cens dix & sept depuis que suis en ceste ville,& ny a q̃ neuf iours. Voire de mangeresses d'ymages & de theologiennes. Mais a ce matin iay trouué ung bon homme qui en vn bissac cõme celluy de Esopet, portoit deux petites fillettes de l'age de deux ou troys ans au plus, lune dauãt, laultre derriere. Il me demanda l'aulmosne, mais ie luy feis responce que i'auoye beaucoup plus de couillons que de deniers. Et apres luy demãde, Bon homme ces deux fillettes sont elles pucelles? Frere dist il. Il a deux ans que ainsi ie les porte, & au regard de ceste cy dauãt, laquelle ie voy cõtinuellemẽt, en mon aduis elle est pucelle, toutesfoys ie n'en vouldroys mettre mon doigt au feu, quant est de celle que ie porte derriere, ie n'en scay sans faulte rien. Vrayement dist Pantagruel, tu es gentil compaignon, ie te veulx habiller de ma liurée.

turée. Et le feit vestir galantement scelon la mode du temps qui couroit: excepté q̃ Panurge voulut q̃ la braguette de ses chausses feust lõgue de troys piedz,z quarrée non ronde, ce que fut faict, z la faisoit bon veoir. Et disoit souuent q̃ le monde nauoit encores congneu lemolument z vtilité qui est de porter grãde braguette: mais le temps, leur enseigneroit q̃lque iour, cõme toutes choses ont esté inuẽtées en tẽps. Dieu gard de mal (disoit il) le compaignon a qui la lõgue braguette a sauluè la vie. Dieu gard de mal à q̃ la longue braguette a valu pour vn iour cent soixante mille escutz. Dieu gard de mal, qui par sa lõgue braguette a sauluè toute vne ville de mourir de faim. Et p̃ dieu te feray vn liure de la commodité des longues braguettes, quand iauray plus de loysir. De faict en composa vn beau z grand liure auecques les figures: mais il n'est encores imprimé, que ie saiche.

⁋ Des meurs z conditions de Panurge
Chap. viii.

Panurge estoit de stature moyenne n'y trop grãd n'y trop petit, z auoit le nez vn peu aq̃lin faict a manche de rasoner. Et po² lors

estoit de l’eage de trente & cinq ans ou enuiron,
fin a dorer comme une dague de plomb: Bien ga-
land homme de sa personne, sinon qu’il estoit quel
que peu paillard, & subiect de nature a une maladie qu’on appelloit en ce temps la, faulte d’argẽt,
c’est douleur non pareille, toutesfoys il auoit
soixante & troys manieres d’en trouver tousiours a son besoing, dont la plus honorable & la
plus commune estoit par façon de larrecin furtiuement faict, malfaisant, bateur de paues, ri-
bleur s’il en estoit en Paris: & toufiours machi-
noit quelque chose contre les sergeans & cõtre le
guet. D’une foys il assembloit troys ou quatre
bons rustres & les faisoit boire comme Tem-
pliers sur le soir, & apres les menoit au dessoubz
de saincte Geneuiefue, ou apres du college de
Nauarre, & a l’heure que le guet montoit par la:
ce que il congnoissoit en mettant son espée sur le
paué & l’aureille aupres, & lors qu’il oyoit son espée
brũler: c’estoit signe infaillible que le guet estoit
pres: a l’heure doncques luy & ses compaignons
prenoyent un tõbereau, & luy bailloyẽt le bransle
le ruant de grand force contre la vallée, & ainsi
mettoyẽt tout le pauure guet p̃ terre cõme porcs,

e puis fuyoyēt de laultre cousté, car en moins de
deux toures,il sceut toutes les rues,ruelles & tra
uerses de Paris comme son Deus det. A laultre foys il faisoit en qlq belle place par ou ledict
guet deuoit passer une trainée de pouldre de canon,& a lheure que passoit mettoit le feu dedās,&
puis prenoit son passeteps a veoir la bōne grace
quilz auoyēt en fuyāt,pensans que le feu sainct
Antoine les tint aux iambes. Et au regard des
pauures maistres es ars & theologiēs,il les per-
secutoit sur tous aultres:quand il rēcontroit qlq
un dentre eulx par la rue, iamais ne failloit de leur faire quelque mal,maintenant leur
mettāt bn estrōc dedās leurs chapperōs au bour-
let;maintenāt leur attachāt de petites queues de
reguard,ou des aureilles de lieures par derriere,
ou qlq aultre mal. Un ior q lon auoit assigné a
tos les theologiēs de se trouuer en Sorbone por
graueler les articles de la foy,il fist une tartre
bourbōnoise cōposée de force de aulx, de galbanū,
de assa fetida, de castoreū, destronce tos & chaulx,
& la destrāpit en sanie de bosses chācreuses,& de
fort bon matin engressa & oingnit thologalemēt
tout le treillis de Sorbone,en sorte q le diable
G ij.

n'y eust pas duré. Et tous ces bonnes gens ren-
doyent la leurs gorges dauant tout le monde, come silz eussent escorché le regnard, q̄ en mouru-
rēt dix ou douze de peste, quatorze en feurent ladres
dix q̄ huyct en feurent pouacres, q̄ plus de vingt
q̄ sept en eurēt la verolle, mais il ne sen soucioit
mie. Et portoit ordinairement vn fouet soubz sa
robbe, duquel il fouettoyt sans remissiō les paiges qu'il trouuoit portans du vin a leurs maistres pour les auācer d'aller. En son saye auoit
plus de vingt q̄ six petites bougettes q̄ fasques
tousiours pleines, lune dū petit deaul de plomb
q̄ dun petit cousteau affilé comme laguille dun
peletier, dont il couppoit les bourses: laultre de
aigrest qu'il gettoit au yeulx de ceulx qu'il trouuoit, laultre de glaterons empennés de petites
plumes de oysons ou de chappons, qu'il gettoit sur les robbes q̄ bonetz des bonnes gens, et
souuēt leur en faisoyt de belles cornes qu'ilz portoyent par toute la ville, aulcunesfoys toute lē
vie. Aux femmes aussi par dessus leurs chappe-
rons au derriere, aulcunesfoys en mettoit faict
en forme dun membre d'homme. En laultre vn
tas de cornetz tous pleis de poulses q̄ de poulx,

qu'il empruntoit des guenaulx de sainct Innocent, & les gettoit auecques belles petites cānes ou plumes dont on escript, sur les colletz des plus succrées damoiselles qu'il trouuoit, & mesmement en lecclise: car iamais ne se mettoit au cueur au hault, mais tousiours demouroit en la nef entre les femmes, tāt a la messe, a Bespres comme au sermon. En l'aultre, force prouision de baims & claueaulx dont il acouploit souuēt les hōmes & les femmes en cōpaignies ou ilz estoyēt serrez, & mesmement celles qui portoyent robbes de tafetas armoisy, & alheure q̄lles se boloyent departir, elles rompoyent toutes leurs robbes. En l'aultre vn fouzil garny desmouché, d'allumenttes, de pierre a feu, & tout aultre appareil a ce requis. En l'aultre deux ou troys mirouers ardens, dont il faisoit enrager aulcunesfoys les hommes & les femmes, & leur faisoit perdre contenance a lecclise: car il disoit qu'il n'y auoit qu'vn antistrophe entre femme folle a la messe, & femme molle a la fesse. En l'aultre auoit prouision de fil, et d'aguilles dont il faisoit mille petites diableries. Vne foys a l'issue du Palays a la grande salle lors que vn cordelier disoit la messe de messieurs:il luy ayda a soy habiller & reuestir, mais en l'acoustrãt il luy cousit l'aulbe auecques su robbe & chemise, puis se retira quand messieurs de la court se vindrẽt asseoir poʳ ouyr icelle messe. Mais quãd ce fust a Ite missa est, q̃ le pauure fr̃ voulut deuestir son aulbe,il emporta ensẽble & habit & chemise q̃ estoiẽt biẽ cousuz ensẽble, & se rebrassit iusq̃s aux espaules, mõstrant son callibistris a tout le mõde, q̃ n'estoit pas petit: sãs doubte. Et le frater tousiours tiroit, mais tãt plʳ se descouuroit il, iusq̃ a ce qu'un de messieʳs de la court dist. Et quoy ce beaupere noʳ veult il icy faire l'offrãde & bayser sõ cul: le feu sainct Antoine le baise. Des lors fut ordõné que les pauures beatzperes ne se despouilleroyẽt plʳ deuãt le mõde: mais en leur sacristie, mesmement en presence des femmes: car ce leur seroit occasion du peché denuie. Et le mõde demãdoit. Pourquoy est ce que ces fratres auoyent la couille si lõgue: mais ledict Panurge souluit tresbien le probleme/disant, Ce q̃ faict les aureilles des aisnes si grãdes, ce est par ce q̃ leurs meres ne leur mettoyent poinct de beguin en la teste, cõme dict de Alliaco en ces suppositions. A pareille raison, que faict la couille des paiures Beatzperes tant sainct Antoine l'ardge, c'est qu'il ne portét point de chausses foncées, & leur pauure mēbre se tiēt a sa liberté a bride aualée, & leur va ainsi triballāt sur les genoulx, cōme font les patenostres aux femmes. Mais la cause pourquoy ilz l'auoyent gros a lequipollent c'estoit que en ce triballemēt les humeurs du corps descendent audict mēbre: car scelō les Legistes, agitatiō & motiō cōtinuelle est cause de attraction. Itē il auoit vn aultre poche pleine de alun de plume &c. dont il gettoit dedans le doz des femmes, qu'il voyoit les plus acrestées, & les faisoit despouiller deuant tout le mōde, les aultres dācer cōme iau sur breze ou bille sur tabour: les aultres courir les rues, & luy apres couroit, & a celles qui se despouilloyent, il mettoit sa cappe sur le doz, cōe hōme courtoys et gracieux. Item en vn aultre il auoit vne petite guedoufle pleine de vieille huyle, & quand il trouuoit ou femme ou homme, qui eust quelque belle robbe, il leurs engraissoit, & gastoit tous les plus beaulx endroictz, soubz le semblāt de les toucher & dire, Voicy de bon drap, Voicy bon satin, Bon tafrtas, ma dame dieu vous doint ce que vo-

C iiij

stre noble cueur desyre: Vous aues robbe neufue nouuel amy, dieu vous y maintienne, ce disant leurs mettoit la main sur le collet, ensemble la male tache y demouroit perpetuellement, si enormement engrauée en lame en corps & renõmée, que le diable ne leust poinct ostée, puis a la fin seur disoit. Ma dame dõnez vous garbe de tõber: car il y a icy vn grand & sale trou deuãt vo. En vn aultre il auoit tout pléin de Euphorbe pusuertzé bien subtilement, & la dedans mettoit vn mouschenez beau & bien ouuré qu'il auoit derobé a la belle lingiere des Galleries de la saincte chappelle, en luy ostant vn poul dessus son sein lequel toutesfoys il y auoit mys. Et quand il se trouuoit en compaignie de quelques bõnes dames, il leur mettoit sus le propos de lingerie, & leur mettoit la main au sein demandant, & cest ouurage est il de Flãdres ou de Haynaulx: et puis tiroit sõ mouschenez disãt, tenez tenez voyez en cy de louuraige, elle est de Foutignan ou de Foutarabie, & le secouoit biẽ fort a leur nez, & les faisoit esternuer quatre heures sans repos, Ce pendent il petoit comme vn roussin, & les femmes se ryoient luy disans, comment vous petes

Panurge: Non foys, disoit il ma dame, mais ie accorde au contrepoinct de la musicque que sonnez du nez. En laultre vn dauiet, vn pellican, vn crochet, & quelques aultres ferremens dont il n'y auoit porte ny coffre ql ne crochetast. En laultre tout pléin de petis goubeletz, dõt il iouoit fort artificiellement: car il auoit les doigs faictz a la main comme Minerue ou Arachne. Et auoit aultresfoys cryé le theriacle. Et quand il changeoit vn teston, ou quelque aultre piece, le changeur eust esté plus fin q maistre mousche, si Panurge n'eust faict esuanouyr a chascune foys ciq ou six grans blancs visiblement, appertement, manifestemẽt, sans faire lesion ne blesseure aulcune, dont le changeur n'en eust senty q le vent.

¶ Cõment Panurge guaingnoyt les pardõs & marioyt les vieilles & des proces qu'il eut a Paris. Chap. vi.

VN iour ie trouuay Panurge quelque peu escorné & taciturne, & me doubtay bié qu'il n'auoit denare, dont ie luy dys. Panurge vo⁹ estes malade a ce que ie voy a vostre physionomie, & i'entẽds le mal, vous auez vn flux de bourse, mais ne vous souciez, i'ay encores six foiz & maille, qui ne virent oncq pere n'y mere, qui ne vous fauldront non plus que la verolle, en voſtre neceſſité. A quoy il me reſpōdit. Et bien pour l'argent, Je n'en auray quelque iour que trop: car i'ay vne pierre phyloſophale qui me attire l'argent des bourſes, comme l'aymant attire le fer. Mais voulez vous venir guaigner les pardons? dit il. Et par ma foy (ie luy reſpons) ie ne ſuis grand pardonneur en ce mōde icy, ie ne ſcay ſi ie ſeray en l'aultre, bien allons au nom de dieu, pour vn denier n'y plus n'y moins. Mais (diſt il) preſtez moy dōcques vn denier a l'intereſt. Rien rien, dis ie. Je vous le dōne de bon cueur, grates vobis dominos diſt il. Ainſi allaſmes commençant a ſainct Geruais, & ie gaigne les pardons au premier tronc ſeullement: car ie me contente de peu en ces matieres: & puis me mis a dire mes menuz ſuffrages & oraiſons de ſaincte Brigide: mais il gaigna a tous les troncz, & touſiours bailloit argent a chaſcun des pardonnaires. De la nous tranſportames a noſtre Dame, a ſainct Jeā, a ſaict Antoine, & ainſi des aultres ecclıſes ou eſtoit bancque de pardons, de ma partie n'en gaignoys plus: mais luy a tous les trōcz, il bail soit les relicques, a a chascun donnoit. Brief quand nous fusmes de retour il me mena boire au cabaret du chasteau a me monstra dix ou douze de ses bougettes pléines dargent. A quoy ie me seigny faisant la croix, a disant Dont auez vous tant recouuert dargent en si peu de temps? A quoy il me respondit q̃ il lauoit prins es bassins des pardons, car en leur baillant le premier denier (dist il) ie le mis si soupplement, que il sembla q̃ feust vn grand blanc, ainsi d'une main ie prens douze deniers, voyre bien douze liards ou doubles pour le moins, a de laultre, troys ou quatre douzains: ainsi p̃ q̃ toutes les eccllses ou nous auons esté. Voire mais (dis ie) vous vous dampnez comme vne sarpe a estes larron a sacrilege. Huy bien (dist il) comme il vous semble, mais il ne me le semble quant a moy. Car les pardonnaires me le donnent: quand il me disent en presentant les relicques a bayser, centuplum accipies, que pour vn denier len prene cent: car accipies est dict selon la maniere des Hebrieux qui usent du futur en lieu de limperatif, comme vous auez en la loy. dominum deum tuum adorabis et illi soli seruies, diliges proximum tuum, a sic de ctiis. Ainsi quãd le pardõnigere me dict, centuplum accipies, il veult dire, centuplum accipe, & ainsi leppose Rabi quimy & Rabi aben ezra et tous les Massoretz: & ibi Bartolus. D'auantaige le pape Sixte me donna quinze cens liures de rente sur son dommaine & thesor ecclesiasticq pour luy auoir guery une bosse chancreuse, qui tant le tormentoit, qu'il en cuyda deuenir boyteux toute sa vie. Aisi ie me paye par mes mais: car il nest tel, sur ledict thesor ecclesiasticque. Ho mon amy (disoit il) si tu scauoys comment ie feis mes choux gras de la croysade, tu seroys tout esbahy. Elle me valut pl⁹ de six mille flourins. Et ou diable sont ilz allez? dis ie, car tu n'en as une maille. Dont ilz estoient venuz (dist il) ilz ne firent seulement que changer maistre. Mais i'en employay bien troys mille a marier nõ les ieunes filles: car elles ne trouuent que trop maris, mais grandes vieilles sempiternelles qui n'a uoyent dentz en gueulle. Cõsiderant, ces bõnes femmes icy ont tresbien employé leur temps en ieunesse & ont ioue du serrecropiere a cul leué a tous venans, iusques a ce que on n'en a plus voulu. Et par dieu ie les feray saccader encores vne foys deuãt quelles meirent. Par ce moien a lune dõnoys cent flourins,a laultre six vigtz, a laultre troys cens, scelon quelles estoyent bië infames,detestables,z abhominables,car d'autant quelles estoyẽt plus horribles z execrables d'autant il leur failloyt donner d'auantaige, aultrement le diable ne les eust voulu biscoter. Incontinent ie men alloys a quelque porteur de coustretz gros z gras,z faisoys moymesmes le mariage, mais premier que luy monstrer les vieilles,ie luy monstray les escutz disant. Cõ= pere,voicy qui est a toy, si tu veulx fretinfretail= ler,vn bon coup. Des lors les pauures hayres mantuleriieoient comme vieulx mulletz, z ainsi leur faisoys bien aprester a bancqueter, boire du meilleur z force espiceries pour mettre les vieil= les en ruyt z en chaleur. Fin de compte ilz be= soingnoyent comme toutes bonnes ames, sinon que a celles qui estoyent horriblement vilaines z defaictes,ie leur faisoys mettre vn sac sur le visaige. D'auãtaige i'en ay perdu beaucoup proces. Et qu'elz proces as tu peu auoir? disoit ie,tu ne as n'y terre n'y maison. Mon amy (dit il)les damoiselles de ceste ville auoyent trouué par instigation du diable denfer, une maniere de colletz ou cachecoulx a la haulte façon, qui leur cachoyent si bien les seins, q̃ l'on ny pouoit plus mettre la main par dessoubz, car la fente diceulx elle auoyẽt mise par derriere, & estoient tous cloz par deuant, dont les pauures amans dolens cõtemplatif n'estoyent bien contens. Un beau iour de Mardy i'en presentay requeste a la court, me formant partie contre lesdictes damoyselles, et remõstrant les grands interestz que ie y pretendoys, protestant q̃ a mesme raison ie feroys couldre la braguette de mes chausses au derriere si la court ny donnoit ordre, somme toute les damoyselles formerent syndicat, & passerent procuration a defendre leur cause: mais ie les poursuiuy si vertement que par arrest de la court fut dict, que ces haulx cachecoulx ne seroient plus portez, sinon qu'ilz feussent q̃lque peu fenduz par deuant. Mais il me cousta beaucoup. J'eux un aultre proces bien hord & bien sale cõtre maistre Fyfy & ses supposts, a ce qu'ilz neussent plus a lire clandestinement les liures de Sentẽces de nuyct: mais de beau plein iour & ce es escholes de Sorbone, en face de tous les Theolo gens, où ie fuz condēné es despens pour quelque formalité de la relation du sergent. Une aultre foys ie formay complaincte a la court côtre les mulles des Presidens, Conseilliers, et aultres: tendent a fin que quād en la basse court du Palays lon les mettroit a ronger leur frain, les Conseillieres leur feissent de belles bauerettes, affin que de leur baue elles ne gastassent le paué en sorte que les paiges du palais peussent iouer dessus a beaulx detz, ou au renguebieu a leur ayse, sans y rōpre leurs chaulses aux genoulx. Et de ce en euz bel arrest: mais il me couste bon. Or sommes a ceste heure cōbien me coustent les petitz bācquetz que ie fais aux paiges du palais de tour en tour. Et a ā̀ste fin: dis ie. Mon amy (dist il) tu ne as passetemps aulcun en ce monde. I'en ay plus que le roy. Et si douloys te rasier auecques moy, nous ferions diables. Non non (dis ie) par sainct Adauras: car tu seras une foys pendu. Et toy (dist il) tu seras une foys enterré, lequel est plus honorable, ou l'air ou la terre? he grosse pecore. Iesus Christ fut pendu en l'air. Mais a propos, ce pendant que ces paiges bancquettent ie garde leurs mulles, et touf-

tours se couppe a quelcune lestriuiere, du cousté
du montouoir en sorte quelle ne tient que a ung
fillet. Quand le gros enflé de Conseiller ou aul
tre a prins son bransle pour monter sus, ilz tom
bent tous platz comme porcz deuant tout le mon
de, & apprestent a ryre pour plus de cent francs.
Mais ie me rys encores d'auantaige, cest que
eulx arriuez au logis ilz font fouetter monsieur
du paige comme seigle vert, par ainsi ie ne plain
poinct ce que me auoit cousté a les bancqueter.
Fin de compte il auoit (comme ay dit dessus)
soixante & troys manieres de recouurer argent
mais il en auoit deux cens quatorze de le despen
dre, hors mis la reparation de dessoubz le nez.

¶ Comment vng grand clerc de Angleterre vouloit arguer contre Pantagruel, & feut vaincu par Panurge. Chap. v bj.

EN ces mesmes iours vng scauant homme
nommé Thaumaste ouyant le bruyt &
renōmée du scauoir incōparable de Panta
gruel vint du pays de Angleterre en ceste seule
intention de veoir Pantagruel & le congnoistre
et esprouuer si tel estoit son scauoir cōme en estoit
la renomm

ta renõmée. Et de faict arrivé a Paris se transporta vers lhostel dudict Pãtagruel q̃ estoit logé a lhostel sainct Denys, & pour lors se pourmenoit par le iardin auecques Panurge, philosophant a la mode des Peripateticques. De premiere entrée tressaillit tout de paour, le voyant si grand & si gros: puis le salua, comme est la faczon, courtoysement luy disant. Bien vray est il ce dit Platon prince des philosophes, que si lymage de science & sapience estoit corporelle & spectable es yeulx des humains, elle exciteroit tout lemonde en admiration de soy. Car seulement le bruyt dicelle espendu par lair, sil est receu es aureilles des studieux & amateurs dicelle qu'on nomme Philosophee, ne les laisse dormir n'y reposer a leur ayse, tant les stimule & embrase de acourir au lieu, & veoir la personne, en qui est dicte science avoir estably son tẽple, & produyre ses oracles. Comme il nous feut manifestemẽt desmonstré en la Royne de Saba, que vint des limites Dorient & mer Persicq̃ pour veoir lordre de la maison du saige Salomõ & ouyr sa sapiẽce: En Anacharsis q̃ de Scythie alla iusques en Athenes pour veoir Solon. En Pythagoras, q̄ visita les vaticinateurs Mẽphiticqs. En Platon q̄ visita les Mages de Egypte & Architas de Tarente, & en Apolonius Tyaneus qui alla iusques au mont Caucasé, passa les Scythes, les Massagetes, les Indiens, nauiga le grand fleuue Physon, iusques es Brachmanes pour veoir Hiarchas. Et en Babyloine, Chaldée, Medée, Assyrie, Parthie, Sytie, Phoenice, Arabie, Palestine, Alexãdre, iusques en Ethiopie, poˀ veoir les Gymnosophistes. Pareil exẽple auõs nous de Tite Liue. pour lequel veoir & ouyr plusieurs gens studieux vindrent en Rome, des fins limitrophes de Frãce & Hespaigne. Ie ne me ause recenser au nombre & ordre de ces gens tant parfaictz: mais bien ie veulx estre dict studieux, & amateur, non seulement des letres, mais aussi des gens letrez. De faict ouyant le bruyt de ton scauoir tant inestimable, ay delaissé pays, parens, & maison, & me suis icy transporté, rien ne estimant la lõgueur du chemin, l'attediation de la mer, la nouueaulté des cõtrées, pour seullement te veoir, & cõferer auecques toy daulcuns passages de Philosophie, de Geomantie, & de Caballe desquelz ie doubte, & n'en puis com senter mon esprit,lesquelz si tu me peulx souldre, ie me rens des a present ton esclaue moy a toute ma posterité:car aultre don ne ay ie que assez ie estimasse pour la recōpense. Je les redigeray par escript & demain le feray scauoir a tous les gens scauans de la Bille:affin que deuant eulx publicquement nous en disputons. Mais Boicy la maniere commēt ientens que nous disputerōs. Je ne Beulx disputer,pro & contra, comme font ces sotz sophistes de ceste Bille & de ailleurs. Sēblablement ie ne Beulx disputer en la maniere des Academicques par declamation,n'y aussi par nombres,comme faisoit Pythagoras,& comme Boulut faire Picus Mirādula a Romme. Mais ie Beulx disputer par signes seulement, sans parler:car les matieres sont tant arduees, que les parolles humaines ne seroyent suffisantes a les epplicquer a mon plaisir;par ce il plaira a ta magnificence de soy y trouuer,ce sera en la grande salle de Nauarre a sept heures de matin. Ces parolles acheuées, Pantagruel luy dist honorablement. Seigneur,des graces que Dieu m'a donné,ie ne Boulroys denier a personne en despartir a mon pouuoir : car

H ij

tout bien vient de luy,& son plaisir est q̃ soit mul-
tiplié quãd on se trouue entre gens dignes & ydoi-
nes de recepuoir ceste celeste mãne de honeste sca
uoir. Au nombre desquelz par ce que en ce temps
comme ia bien appercoy,tu tiens le premier rãc,
ie te notifie q̃ a toutes heures tu me trouueras
prest de obtemperer a vne chascune de tes reque
stes,scelon mon petit pouoir, Combien que plus
de toy ie deusse apprendre que toy de moy:mais
cõme as protesté nous cõfererõs de tes douhtes
ensemble,& en chercherons la resolution,iusq̃s
au fond du puys inespuisable on quel disoit Hæ
raclite estre la verité cachée. Et loue grandemẽt
la maniere d'arguer q̃ las proposée,cestassauoir
par signes sans parler:car ce faisant toy & moy,
nous entendrons:& serons hors de ces frapemẽs
de mains,q̃ font ces badaulx sophistes quand
on argue:alors qu'on est au bon de l'argument.
Or demain ie ne fauldray me trouuer au lieu &
heure que me as assigné:mais ie te pry que entre
nous n'y ait debat ny tumulte,& q̃ ne cherchons
honneur n'y applausement des hommes:mais
la verité seule. A quoy respondit Thaumaste,
Seigneur,dieu te maintienne en sa grace,te re-

merciant de ce que ta haulte magnificence tant se veult condescendre a ma petite vilité. Or a dieu iusques a demain, A dieu dist Pantagruel. Messieurs vous qui lisez ce present escript, ne pensez que iamais gens plus feussent esleuez a transportez en pensée, que furent toute celle nuyct, tât Thaumaste q Pantagruel. Car ledict Thaumaste dist au concierge de lhostel de Cluny, on quel il estoit logé, que de sa vie ne se estoit trouué tant alteré comme il estoit celle nuyct. Il mest (disoit il) aduis que Pantagruel me tient a la gorge: donnez ordre que beuuons ie vous prie, a faictes tant que ayons de leaue fresche pour me guargariser le palat. De laultre cousté Pantagruel entra en la haulte game a de toute la nuyct ne faisoit que rauasser apres le liure de Beda de numeris a signis, le liure de Plotin de inenarrabilibus, le liure de Procle de magia, les liures de Artemidore per onirocriticon, de Anaxagoras peri semion, Dynarius peri aphaton, les liures de Philistio, Hipponax peri anecphonetô, a vn tas daultres, tât q Panurge luy dist. Seigneur laissez toutes ces pêsées a vous allez coucher, car ie voʒ sens tât esmeu en voz espritz,

H iij

que bien tost tomberiez en quelque fievre epheme
re par cest excés de pensemēt: mais premier beu
uant vingt & cinq ou trente bonnes foys retirez
vous & dormez a vostre aise, car de matin ie respō
dray & argueray contre mōsieur Langloys, & au
cas que ie ne le mette aũ metā nō loqui, dictes
mal de moy. Voire mes (dist Pantagruel) Pa
nurge mon amy, il est merueilleusement scauāt,
cōment luy pourras tu satisfaire? Tresbien, res
pondit Panurge. Je vous pry n'en parlez plus,
& men laissez faire, y a il hōme tant scauant que
sont les diables? Nō vrayemēt (dist Pātagruel)
sans grace diuine speciale. Et touteffoys (dist
Panurge) i'ay argué maintesfoys cōtre eulx, &
les ay faictz qnaulx & mys de cul. Par ce soyez
asseuré de ce glorieulx Angloys, q̃ ie vous le fe
ray demain chier vinaigre deuant tout le mōde.
Ainsi passa la nuyct Panurge a chopiner auec
ses paiges & iouer toutes les aiguillettes de
ses chausses a prim' & secūdus, & a la vergette.
Et quand vint l'heure assignée il conduysit son
maistre Pātagruel au lieu cōstitué. Et hardi
mēt croyez q̃l n'y eut petit n'y grād debās Paris
q̃l ne se trouuast au lieu: presant, ce diable de Pā

tagruel, q a conuaincu tou+ les respõdēs ç Sorbõnes Sorbonicoles, a ceste heure aura son vin: car cest Angloys est vn aultre diable de Vauuert, nous verrõs q en gaignera. Ainsi tout le mõde assemblé, Thaumaste les attendoit. Et lors q Pãtagruel ç Panurge arriuerent a la salle, tous ces grymaulx, artiẽs, ç intrãs cõmencerẽt frapper des mains, cõme est leur badaude coustume, mais Pantagruel se scrya a haulte voix, cõme si ce eust esté le son dun double canõ, disant, Paix de par le diable paix, par dieu coquins si vous me tabustez icy, ie vous couperay la teste a trestous. A laqlle parolle ilz demourerent tous estonnez cõme cannes, ç ne ausoyent seulemẽt tousser, voire eussent ilz mangé quinze liures de plume. Et furent tant alterez de ceste seule voix qlz tiroyẽt la langue demy pied hors la gueule, cõme si Pãtagruel leur eust les gorges salé. Lors commẽça Panurge a parler disant a Langloys. Seigneur es tu icy venu pour disputer contentieusement de ces propositions que tu as mis, ou bien pour apprendre ç en scauoir la verité? A quoy respondit Thaumaste. Seigneur, aultre chose ne me ameine sinon bon desir de apprẽdre ç sca-

H iiij

uoir ce,dõt i'ay doubté toute ma vie:& n'ay trouué ny liure ny homme qui me ayt contenté en la resolution des doubtes que i'ay proposez. Et au regard de disputer par côtētion,ie ne le veulx faire,aussi est ce chose trop vile,& le laisse a ces maraulx Sophistes, Sorbillans, Sorbonagres, Sorbonigenes, Sorbonicoles, Sorboniformes, Sorbonisecques, Niborcisans, Borsonisans, Saborsans. Doncques dist Panurge,si ie q̃ suis petit disciple de mon maistre mõsieur Pãtagruel,te côtente & satisfays en tout & par tout,ce seroit chose indigne d'en empescher mõdict maistre,par ce mieulx vauldra qu'il soit cathedrant, iugeant de nos propos,& te côtētent au parsus, s'il te semble q̃ ie ne aye satisfaict a ton studieux desir. Vrayement,dist Thaumaste,c'est tresbien dict. Commence doncques. Or notez que Panurge auoit mis au bout de sa longue braguette vn beau floc de soye rouge,blanche,verte,& bleue,& dedãs auoit mis vne belle pomme d'orange.

¶ Comment Panurge feist quinaud Lãgloys,qui arguoyt par signes.
¶ Chapitre xviij.

A Doncques tout le mõde assistãt & escoutant en bõne silẽce, Panurge sans mot dire, leua les mains, & en feist ũn tel signe:car de la main gauche il toingnit l'ongle du doigt indice a l'õgle du poulce faisant au milieu de la distãce cõme ũne boucle, & de la main dextre serroit tous les doigts au poing, excepté le doigt indice, lequel il mettoit & tiroit souuẽt par entre les deux aultres susdictes de la main gauche, puis de la dextre estendit le doigt indice & le mylieu les esloingnant le mieulx qu'il pouoit, & les tirãt vers Thaumaste:puis mettoit le poulce de la main gauche sur l'anglet de l'oeil gauche estendãt toute la main cõme ũne aesle d'oyseau, ou ũne pinne de poisson, & la meuuant bien mignonnement deça & dela, & autant en faisoit de la dextre sur l'anglet de l'oeil dextre:& ce dura bẽ par l'espace d'un quart d'heure. Thaumaste cõmencza paslir & trembler, & luy fist tel signe, que de la main dextre il frappa du doigt meilieu cõtre le muscle de la vole, q̃ est au dessoubz le poulce, puis mist le doigt indice de la dextre en pareille boucle de la senestre:mais il le mist par dessoubz, non par dessus, comme faisoit Panurge.

Adoncques Panurge frappe la main lune cõtre laultre, & souffle en paulme, ce faict, met encores le doigt indice de la dextre en la boucle de la gauche le tirant & mettant souuent: puis estẽdit le menton regardant intentement Thaumaste. Le monde qui nentẽdoit rien a ces signes, entendit bien que en ce il demãdoit, sans dire mot, a Thaumaste, que boulez vous dire la. De faict Thaumaste cõmẽça suer a grosses gouttes, & sembloit bien ung homme qui feust rauy en haulte cõtemplation. Puis se aduisa, & mist tous les ongles de la gauche cõtre ceulx de la dextre, ouurant les doigts, comme si ce eussent esté demys cercles, & eleuoit tãt qu'il pouoit les mains en ce signe. A quoy Panurge soubdain mist le poulce de la main dextre soubz les mandibules, & le doigt auriculaire dicelle en la boucle de la gauche, & en ce poinct faisoit sonner ses dentz bien melodieusement les basses contre les haultes. Thaumaste de grand ahan se leua, mais en se leuãt fist ung gros pet de boulãgier: car le bran vint apres, & puoit comme tous les diables, & les assistans commencerent a se estouper le nez, car il se conchioit de anguistie, puis leua la main dex tre la clouant en telle façon, qu'il assembloit les boutz de to⁹ les doigts ensemble,& la main gauche assist toute pléine sur la poictrine. A quoy Panurge tira sa longue braguette auecques son stoc,& lestendit d'une cousdée & demie,& la tenoit en lair de la main gauche,& de la dextre prit sa pomme dorange,& la gettant en lair par sept foys,a la huytiesme la cacha au poing de sa dextre,la tenāt en hault tout coy,puis commencza secouer sa belle braguette,la mōstrant a Thaumaste. Apres cella Thaumaste commencza enfler les deux ioues comme vn cornemuseur & souffler,comme se il enfloit vne vessie de porc. A quoy Panurge mist vn doigt de la gauche ou trou du cul,& de la bouche tiroit lair cōe quād ou mangeue des huytres en escalle:ou quand lon hume sa souppe,ce faict ouure quelque peu la bouche & auecques le plat de la main dextre en frappoit dessus,faisant en ce vn grand son & parfond,comme s'il venoit de la superficie du diaphragme p la trachée arteré,& le feist par seize foys. Mais Thaumaste souffloit tousiours comme vne oye. Adōcqs Panurge mist le doigt indice de la dextre dedās la boche,le serrant bien fort auecques les muscles de la bouche, puis le tiroit, & le tirant faisoit vn grand son, côme quāt les petis garsons tirent dun canon de ceup auecques belles rabbes, & le fist par neuf foys. Alors Thaumoste se scria. Ha messieurs, le grand secret: il y a mys la main iusques au coulde, puis tira vn poignart qu'il auoit, le tenāt par la poincte contre bas. A quoy Panurge print sa lōgue braguette, & la secouoit tant qu'il pouoit contre ses cuisses: puis mist ses deux mais lyéez en forme de peigne, sur sa teste, tirant la langue tant qu'il pouoit, & tournant les yeulx en la teste, côme vne chieure q̄ meurt. Ha i entēds, dist Thaumoste, mais quoy? faisant tel signe, qu'il mettoit le manche de son poignart contre la poictrine & sur la poincte mettoit le plat de la main en retournant quelq̄ peu le bout des dorgs. A quoy Panurge baissa sa teste du costé gauche & mist le doigt mysteu en l'aureille dextre, esleuāt le poulce contre mont. Puis croisa les deux bras sur la poictrine, toussant par cinq foys, & a la cinquiesme frappāt du pied droict côtre terre, puis leua le bras gauche, & serrant tous les dorgtz au poing, tenoit le poulce côtre le front, frappāt de la main nestre par six foys contre la poictrine, mais Thaumaste côme non côtent de ce mist le poulce de la gauche sur le bout du nez fermant la reste de ladicte main. Dôt Panurge mist ses deux maistres doigtz a chascun cousté de la bouche la retirant tât qu'il pouoit a monstrant toutes ses dentz:a des deux pouces rabessoyt les paulpieres des yeulx bien parfondemēt en faisant asses layde grimace selon que sembloit es assistans. Adoncques se leua Thaumaste a ostāt son bōnet de teste, remercia ledict Panurge doulcemēt. puis dist a haulte voix a toute l'assistance. Seigneurs a ceste heure puis ie bien dire le mot euāgelicque. Et ecce plus q̄ Solomon hic. Vous aues icy vn thesor incomparable en vostre presence, cest monsieur Pantagruel, duquel la renommée me auoit icy attiré du fin fond de Angleterre, pour conferer auecques luy des problemes insolubles tant de Magie, de Alchymie, de Caballe, de Geomantie, de Astrologie, que de Philosophie: lesquelz ie auoys en mō esprit. Mais de present ie me courrouce contre la renōmee, laquelle me semble estre enuieuse contre luy, car elle n'en rapporte la milliesme partie, de ce que en est par effit tude. Vous auez veu, cõmẽt son seul disciple m'a contenté & m'en a plus dict q̃ n'en demãdoys, dabundant m'a ouuert & ensemble soulu daul- tres doubtes inestimables. En quoy ie vo9 puis asseurer q̃l ma ouuert le vrays puys & abysme, de Encyclopedie, voire en vne sorte que ie ne pẽ soys trouuer hõme q̃ en sceust les premiers ele mens seulemẽt, c'est quand nous auons disputé par signes sans dire mot ny demy. Mais a tãt ie redigeray par escript ce que auõs dict, & resolu, affin que l'on ne pense que ce aye esté mocquerie le feray imprimer a ce que chascun y apreigne cõ me ie ay faict. Donc pouez iuger, ce que eust peu dire le maistre, veu q̃ le disciple a faict telle pues- se: car No est discipulus supra magistrum. En tous cas Dieu soit loué, & bien humblemẽt vous remercie de l'hõneur q̃ nous auez faict a cest acte, Dieu vo9 le retribue eternellemẽt. Semblables actions de graces rendit Pãtagruel a toute las- sistance, & de la partant mena disner Thauma- ste auecques luy & croyez qu'ilz beurẽt cõme tou tes bõnes ames le iour des mors, a vẽtre desbou- tõné, iusques a dire, dõt venez vo9: Saincte da- me cõment ilz tiroyent au cheurotin, & flaccons

daller,& eulx de corner tyre baille paige, Vin boute
te de par le diable boutte,il n'y eut celluy q̃ n'en
beuft.xx b. ou xxx. muys. Et scauez comment,
ficut terra sine aqua, car il faisoit chault,& d'auã
taige se estoyent alterez. Au regard de lepposítiõ
des propositiõs mises par Thaumaste,& signifi
cations des signes desquelz ilz vserent en dispu
tant ie vous les epposeray scelon la relatiõ de
entre eulx mesmes:mais lon m'a dict q̃ Thaumaste en feist vn grand liure imprime a Londres,
auquel il declaire tout sans rien laisser,par ce ie
men deporte pour le present.

¶ Comment Panurge fut amoureux
d'une haulte dame de Paris.
¶ Chapitre. xviij.

Panurge commẽcza estre en reputation en
la ville de Paris par ceste disputation q̃ il
obtint contre Langloys,& faisoit des lors
bie valoir sa Braguette,& la feist au dessus esmou
cheter de broderie a la Romanicque. Et le mõde
le louoit publicquemẽt,& en fut faicte vne chãson,dõt les petitz enfãs alloyẽt a la moustarde,
& estoit bien venu en toutes cõpaignies des dames & damoiselles,en sorte qu'il deuint glorieux,

si bien qu'il entreprint venir au dessus d'une des grandes dames de la ville. De faict laissant un tas de longs prologues & protestations qui sont ordinairement ces doses côtemplatifz amoureux de karesme, lesquelz poinct a la chair ne touchent, luy dist un tour. Ma dame, ce seroit bien fort utile a toute la republicque, delectable a vo₃ honeste, a vostre lignée, & a moy necessaire, q̃ feussiez couverte de ma race, & le croyez, car experience vous le demõstrera. La dame a ceste parolle le reculla plus de cent lieues, disant. Meschant fol vous appartiẽt il me tenir telz propos? A qui pẽsez vous parler? allez, ne vous trouuez iamais deuant moy, car si n'estoit pour un petit, ie vous seray copper bras & iãbes. Or(dist il) ce me seroit bien tout un d'auoir bras & iãpez couppez, en côdition q̃ nous feissions vous & moy un transon de chere lie tous ans des manequins a basses marches: car(mõstrãt sa longue braguette) voicy maistre Iean Ieudy, que vous sonneroit une antiquaille dont vous sentiriez iusques a la moelle des os. Il est gallãd & vous scait tant biẽ trouuer les alibitz forains & petitz poulkains grenez en sa ratouere, que apres luy n'y a q̃ espousseter.
A quo

A quoy respondit la dame. Allez meschãt allez, si vous me dictes encores vn mot, ie appelleray le monde: & vous feray icy assommer de coups. Ho (dist il) vous nestez tant male q̃ vous dictes, non ou ie suis bie̅ trompé a vostre physionomie: car plus tost la terre monteroit es cieulx & les haulx cieulx descendroyent en labysme & tout ordre de nature seroit paruerty: qu'en si grande beaulté & elegãce cõe la vostre, y eust vne goutte de fiel, ny de malice. L'on dit bien que a grand peine veit on iamais fe̅me belle, qui aussi ne feust rebelle: mais cella est dit de ces beaultez bulgaires. La vostre est tant excellente tant singuliere tant celeste, que ie croy que nature la mise en vous comme en paragon pour nous donner entendre combien elle peut faire; quand elle veult employer toute sa puissance & tout son scauoir. Ce n'est que miel, ce n'est que succre, ce n'est que manne celeste, de tout ce qu'est en vous. C'estoit a vous a qui Paris deuoit adiuger la pomme d'or, non a Venus non, ny a Iuno, ny a Minerue: car oncques n'y eut tant de magnificence en Iuno, tant de prudence en Minerue, tant de elegance en Pallas, comme y a en vous. O dieu ç déesses celestes, ɋ heureux sera celluy a qui ferez celle grace de ceste cy accoller, de la bayser ɋ de frotter son lard aueccǫs elle. Par dieu ce sera moy, ie le boy bien, car desia elle me ayme tout a plein ie se congnoys, et suys a ce predestiné des phées. Doncques poꝛ gaigner temps boutte pousse en ambros: ɋ la vouloit embrasser, mais elle fist semblãt de se mettre a la fenestre pour appeller les voisins a la force. Adoncques sortit Panurge, bien tost a luy dist en fuyant, Ma dame attẽ dez moy icy, ie les voys querir moymesme, ne prenez la poine. Ainsi sen alla, sans grandement se soucier du refus qu'il auoit eu, ɋ n'ẽ fist oncques pire chere. Au lendemain il se trouua a lecclise a lheure quelle alloit a la messe, ɋ a lẽtrée luy bailla de leau beniste, se enclinant parfondement deuant elle, ɋ apres se agenouilla aupres de elle familierement, ɋ luy dist. Ma dame saichez que ie suis tant amoureux de vous, que ie nẽ peuz ny pisser ny fianter, ie ne scay comment lentendez. Sil men aduenoit quelque mal, que en seroit il? Allez (dist elle) allez, ie ne men soucie: laissez moy icy prier dieu. Mais (dist il) equiuocquez sur A beau mont le viconte. Je ne scauroys, dist elle.

ceft(dift il)a beau con le dit monte. Et sur celſta puez dieu qu’il me doit ce q̃ Voſtre noble cueur deſyre,& me donnez ces patenoſtres par grace. Tenez(diſt elle)& ne me tabuſtez plus. Ce dict, luy vouloit tirer ſes patenoſtres que eſtoyent de ceſtrin auecques groſſes marches dor,mais Panurge promptemẽt tira vn de ſes couſteaulx, et ſes couppa treſbien q̃ les emporta a la fripperie luy diſant, voulez vous mon couſteau:Non nõ, diſt elle. Mais(diſt il)a propos,il eſt bien a voſtre commandemẽt corps & biens,trippes & boyaulx. Cependent la dame n’eſtoit fort contente de ſes patenoſtres: car c’eſtoit vne de ſes cõtenances a leccliſe. Et penſoit,ce bauart icy eſt quelque eſuẽté,homme deſtrange pays,ie ne recouureray iamais mes patenoſtres,que men dira mon maꝛy?Il ſen courroucera a moy:mais ie luy diray que vn larron me les a couppées dedãs leccliſe, ce que il croira facillemẽt,voyant encores le bout du rubã a ma ceincture Apres diſner Panurge laſſa veoir portant en ſa manche vne grande bourſe pléine de gettons,& luy commencza a dire. Lequel des deux ayme plus l’autre ou vous moy,ou moy vous? A quoy elle reſpõdit: Quãt

f.4.

est de moy ie ne vous hays poinct:car cõme dieu le commande,ie ayme tout le monde. Mais a propos(dist il)nestez vo9 amoureuse de moy? Ie vous ay(dist elle)ia dit tant de foys que vous ne me tenissiez plus telles parolles,si vo9 m'en par-lez encores ie vous mõstreray que ce n'est a moy a qui vous deuez ainsi parler de deshonneur. Partes d'icy,& me rendez mes patenostres,a ce q̃ mon mary ne me les demande. Cõment (dist il) ma dame vos patenostres?non feray par mon sergent,mais ie vous en veulx bie donner daul-tres,en aymerez vous mieulx d'or bien esmaille en forme de grosses spheres,ou de beaulx lacz da mours,ou bien toutes massifues cõme gros lin-gotz ou si en voulez de Ebene,ou de gros Hya-cinthes,de gros Grenatz taillez auecq̃s les mar-ches de fines Turquoyses,ou de beaulx Topa zes marchéz de fine Saphiz ou de beaulx Ba-lays a tout grosses marches de Dyamãs a vigt & huyt quarres. Mõ non,c'est trop peu. I'en scay vn beau chapellet de fines Esmerauldes mar-chees de Ambre gris,& a la boucle vn Vnion Persicque gros cõme vne pomme dorange:elles ne coustent que vint & cinq mille ducatz,ie vous en veulx faire. Un present: car i'en ay du contãt. Et de ce disoit faisant sonner ses gettons comme si ce feussẽt escuz au soleil. Voulez vous une piece de velours violet, cramoysi tainct en grene, une piece de satin broché ou biẽ cramoysi. Voulez vous chaines, doreures, templettes, Bagues? il ne fault que dire ouy. Jusques a cinquãte mille ducatz, ce ne mes rien cela. Par la vertu desquelles parolles il luy faisoyt venir leau a la bouche. Mais elle luy dist. Mõ, ie vo⁹ remercie: ie ne veulx riẽ de vo⁹. Par dieu (dist il) si veulx bien moy de vous: mais cest chose qui ne vous coustera rien, & nen aurez rien moins, tenez: monstrant sa longue Braguette, voicy maistre Jean Chouart qui demande logis, & apres la vouloit accoller. Mais elle commencza a se scryer, toutesfoys nõ trop hault. Adõcqs Panurge: tourne son faulx visaige, & luy dist. Vous ne voulez dõcqs aultremẽt me laisser ũ peu faire? Bien pour vous. Il ne vous appartient tant de bien n'y de bonneur: mais par Dieu ie vous feray cheuaucher aux chiens: & se dict, sen fouyt le grãd pas de peur des coups: lesquelz il craignoit naturellement.

g iij

¶ Comment Panurge feist ung tour a la dame Parisiane, qui ne feut poinct a son adventaige. Chapitre .xiiij.

OR notez que lendemain estoit la grand feste du corps Dieu, a laquelle toutes les femmes se mettent en leur triumphe de habillemens, & pour ce jour ladicte dame sestoit vestue d'une tresbelle robbe de satin cramoysi, & d'une cotte de velours blanc bien precieulx. Le jour de la vigille Panurge chercha tant du cousté & daultre, qu'il trouua une chienne qui estoit en chaleur, laquelle il lya auecq sa ceincture & la mena en sa chambre, & la nourrist tresbien ce dict jour, & toute la nuyct, au matin la tua, & en print ce que scauent les Geomantiens Gregeoys, & le mist en pieces le plus menu qu'il peut, & le emporta bien cachées, & alla ou la dame deuoit aller pour suyure la procession, come cest de coustume a ladicte feste. Et alors qu'elle entra, Panurge luy donna de leau benoiste bien courtoysement la saluant, & quelque peu de temps apres qu'elle eut dit ses menuz suffrages il se va ioingdre a elle en son banc, & luy bailla un rondeau par escript en la forme que sensuyt.

Rondeau.

Pour ceste foys, que a vous dame tresbelle
Mon cas disoy, par trop feustes rebelle
De me chasser, sans espoir de retour:
Veu que a vous oncq ne feis austere tour
En dict ny faict, en soubson n'y libelle.

Si tant a vous desplaisoit ma querelle,
Vous pouyez par vous sans maquerelle
Me dire, amy partez hicy entour.
   Pour ceste foys.
Tort ne vous fay, si mon cueur vous decelle
En remonstrant comme l'arc lestincelle
De la beaulté que couure vostre atour:
Car rien n'y quiers, sinon qu'en vostre tour
Me faciez debait la combrecelle.
   Pour ceste foys.

Et ainsi quelle ouuroit le papier pour veoir que cestoit, Panurge promptement sema la drogue qu'il auoit sur elle en diuers lieux, & mesmement au replitz de ses manches & de sa robbe, puis luy dist. Ma dame, les pauures amans ne sont tousiours a leur aise. Quant est de moy iespere que les males nuictz, les trauaulx et ennuytz esquelz me tient l'amour de vous, me seront en deduction de autant des poines de purgatoire. A tout le moins priez dieu qu'il me doint en mō mal patience. Panurge neut acheué ce mot, que tous les chiēs qui estoyēt en lecclise acoururēt a ceste dame pour lodeur des drogues qu'il auoit espādu sur elle, petitz & grāds, gros & menuz tous y venoyēt tirās le mēbre, & la sentans & pissans par tout sur elle. Panurge les chassa qlque peu puis delle print cōgié & se retyra en qlq chappelle pour veoir le deduyt, car ces villains chiens la cōchioyēt toute & cōpissoyēt tous ses habillemēs tant que vng grād leurier luy pissa sur la teste, & luy custoit son collet par derriere, les aultres aux māches, les aultres a la crope: les petis cultoyēt ses patins. En sorte q toutes les femes de la autour auoyēt beaucoup affaire a la sauluer. Et Panurge de rire, & dist a qlcū des seigneurs de la ville. Je croy que ceste dame la est en chaleur, ou bien que qlque leurier la couuerte fraischement. Et quand il veit que tous les chiens grondoyent bien a lentour d'elle comme ilz font autour d'une chienne chaulde, departit de la, et alla querir Pantagruel. Par toutes les rues ou il trouuoit chiens, il leur bailloit vn coup de pied, disant. Ne yrez vous pas a vos compaignes aux nopces? deuant deuant de par le diable deuant. Et arriué au logis dist a Pantagruel, maistre ie vous pry venez veoir tous les chiens du pays qui sont assemblez a lêtour d'une dame la plus belle de ceste ville, à la voullêt tocqueter. A quoy vouluntiers cõsentit Pãtagruel, & veit le mystere lequel il trouua fort beau & nouueau. Mais le bon fut a la procession: en laquelle feurent veuz plus de six cens mille & quatorze chiẽs a lentour delle lesquelz luy faisoiẽt mille hayres: & par tout ou elle passoit les chiens frays venuz la suyuoyẽt a la trace, pissans par le chemin ou ses robbes auoyẽt touché. Tout le monde se arrestoit a ce spectacle consyderans les contenances de ces chiens qui luy montoyent iusques au col, & luy gasterent tous ses beaulx acoustremens, a quoy ne sceut trouuer aulcũ remede, sinon soy retirer en son hostel. Et chiẽs d'aller apres, & elle de se cacher, & chambrieres de rire. Quand elle feut entrée en sa maison & fermê la porte apres elle, tous les chiens y acouroyent de demye lieuë e compissert si bien la porte de sa maison qu'ilz y feirēt ung ruysseau de leurs urines, on quel les cānes eussent bien noué. Et c'est cestuy ruisseau q̄ de pr̄st passe a sainct Victor, on qu'el Guobelin tainct l'escarlatte, pour la vertus specificq̄ de ces pissechiens, comme iadys prescha publicquemēt nostre maistre de Quercu. Ainsi vous ayst dieu ung moulin y eust peu mouldre. Non tant toutes foys que ceulx du Bazacle a Tholouse.

¶ Cōment Pantagruel partit de Paris oyant nouuelles que les Dipsodes enua- hissoient le pays des Amaurotes. Et la cause pourquoy les lieues sont tant petites en France. Et lex- position d'un mot escript en ung aneau. Chapitre. xx.

PEu de temps apres Pātagruel ouyt nou uelles que son pere Gargantua auoit esté translaté au pays des Phées par Mor- gue, comme feut iadis Enoch & Helye, ensemble q̄ le bruyt de sa translation entendu, les Dipsodes

estoyent yssuz de leurs limites,& auoyent gasté
vn grand pays de Vtopie,& tenoyent pour lors
la grande ville des Amaurotes assiegée. Dont
partit de Paris sans dire a dieu a nully:car laf=
faire requeroit diligence,& vint a Rouen. Or en
cheminant voyant Pantagruel que les lieues
de france estoyent petites par trop au regard
des aultres pays,en demanda la cause & raison
a Panurge,lequel luy dist vne histoire que mett
Marotus du lac monachus es gestes des roys
de Canarre,Disant que danciennete les pays
nestoyent poinct distinctz par lieues/miliaires/
stades, ny parasanges, iusques a ce que le
roy Pharamond les distingua, ce que feust
faict en la maniere que sensuyt. Car il print de
dans Paris cent beaulx ieunes & gallans com=
paignons bien deliberez,& cent belles garses Pi=
cardes,& les feist bien traicter & bien penser par
huyct iours, puis les appella & a vn chascun
bailla sa garse auecques force argent pour les
despens, leur faisant commandement qu'ilz
allassent en diuers lieux par cy & par la, Et
a tous les passaiges qu'ilz biscoteroyent leurs
garses que ilz missent vne pierre, et ce se=

roit vne lieue. Par ainsi les cõpaignons ioyeusement partirent, & pource qu'ilz estoyent frays de seiour ilz sanfreluchoient a chasque bout de champ, & voyla pourquoy les lieues de France sont tant petites. Mais quand ilz eurent long chemin parfaict & estoyent ia las cõme pauures diables & n'y auoit plus d'olif en lycaleil, ilz ne behnoyent si souuent & se contentoyent bien (ien tends quand aux hommes) de quelque meschante & paillarde foys le tour. Et voyla qui faict les lieues de Bretaigne, Delanes, Dallemaigne, et aultres pays plus esloingnez, si grandes. Les aultres mettent d'aultres raisons: mais celle la me semble la meilleure. A quoy consentit volunters Pantagruel. Partans de Rouen arriuerent a Hõmefleur ou se mirent sur mer Pantagruel, Panurge, Epistemõ, Eusthenes, & Carpalim. Auquel lieu attendans le vent propice et calfretant leur nef receut d'une dame de Paris (laquelle il auoit entretenu bõne espace de tẽps) vnes lettres inscriptes au dessus, Au plus aymé des belles, & moins loyal des preux P N T G R L. Laquelle inscription leue il feut bien esbahy & demanda au messagier le nom de celle q̃ sauoit enuoyé,ouurit les letres q̃ rien ne trouua dedans escript,mais seulemẽt ũn aneau dor auecques ũn Diament en table. Lors appella Panurge ã luy monstra le cas. A quoy Panurge luy dist,que la fueille de papier estoit escripte, mais cestoit par telle subtilite q̃ lõ n'y veoit poict descripture. Et pour le sçauoir,la mist aupres du feu pour veoir si lescripture estoit faicte auec du sel Ammoniac destrempe en eau. Puis la mist dedans leau pour sçauoir si la letre estoit escripte du suc de Tithymalle. Puis la monstra a la chãdelle,si elle estoit poinct escripte du ius de oignons blans. Puis en frotta ũne partie dhuile de noix,pour veoir si elle estoit poinct escripte de lepis de figuier. Puis en frotta ũne part de laict de femme allaictant sa fille premiere née pour veoir si elle estoit poinct escripte de sang de Rubetes. Puis en frotta ũn coing de cedres dun nic de Arondelles,pour veoir si elle estoit escripte de rousée qu'on trouué dedans les pommes de Alicacabut. Puis en frotta ũn aultre bout de la sanie des aureilles,pour veoir si elle estoit escripte de fiel de corbeau. Puis les trempa en vinaigre pour veoir si elle estoit escripte de laict de espurge.

Puis les gressa du punge de souris chauues, pour sceoir si elle estoit escripte auec sperme de baleine qu'on appelle ambre gris. Puis la mist tout doulcement dedans vn bassin deau fresche, & soubdain la tyra po^r sceoir si elle estoit escripte auecques alum de plume. Et voyant qu'il n'y congnoissoit rien, appella le messagier & luy demanda. Compaing la dame qui t'a icy enuoyé, t'a elle poinct baillé de bastõ pour apporter? pensant q feust la finesse q met Aule Gelle, & le messagier luy respondit. Non monsieur. Adõcques Panurge luy voulut faire raire les cheueulx po^r scauoir si la dame auoit faict escripre auecq̃s fort moret sur sa teste rase, ce quelle vouloit mander, mais voyãt q ses cheueulx estoyẽt fort grãds il desista, cõsiderant q̃ en si peu de tẽps ses cheueulx neussent creuz si longs. Alors dist a Pantagruel. Maistre par les vertuz dieu ie n'y scauroys q faire n'y dire. Je ay employé pour cõgnoistre si rien y a icy escript, vne partie de ce que en met Messere Francesco di Nianto le Tuscã qui a escript la maniere de lire letres nõ apparẽtẽs, & ce que escript Zoroaster peri grãmaton acriton. Et Calphurnius Bassus de literis illeg ailleurs, mais ie n'y voy rien, & croy qu'il n'y a aultre chose q̃ laneau. Or le voyons. Lors en le regardant trouuerent escript par dedans en Hebrieu, Lamah hazabthani, dõt appellerẽt Epistemõ, luy demãdãt q̃ c'estoit à dire: a quoy respõdit q̃ estoiẽt motz Hebraicq̃s signifiãs, pourquoy me as tu laissé, dõt soubdain replicqua Panurge, ãtẽdz le cas, voyez vous ce dyamãt? c'est vn diamãt fauly. Telle est dõcques l'opposition de ce q̃ veult dire la dame. Dy amãt fauly pourquoy me as tu laissée? Laqlle opposition entẽdit Pantagruel incontinent: & luy souuint comment a son departir n'auoit dict a dieu a la dame, & sen contristoit, & volũtiers feust retourné a Paris pour faire sa paix auecques elle. Mais Epistemon luy reduyt a memoire le departement de Eneas d'auecques Dido, & le dict de Heraclides Tarentin q̃ la nauire restãt a l'acre, quãd la necessité presse, il fault coupper la chorde plus tost q̃ perdre temps a la deslyer. Et qu'il deuoit laisser tous pensemens pour suruenir a la ville de sa natiuité, qui estoit en danger. De faict vne heure apres se leua le vent nõmé Nordnord-ouest, auquel ilz donnerent pleines voilles et pur rent la haulte mer, & en briefz iours passans par Porto sancto, & par Medere, firẽt scalle es isles de Canarre. De la partans passerent par Cap Blanco, par Senege, par Cap Virido, par Gambre, par Sagres, par Melli, p̃ le Cap, de Bona sperantza, & firent scalle au royaulme de Meinde, de la partans firent voille au vent de la transmontane, & passans par Meden, par Vti, par Vdẽ, par Gelasim, par les isles des Phées & ioupte le royaulme de Achorie, finablement arriuerent au port de Vtopie, distant de la ville des Amaurotes par troys lieues, & quelque peu d'auantaige. Quand ilz furẽt en terre quelque peu refraichiz, Pantagruel dist. Enfans la ville n'est loing d'icy, deuant que marcher oultre il seroit bon deliberer de ce qu'est a faire, affin que ne semblons es Atheniens qui ne consultoyent iamais sinon apres le cas faict. Reste vous deliberez de viure & mourir auecques moy? Seigneur ouy (dirẽt ilz tous) & vous tenez asseuré de nous comme de vos doigts propres. Mr (dist il) il nya qun poinct que tiengne mon esperit suspens et doubteux, c'est que ie ne scay en quel ordre, n'y en quel nõbre sont les ennemys qui tiennẽt la ville assiegée:

assiegée:car quand ie le scauray,ie my en iray en plus grande asseurance:par se aduisons ensemble du moyen côment nous le pourrôs scauoir. A quoy tous ensemble dirẽt. Laissez no⁹ y aller seolr,& nous attẽdez icy:car po² tout le iour d'huy nous vous en apporterons nouelles certaines. Ie,dist Panurge entreprẽs de entrer en leur câp par le meillieu des gardes du guet,& bancqueter auec eulx & bragmarder a leurs despẽs,sãs estre cogneu de nully,visiter lartillerie,les têtes de to⁹ les capitaines & me prelasser par les bãdes sans iamais estre descouuert:car le diable ne me affineroit pas,car ie suis de la lignée de Zopyré. Ie (dist Epistemon)scay tous les stratagemates et prouesses des vaillans capitaines & châpiôs du temps passé,& toutes les ruses & finesses de discipline militare,ie iray,& encores que feusse descouuert & decelé,ie schapperay en leur faisant croire de vous tout ce que me plaira,car ie suis de la lignée de Sinõ. Ie(dist Eusthenes)ntreray par àtrauers leurs tranchées,maulgrè le guet & to⁹ les gardes,car ie leur passeray sur le vẽtre & leur rompray bras & iambes,& feussent ilz aussi fors q̃ le diable:car ie suis de la lignée de Hercules. Ie (dist Carpalim)y entreray si les oyseaulx y entrent.car i'ay le corps tant alaigre que ie auray saulté leurs tranchées & percé oultre tout leur camp deuant qu'ilz me ayent apperceu. Et ne crains ny traict,ny flesche,ny cheual tant soit legier & feust ce Pegasé de Perseus,ou Pacolet,que deuant eulx ie nescappe gaillart & sauf. I'entreprés de marcher sur les espiz de bled,sur l'herbe des prez,sans qu'elle flechisse dessoubz moy:car ie suis de la lignee de Camille Amazone.

¶ Comment Panurge, Carpalim, Eusthenes, & Epistemon,compaignons
de Pantagruel descôfirent six
cens soixante cheualiers
bien subtilement.
Chap.xxj.

Ainsi qu'il disoit cela ilz aduiserét six cês soixante cheualiers môtez a l'aduêtaige sus cheuaulx legiers,qui acouroyent la veoir quelle nauire c'estoit qui estoit de nouueau abordée au port,& couroyent a bride quallée pour les prédre s'ilz eussent peu. Lors dist Pâtagruel. Enfans retirez vous en la nauire,Voyez cy de vos ennemys qui accourent,mais ie vous les tay icy comme bestes z feussent ilz dix foys autant,ce pendant retirez vous z en prenez vostre passetemps. Adonc respõdit Panurge. Mõ seigneur,il nest de raison que ainsi faciez:mais au contraire retirez vous en la nauire z vous z les aultres. Car tout seul les desconfiray icy: mais y ne fault pas tarder:audacez vo°. A quoy dirent les aultres,cest bien dit. Seigneur retirez vous, z nous ayderons icy a Panurge,et vous congnoistrez que nous scauons faire. Adõc Pantagruel dist. Or ie le veulx bien,mais au cas q feussiez plus foybles:ie ne vous fauldray. Alors Panurge tira deux grandes chordes de la nef,z les atacha au tour qui estoit sur le tillac, z les mist en terre z en fist vn long circuyt,lun plus loing,laultre dedans cestuy la. Et dist a Epistemon,entrez dedans la nauire,z quand ie vous sonneray,tournez le tour diligentement en ramenant a vous ces deux chordes Puis dist à Eusthenes z a Carpalim. Enfãs attendez cy z vous offrez es ennemys frãchemẽt,z obtemperez a eulx z faictes semblãt de vo° rẽdre,mais aduisez,q ne entrez au cerne de ces chordes,retirez vous tousiours hors, Et mcõtinẽt entra dedans

K ij

la nauire,& print vn fes de paille & vne botte de pouldre de cañon & espãdit par le cerne des chordes,& avecqs vne migrayne de feu se tint aupres. Tout soubdain arriuerent a grãde force les cheualiers,& les premiers chocquerent iusques au pres de la nauire,& par ce que le riuage glissoit, tũberẽt eulx & leurs cheuaulx iusques au nõbre de quarãte & quatre. Quoy voyans les aultres aprocherent pensans q̃ on leur eust resisté a larriueé. Mais Panurge leur dist. Messieurs ie croy q̃ vous soyez faict mal, pardõnez le nous: car ce nest de nous, mais cest de la lubricité de leau de mer,q̃ est tousiours vnctueuse. Nous nous rendons a vostre bon plaisir. Autãt en dirẽt ses deux cõpaignons & Epistemon qui estoit sur le tillac. Ce pendẽt Panurge sesloingnoit & voyãt que tous estoyent dedans le cerne des chordes,& que ses deux cõpaignõs s'en estoyent esloingnez faisans place a tous ces cheualiers qui a foulle alloyẽt pour veoir la nef & q̃ estoit dedans, soubdain crya a Epistemon, tire, tire. A quoy Epistemon cõmencza tirer au tour,& les deux chordes se empetrerent entre les cheuaulx & les ruoyent par terre bien aysement auecques les cheuau seurs:mais eulx ce voyans tirerent a l'espée et les vouloyent deffaire, dõt Panurge met le feu en la trainée & les fist tous la brusler côme ames dânées, hommes & cheuaulx nul n'en eschappa, excepte ung qui estoit monté sur ung cheual turcq, qui gaignoit a fuyr: mais quand Carpalim l'apperceut, il courut apres en telle hastiueté & allaigresse qui le attrapa en moins de cêt pas, & saultant sur la croppe de son cheual l'embrassa par derriere & l'amena a la nauire. Ceste deffaicte parachevée Pantagruel feut bien ioyeux, & loua merueilleusement l'industrie de ses compaignons, & les fist refraichir & bien repaistre sur le riuaige ioyeusement & boire d'autant le ventre contre terre, & leur prisonnier auecques eulx familiairement: sinon que le paouure diable n'estoit poinct asseuré que Pantagruel ne le deuorast tout entier, ce qu'il eust faict, tant auoit la gorge large, aussi facillement q̃ feriez ung grain de dragée, & ne luy eust môstré en sa bouche en plus q'un grain de mil en la gueulle d'un asne. Ainsi qu'ilz bancquetoyent Carpalim dist. Et ventre sainct Quenet ne mangerons nous iamais de venaison? ceste chair sallée me alteré tout. Je

R iij

Boy boꝰ apporter icy vne cuysse de ces cheuaulx
que auons faict brusler,elle sera assez bië rousti.
Tout ainsi qu'il se leuoit poꝰ ce faire apperceut
a lorée du boys vn beau grand cheureul q̃ estoit
yssu du fort,voyant le feu de Panurge, a mon
aduis. Et incontinët se mist apres a courir de tel
le roidheur,qu'il sembloit que feust vn carreau
darbaleste,a lattrapa en vn momët:a en courãt
print de ses mains en lair quatre grãdes Otar
des,sept Bitars,vingt a six Perdryx grises,seize
Faisans, neuf Becasses,dix a neuf Herons,a
trente a deux Pigeons ramiers,a tua des piedz
dix ou douze q̃ Leuraulx q̃ Lapins q̃ ia estoyët
hors de page,a dix huyt Rasles parez,ensemble
quinze Sanglerdz,deux.Bleraux,a troys grãs
Regnardz Donc q en frappa le cheureul de son
malcus a trauers la teste a le tua,a l'apportant
recueillit ses Leuraulx Rasles a Sanglerdz.
Et de tant loing que peust estre ouy,se scria,di
sant.Panurge mõ amy,vinaigre,vinaigre. D
pensoit le bõ Pantagruel,que le cueur luy
mal,a commenda qu'on luy apprestast du vinai
gre:mais Panurge entendit bien,qu'il y auoit
Leurault au croc,de faict le monstra au nobl

Pantagruel comment il portoit a son col ung beau cheureul & toute sa ceincture brodée de lembraux. Incontinent Epistemon fist on nom des neuf Muses neuf belles broches de boys a lacque. Eusthenes aydoit a escorcher. Et Panurge mist deux selles darmes des cheualiers en tel ordre quelles seruirent de landiers, & firent roustisseur leur prisonnier, & au feu ou brusloyēt les cheualiers, firent roustir leur benaison. Et aprēs grand chere a force vinaigre, au diable lun qui se faignoit, cestoit triumphe de les veoir bauffrer. Lors dist Pantagruel. Pleust a dieu que chascun de vous eust deux paires de sonnettes de sacre au menton, & que ie eusse au mien les grosses horologes de Renes, de Poictiers, de Tours, & de Cambray, pour veoir laubade que nous donnerions au remuement de noz bastgoinces. Mais, dist Panurge, il vault mieulx penser de nostre affaire vn peu, et par quel moyen nous pourrons venir au dessus de noz ennemys. Cest bien abuisé, dist Pantagruel. Et pourtant demanda a leur prisonnier. Mon amy, dys nous icy la verité & ne nous mens en nulle sorte quelconques, si tu ne veulx estre

K iiij

escorché tout vif: car cest moy qui mange les petis enfans. Conte nous entierement lordre,le nombre,& la forteresse de larmée. A quoy respondit le prisonnier. Seigneur, sachez pour la verité que en larmée sont troys cenz Geans tous armez de pierre de taille grãds a merueilles, toutesfoys non tant du tout que vous, excepté vn qui est leur chef,& a nom Loupgarou,& est tout armé d'enclumes Cyclopicques. Et soixãte & troys mille pietons tous armez de peaulx de Lutins, gens fortz & couraigeux: troys mille quatre cens hõmes darmes, troys mille six cens doubles canons,& despingarderie sans nõbre: quatre vingtz quatorze mille pionniers: cent cinquante mille putains belles comme deésses(voyla pour moy, dist Panurge)dont les aulcunes sont Amazones, les aultres Lyonnoyses, les aultres Parisianes, Tourãgelles, Angeuines, Poicteuines, Normãdes, Allemãdes, de tous pays & toutes langues y en a. Voire mais (dist Pãtagruel) le roy y est il? Ouy Sire, dist le prisõnier, il y est en personne:& nous le nõmons Anarche roy des Dipsodes,q̃ bault autãt a dire cõme gẽs alterez: car vous ne veistes oncqs gẽs tant alterez, ny

geuuâs plus volufiers. Et a sa tête en la garbe
des grâs. C eſt aſſez, diſt Pâtagruel. Sus enfâs
ſtes, vo9 deliberez dy venir aueccß moy. A quoy
reſpôdit Panurge. Dieu côfonde q̃ vo9 laiſſera,
j'ay ta pẽſé côment ie vo9 les rẽdray tous mors
ẽde porcs, qu'il nẽ eſchappera au diable le tarret.
Mais ie me ſoucye q̃lq̃ peu dun cas. Et qu'eſt
ce: diſt Pantagruel. C eſt (diſt Panurge) cômẽt
ie pourray auanger a braquemarder toutes les
putains q̃ y ſont en ceſte apres diſner, qu'il nen
eſchappe pas vne, que ie ne taboure en forme cô-
mune. Hâ/hâ/hâ/diſt Pantagruel. Et Carpalim diſt, Au diable de biterne: par dieu i'en em-
bourreray quelque vne. Et ie, diſt Euſthenes,
quoy q̃ ne dreſſay oncques. puis q̃ bougeaſmes
de Rouen, au moins q̃ l'aguielle montaſt iuſq̃s
ſur les dix ou vnze heures: voire encores q̃ l'aye
dur q̃ fort côme cent diables. vrayemẽt diſt Pa
nurge, tu en auras des plus graſſes q̃ des plus
refaictes. Côment (diſt Epiſtemon) tout le mône
cheuauchera q̃ ie meneray l'aſne, le diable em-
port qui en fera rien. Nous vſerons du droict de
guerre, q̃ poteſt capere capiat. Nõ/non/diſt Panurge. Mais attache ton aſne a vn croc, q̃ cheu-

haulesse comme le monde. Et le bon Pātagruel ryoit a tout, puis leur dist. Vous comptez sans voſtre hoſte. J'ay grād peur que deuāt qu'il soit nuyct, ne vous voye en eſtat, que ne aurez grāde enuie dareſſer, a qu'on vo⁹ cheuauchera a grās coups de picque a de lance. Baſte, dist Epiſtemō, ie vous les rends a rouſtir ou boillir, a fricaſſer ou mettre en paſte. Jlz ne ſont en ſi grand nōbre comme auoit Xerces: car il auoit trēte cēs mille combatans ſi croyez Herodote a Troge Pōpone. Et touteſfoys Themiſtocles a peu de gens les deſconfit. Ne vous ſociez par dieu. Merde merde, dist Panurge. Ma ſeule braguette eſpouſſetera tous les hōmes, a ſainct Balletrou qui dedās y repoſe, decrottera toutes les fēmes. Sus doncques enfans, dist Pantagruel commençons a marcher.

¶ Cōmēt Pātagruel dreſſa vn Trophée en memoire de leur pueſſe, a Panurge vn aultre en memoire des Leuraulx. Et comment Pātagruel de ſes petz engendroit les petitz hommes, a de ſes veſnes les petites fēmes. Et cōmēt Panurge rōpit vn gros baſton ſur deux verres.   Chap. xxij.

75.

Euantque partõs dicy dist Pâtagruel en memoire de la prouesse que auez presentement faict ie veulx eriger en ce lieu vn beau Trophée. Adõcques vn chascun dentre eulx en grande liesse a petites chansonnettes villaticques dresserent vn grand boys auquel y pendirent vne selle darmes, vn chanfrain de cheual, des pompes, des estriuieres, des esperons, vn haubert, vn hault appareil asseré, vne hasche, vn estoc darmes, vn gantelet vne masse, des pussetz, des greues, vn gorgery, a ainsi de toutz quiltre appareil requis a vn arc triumphal ou Trophée. Puis en memoire eternelle escriput Pantagruel cestuy dicton victorial, comme il sensuyt.

Ce fut icy qu'apparut la vertus
De quatre preux et vaillans champions,
Qui de bon sens, non de harnoys vestuz
Comme Fabie, ou les deux Scipions,
Firent six cens soixantes morpions
Puissans ribaulx, brusler comme vne escorce
Prenez y tous roys, ducz, rocz, a pions
Enseignement, que engyn mieulx vault q̃ force.

Car la victoire
Comme est notoire,
Ne gist que en heur,
Du consistoire
Du regne en gloire
Le hault seigneur,
Dient, non au plus fort ou greigneur,
Ains a qui luy plaist, com fault croire:
Doncques a cheuance & honneur
Cil qui par foy en luy espoire.

¶ Ce pendent que Pantagruel escripuoit les
carmes susdictz Panurge emmācha en ung grād
pal les cornes du cheureul, & la peau & les piedz
droictz de deuant dicelluy. Puis les aureilles de
troys leuraulx, le rable dun lapin, les mandibules dun lieure, les aesles de deux bitars, les piedz
de quatre ramiers, une guedofle de vinaigre, une
corne ou ilz mettoyent le sel, leur broche de boys,
une lardouere, ung meschant chaudron tout per-
tuysé, une breusse ou ilz saulsoyent, une saltere
de terre, & ung goubelet de Beauuoys. Et en imitation des vers & Trophée de Pantagruel
escripuit ce que sensuyt.

Ce feut icy que mirent abaz culz
joyeusement quatre guaillars pions,
Pour bancqueter a lhonneur de Bacchus
Beuuans a gré comme beaulx carpions,
Lors y perdit rables a cropions
Maistre Leurault, quand chascun si esforce:
Sel a Vinaigre, ainsi que Scorpions
Le poursuyuoyent, dont en eurent lefforce.

Car linuentoire
D'un defensoire,
En la chaleur,
Ce nest que a boire
Droict a net, boire
Et du meilleur,
Mais manger Leurault, cest malheur
Sans de vinaigre auoir memoire:
Vinaigre est son ame a valeur,
Retenez le en point peremptoire.

Lors dist Pantagruel. Allons enfans, cest trop
musé icy a la viande: car a grand poine voit on
arriuer, que grans bancqueteurs facent beaulx
faictz darmes. Il nest umbre que destaãbartz, il nest

fumée qlle de cheuaulx, & clycquetys que de Boisnoys. Addecques Epistemõ se print a subzrire, & dist. Il nest vmbre que de murailles, fumée que de pastez, & clyquetys q̃ de tasses. A quoy respõdit Panurge. Il nest vmbre q̃ de courtines, fumée q̃ de tetins, & cliquetys q̃ de couillõs. Puis se leuãt fist vn pet: vn saust, & vn sublet, & crya à haulte voix ioyeusement, viue tousiours Pantagruel. Ce voyãt Pãtagruel en voulut autãt faire, mais du pet qu'il fist, la terre trẽbla, neuf lieues a la ronde, duquel auec lair corrõpu engẽdra plus de cinquante & troys mille petitz hommes nains & contrefaictz: & d'une vesne qu'il fist, engẽdra autãt de petites femmes accropies cõme võ en voyez en plusieurs lieux, qui iamais ne croissent, sinon cõme les queuues des vaches, contre bas, ou bien cõme les rabbes de Lymousin, en rõd. Et quoy dist Panurge, voz petz sont ilz tãt fructueux? Par dieu voicy de belles sauates dõmes, & de belles vesses de femmes, il les fault marier ensemble. Ilz engendrerõt des mouches bouynes. Ce que fist Pantagruel, & les nõmã Pygmées, Et les enuoya viure en vne isle là auprès, ou ilz se sont fort multipliez despuis.

Mais les grues leur font continuellemēt guer
re,desquelles ilz se defēdēt corageusemēt,car ces
petit boutz dhōmes(lesquelz en Escosse lon ape
pelle manches d'estrilles)sont voluntiers chole=
riques. La raison physicale est,par ce qu'ilz ont
lueur pres de la merde. En ceste mesme heure
Panurge print deux verres qui la estoyēt tous
deux d'une grandeur,& les emplit d'eau tant q̄lz
en peurent tenir,& en mist l'un sur une escabelle,
& l'aultre sur une aultre les esloingnans a part
par la distāce de cinq pieds,puis print le fust d'u=
ne iaueline de la grādeur de cinq piedz & demy,&
les mist dessus les deux verres,en sorte que les
deux boutz du fustz touchoyēt iustemēt les bor
des verres. Cela fait print ung gros pau,& dist a
Pātagruel & es aultres. Messieurs considerez
cōment nous aurons victoire facilemēt de noz
ennemys. Car tout ainsi cōme ie rōpray ce fust
icy dessus les verres sans q̄ les verres soyēt en
rien ne brisez,encores q̄ plꝰ est,sans q̄ une seule
goutte d'eau en sorte dehors:tout ainsi noꝰ rō=
pros la teste a noz Dipsodes,sās ce q̄ nul de noꝰ
soit blessé,& sans perte aulcune de noz besongnes.
Mais affin q̄ ne pensez qu'il y ait enchātemēt

tenez dist-il à Eusthenes, frappez de ce pau tant
q̃ pourrez au myllieu. Ce que fist Eusthenes, z
le fust rompit en deux pieces tout net, sans que
vne goutte deau tombast des verres. Puis dist,
J'en scay bien d'aultres, allons seullement en
asseurance.

¶ Comment Pantagruel eut victoire
bien estrangement des Dipsodes,
z des Geans. Chapitre.
xxiij.

Après tous ces propos Pantagruel ap
pella leur prisonnier z le renuoya, disant,
Va ten a ton Roy en son cãp, z luy dys
nouelles de ce q̃ tu as veu, z q̃l se delibere de me
festoyer demain sus le midy: car incõtinent que
mes galleres serõt venues, qui sera de matin au
plus tard, ie luy prouueray par dixhuyct cẽs mil
le cõbatans z sept mille Geans toˢ plus grãs q̃
tu me veoys, qu'il a faict follemẽt z cõtre raison
de assaillir ainsi mon pays. En quoy faingnoit
Pantagruel auoir armée sur mer. Mais le pri
sonnier respõdit qu'il se rẽdoit son esclaue, z qu'il
estoit content de iamais ne retourner a ses gẽs,
ains plustost combatre auecques Pantagr
contre

contre eulx,& pour dieu qu'ainsi le permist. A
quoy Pantagruel ne voulut cõsentir, ains luy
commanda que partist de la briefuemẽt & allast
ainsi q̃ il auoit dict,& luy bailla vne boette pleine de Eupforbe & de grains de Coccognide cõ-
fictz en eau ardent en forme de compouste, luy cõ
mandant la porter a son Roy & luy dire que s'il
en pouoit manger vne once sans boire, qu'il pour
roit a luy resister sans peur. Adonc le prisonnier
se supplya a ioinctes mains q̃ a l'heure de la bataille il eust de luy pitié, dõt luy dist Pãtagruel.
Apres que tu auras le tout annoncé a ton Roy
ne dys comme les caphars. Ayde toy dieu te
aydera: car c'est au rebours ayde toy, le diable te
rompra le col. Mais ie te dys, metz tout ton espoir en dieu,& il ne te delaissera poinct. Car de
moy encores que soye puissant comme tu peuz
veoir,& aye gens infinitz en armes, touteffoys ie
n'espere en ma force, ny en mon industrie: mais
toute ma fiance est en dieu mon protecteur, leq̃l
iamais ne delaisse ceulx q̃ en luy ont mys leur
espoir & pensée. Ce faict le prisonnier luy requist
q̃ touchãt sa rãson il luy voulust faire party rai
sonnable, A quoy respondit Pantagruel, Que

L

sa fin n'estoit de piller ny arrãsoner les huma
mais de les enrichir & reformer en liberté totalle,
Daten (dist il) en la paix du Dieu biuant: & ne
suys iamais mauluaise compaignie, q̃ mal heur
ne te aduiẽgne. Le prisonnier party Pãtagruel
dist a ses gens, Enfans i'ay donné a entendre a
ce prisonnier q̃ nous auõs armée sur mer, ensem
ble que nous ne seur donnerons lassault q̃ iusq̃s a demain sus le midy, a celle fin q̃ eulx doub
tant la grande venue de gens, ceste nuyt se occu
pent a mettre en ordre & soy reparer: mais ce pen
sant mon intẽtion est que nous chargeons sur
eulx enuiron l'heure du premier somme. Laissõs
icy Pantagruel auecques ses Apostoles. Et
parlõs du roy Anarche & de son armée. Quãd
doncques le prisonnier feut arriué il se transpor
ta vers le Roy, & luy compta comment estoit ve
nu ũg grãd geant nomme Pãtagruel qui auoit
desconfit & faict rousttr cruellement tous les si
ces cinquante & neuf cheualiers, & luy seul estoit
sauué por̃ en porter les nouuelles, D'auantaige
auoit charge dudict geãt de luy dire q̃l luy appre
stast au lẽdemain sur le midy a disner. car il deli
beroit de le enuahir a ladicte heure, Puis luy

a celle boete en laqlle estoyẽt les cõfictures. Mais tout soubdain qͥl en eut aualle vne cueillͤ lee, luy vit vn tel eschauffemẽt de gorge auecqͣ vlceratiõ de la luette, q̃ la langue luy pela. Et pour le remede ne trouua allegement qͯlcõqͤs, sinon de boire sans remissiõ: car incontinent qu'il ostoit le goubelet de sa bouche, la langue luy brusloit. Par ainsi lon ne faisoit q̃ luy entonner vin auec vn embut. Ce q̃ voyãs ses capitaines, Basͣ chatz, ꝯ gens de garde, tastirẽt desdictes drogues pour esprouuer si elles estoyent tãt alteratiues: mais il leur en print cõme a leur roy. Et tous se mirent si bien a flacconner, q̃ le bruyt vint p̃ tout le cãp, cõmẽt le prisonnier estoit de retour, ꝯ qu'ilz deuoyẽt auoir au lẽdemain lassault, ꝯ q̃ a ce ia se ꝑparoit le Roy ꝯ ses capitaines ensẽble les gẽs de garde, ꝯ ce p̃ boire a tyre larigot. Parquoy vn chascun de l'armée se mist a martiner, chopiner ꝯ tringuer de mesmes. Sõme ilz beurẽt si biẽ qͧlz ſ'ẽdormirẽt cõme porcs ſãs nul ordre pmy le cãp.

Or maintenãt retournõs au bõ Pãtagruel: ꝯ recõtõs cõmẽt il se porta en cest affaire. Partãt du lieu du Trophée prit le mats de la² nauire en la main cõme vn bourdon: ꝯ mist dedãs la hune

L ij

deux cens trente & sept poinsons de vin blanc d'Aniou du reste de Rouë, & atacha a sa centure la barque toute pleine de sel aussi aysement comme les Läsgnestes portết leurs petitz panerotz. Et ainsi se mist a chemin auecqs ses cõpaignõs. Quand il feut pres du camp des ennemys. Panurge luy dist. Seigneur voulez vous biể faire? Deuallez ce vin blãc d'Aniou de la hune, & beuuons icy a la Bretesque. A quoy se condescendit voluntiers Pantagruel, & beurết si bien qu'il ny demoura vne seule goutte des deux cens trente & sept poinsõs, excepte vne ferriere de cuir bouilly de Tours que Panurge emplyt pour soy, Car il appelloit son vademecum, & ãlques meschantes baissieres pour le vinaigre. Apres qu'ilz eurết bien tiré au cheurotin. Panurge dõna a manger a Pantagruel ãlque diable de drogues composées de lithontripon, nephrocatarticõ, couinac cantharidizé, & aultres especes diureticqs. Ce faict Pantagruel dist a Carpalim. Allez en a la ville grauant cõme vn rat contre la muraille, comme bien scauez faire, & leur dictes que a heure presente ilz sortent & donnent sur les ennemys tant roissement qu'il pourront, & ce dict descendez,prenant vne torche allumée,auecques laquelle vous mettrez le feu dedans toutes les tentes τ pauillons du camp:τ ce faict vous cryerez tant que pourrez de vostre grosse voix,qui est plus espouentable que n'estoit celle de Stētor qui feut ouye par sur tout le bruyt de la bataille des Troyans,τ partez dudict cāp.Voire mais, dist Carpalim,seroit ce bon que ie encloasse tou te leur artillerie? Mon non, dist Pantagruel, mais biē mettez le feu en leurs pouldres.A quoy obtemperant Carpalim partit soubdain τ fist comme auoit esté decreté par Pantagruel,τ sortirent de la ville tous les cōbatās qui y estoyēt. Et lors que il eut mys le feu par les tentes τ pauillons,passoit legierement par sur eulx sans qu'ilz en sentissent rien tant ilz ronfloyent τ dormoyent parfondement.Il vint au lieu ou estoit lartillerie τ mist le feu en leurs munitiōs.Mais (ô la pitié)le feu feut si soubdain que il cuida embrazer le paurre Carpalim. Et n'eust esté sa merueilleuse hastiuite,il estoit fricassé comme vn cochon,mais il sen partit si roidement q'un quarreau darbaleste ne va pas plustost.Quand il feut hors les tranchées il s'escria si espouenta

L iij

blement,qu'il sembloit que tous les diables se
sent deschainez. Auquel son se beillerent les en
nemys,mais scauez vous comment? aussi esto
oys que le premier son de matines,qu'on appel
le en Lussonnoys,frotte couille. Ce pēdant Pā
tagruel commencza semer le sel qu'il auoit en sa
barque,& par ce qu'ilz dormoyent la gueule baye
& ouuerte,il leur en remplit tot le gouzier, tant q̃
ces pauures haires toussissoyēt cōme regnards,
cryans. Ha Pantagruel tant tu nous chauffes
le tizon. Mais tout soubdain print enuie a Pā
tagruel de pisser,a cause des drogues q̃ luy auoit
baille Panurge,& pissa parmy leur camp si bien
& copieusement qu'il les noya tous: & y eut delu
ge particulier dix lieues a la ronde. Et dict lhi
stoire, q̃ si la grād iumēt de sō pere y eust esté (pis
sé pareillemēt,q̃l y eust eu deluge plus enorme q̃
celuy de Deucalion: car elle ne pissoit foys q̃ñe
ne fist vne riuiere plus grande que n'est le Rosne
& le Danoube. Ce que voyās ceulx qui estoyēt
yssuz de la bille,disoyēt. Ilz sont to⁹ mors cruel
lement voyez le sang courir. Mais ilz estoyent
trompez,pensans de lurine de Pantagruel que
feust le sang des ennemys,car ilz ne le veoyent

sinon au lustre du feu des pauillons & quelque peu de clarté de la Lune. Les ennemys apres soy estre reueillez voyãs dun cousté le feu en le camp,& linundation & deluge trinal,ne scauoyẽt que dire ny que penser. Aulcuns disoyent que cestoit la fin du monde & le iugement final, qui doit estre cõsommé par feu: les aultres, que les dieux marins, Neptune & les aultres les persecutoyent,& que de faict cestoit eaue marine & salée. O qui pourra maintenant racompter comment se porta Pantagruel contre les troys cẽs geans. O ma muse,ma Calliope ma Thalie, inspire moy a ceste heure,restaure moy mes espeditz,car voicy le pont au asnes de logicque,voicy le tresbuchet,voicy la difficulte de pouoir exprimer lhorrible bataille que fut faicte. A la miẽne volunté que ie eusse maintenant vn boucal du meilleur vin que beurent oncques ceulx qui liront ceste histoire tant veridicque.

¶ Comment Pantagruel deffit
les troys cens Geans armez de
pierre de taille. Et Loup
garou leur capitaine
¶Chap. xxviij.

Les Geans voyans que toute leur camp estoit noyé emporterent leur roy Anarche a leur col, le mieulx quilz peurent hors du fort, comme fist Eneas son pere Anchises de la conflagration de Troye. Lesquelz quand Panurge apperceut, dist a Pantagruel. Seigneur voyez la les Geans qui sont yssuz/donnez dessus de vostre mast gualantement a la vieille escrime. Car cest a ceste heure quil se fault monstrer homme de bien. Et de nostre cousté nous ne vo faulbrons. Et ardiment que ie vous en tueray beaucoup. Car quoy? Dauid tua bien Goliath facilement. Je doncques qui en battroys douze telz questoit Dauid: car en ce temps la ce nestoit que vn petit chiard, nen defferay ie bien vne douzaine? Et puis ce gros paillard Eustenes qui est fort comme quatre beufz, ne si espargnera. Prenez couraige, chocquez a trauers destoc & de taille. Or dist Pantagruel, de couraige ien ay pour plus de cinquante francs. Mais quoy? Hercules ne ausa iamais entreprendre contre deux. Cest, dist Panurge, bien chié en mon nez. Vous comparez vous a Hercules? Vous auez par dieu plus de force aux dentz, & plus de sens au cul, que n'eut jamais Hercules en tout son corps ꝗ ame. Autant vault l'hōme comme il s'estime. Et ainsi qu'ilz disoyēt ces parolles, voicy arriuer Loup garou auecques tous ses Geans. Lequel voyāt Pantagruel tout seul feut espuns de temerite ꝗ oultrecuidāce, par espoir qu'il auoit de occire le pauure bon hommet, Dōt dist a ses cōpaignōs Geans. Paillars de plat pays, par Mahon si nul de vous entreprent cōbatre cōtre ceulx cy, ie vous feray mourir cruellement. Je veulx q̄ me laissez combatre tout seul: ce pendāt vous aurez vostre passetemps a nous regarder. Adonc se retirerent tous les Geans auecques leur Roy la aupres ou estoyent les flaccōs, ꝗ Panurge ꝗ ses compaignons auecques eulx, qui contrefaisoit ceulx qui ont eu la verolle, car il tortoit la gueule ꝗ retiroit les doigts, ꝗ en parolle enrouée leurs dist. Je renye dieu compaignons, nous ne faisons poinct la guerre, donnez nous a repaistre auecq̄s vo⁹ ce pendent q̄ no⁹ maistres s'entrebatēt. A quoy volūtiers le Roy ꝗ les Geās cōsentitēt, ꝗ les firēt bācqueter auecq̄s eulx. Ce pendāt Panurge le² contoit les fables de Turpin, les exemples de sainct Nicolas, ꝗ le cōte de la Ci goingne. Alors Loupgarou s'adressa a Pantagruel auec vne masse toute dacier pesante neuf mille sept cēs quintaulx dacier de Calibes, au bout de laquelle estoient treze poinctes de dyamans, dont la moindre estoit aussi grosse comme la plus grande cloche de nostre dame de Paris il sen failloit par aduēture lespesseur dun ongle, ou au plus que ie ne mente, dun doz de ces cousteaulx qu'on appelle couppaureille: mais pour vn petit, ne auant ne arriere. Et estoit phée en maniere que iamais ne pouoit rompre, mais au contraire, tout ce quil en touchoit rompoit incontinent. Ainsi dōcques cōe il approchoit en grāde fierté, Pantagruel iectant ses yeulx au ciel se recōmāda a dieu de brē bō cueur, faisant veu tel cōe sensuyt. Seigneur dieu qui tousiours as esté mon protecteur & mon seruateur, tu voys la destresse en laquelle ie suis maintenant. Rien icy ne me amene sinon ze le naturel ainsi comme tu as oultroyée es humains de garder & defēdre soy leurs femmes, enfans, pays, & famille en cas q̄ ne seroit ton negoce ppre qui est la foy, car en tel affaire tu ne veulx coadiuteur: sinō de cōfession catholicq̄, & seruice de ta parolle: & no⁹ as defēdu

toutes armes et deféses: car tu es le tout puissāt, q̄ en tō affaire ppre, q̄ ou ta cause ppre est tirée en actiō, te peulx defendre trop pl⁹ qu'ō ne scauroit estimer: toy q̄ as mille millier de cētaines de millions de legiōs d'anges, duq̄l le moindre peust occire to⁹ les humais, et tourner le ciel et la terre a sō plaisir, cōe iadys bien apparut en l'armée de Sēnacherib. Doncq̄s s'il te plaist a ceste heure me estre en ayde cōe en toy seul est ma totalle cōfiāce et espoir. Je te fays veu q̄ p toutes côtrées tāt de ce pays de Vtopie que d'ailleurs ou ie auray puissāce et auctorité. Je feray prescher ton sainct Euangile, purement, simplement, et entierement, si que les abus dun tas de papelars et faulx prophetes, qui ont par constitutions humaines et inuentions deprauées enuenimé tout le mōde, seront dentour moy exterminez. Alors feut ouye vne voix du ciel, disant. Hoc fac/et vinces, c'est a dire. Fays ainsi, et tu auras victoire.
Le faict voyant Pantagruel que Loupgarou approchoit la gueulle ouuerte, vint contre luy hardyment et s'escrya tant qu'il peust. A mort ribault A mort, pour luy faire paour, scelon la discipline des Lacedemoniens, p son horrible cry,

Puis luy getta de sa barque, qu'il portoit a sa ceinture, pl° de dix et huyct cacques de sel, dõt il luy emplit a gorge a gouzier, et le nez et les yeulx. De ce irrité Loupgarou, luy lancea vn coup de sa masse, luy voulant rompre la cervelle. Mais Pantagruel feut abille et eut tousiours bon pied et bon oeil, par ce demarcha du pied gauche vn pas arriere, mais il ne sceut si bien faire que le coup ne tombast sur la barque, laquelle rompit en quatre mille octante et six pieces et versa la reste du sel en terre. Quoy voyant Pãtagruel ga lentement ses bras desplye et comme est l'art de la hasche, luy dõna du gros bout de son mast, en estoc au dessus de la mãmelle, et retirant le coup a gauche en taillade luy frappa entre col et collet, puis auanceant le pied droict luy donna sur les couilles vn pic du hault bout de sõ mast, a quoy rõpit la hune, et versa troys ou quatre poinsons de vin qui estoyent de reste, Dont Loupgarou pensa qu'il luy eust incisé la vessie, et du vin que ce feust son vrine qui en sortist. De ce non cõtẽt Pãtagruel vouloit redoubler au colouoir: mais Loupgarou haulsant sa masse auãcea son pas sur luy, et de toute sa force la vouloit enforcer sur

Pantagruel: de faict en donna si vertement que si dieu n'eust secouru le bon Pantagruel, il l'eust fendu despuis le sommet de la teste iusques au fons de la ratelle: mais le coup declina a droict par la brusque astiueté de Pātagruel. Et entra sa masse plus de soixāte & treize pieds en terre a trauers ung gros rochier dont il feist sortir le feu plus gros que neuf mille tonneaulx. Par ce voyant Pantagruel, qu'il s'amusoit a tirer sadi cte masse q tenoit en terre entre le roc, luy court sus, & luy vouloit aualler la teste tout net: mais son mast de male fortune toucha un peu au fust de la masse de Loupgarou qui estoit phée (com me auons dict deuant) par ce moyen son mast luy rompit a troys doigtz de la poignée. Dont il feust plus estonné q'un fondeur de cloches & s'es cria. Hâ Panurge ou es tu? Ce que oyāt Pā= nurge, dist au Roy & aux Geans. Par dieu ilz se feront mal, qui ne les despartira. Mais les Geās estoyēt ayses cōe silz feussent de nopces. Lors Carpalim se voulut leuer de la pour secou rir son maistre, mais ung Geant luy dist. Par Goulfarin nepueu de Mahon, si tu bouges di cy ie te mettray au fons de mes chausses cōme en facit dun suppositoire, aussi bien suis le constipé du ventre, et ne peulx gueres bien cagar, si non à force de grincer les dentz. Puis Pantagruel ainsi destitué de baston, reprint le bout de son mast, en frappant torche lorgne, dessus le Geant, mais il ne luy faisoit mal en plus que feriez baillant une chinquenaude sus un mail de forgeron: ce pendent Loupgarou tiroit de terre sa masse & l'avoit ja tirée & la paroit pour en ferir Pantagruel qui estoit souddain au remuement & declinoit tous ses coups, iusques a ce q̃ une foys voyant que Loupgarou le menassoit, disant Meschant a ceste heure te hascheray ie comme chair a patez. Jamais tu ne altereras les pauures gens, luy frappa Pantagruel du pied un si grãt coup côtre le ventre qu'il se getta en arriere a iambes rebindaines, et vous le trainnoit ainsi à l'escorche cul plus dun traict d'arc. Et Loupgarou s'escrioit rendant le sang par la gorge. Habbon, Habbon, Habbon, A laquele voix se leverent tous les Geans pour le secourir. Mais Panurge leur dist. Messieurs ny allez pas si men croyez: car nostre maistre est fol & frappe a tors & a travers, & ne regarde poict ou,il vous donnera malencontre. Mais les Geans nen tindrent compte,voyant que Pantagruel estoit sans baston:et comme ilz approchoyent, Pantagruel print Lupgarou par les deux piedz,& son corps leua comme vne picque en l'air et d'iceluy armé d'enclumes frappoit parmy ces Geās armez de pierres de taille,& abatoit côme vn masson faict de couppeaulx, q̃ nul n'arestoit deuant luy quil ne ruast par terre, dont a la rupture de ces harnoys pierreux feut faict vn si horrible tumulte qu'il me souuint, quand la grosse tour de beurre qui estoit a sainct Estienne de Bouges, fondit au soleil. Et Panurge ensemble Carpalim & Eusthenes ce pendant esgorgetoyent ceulx qui estoyent portez par terre. faictes vostre cõpte qu'il nen eschappa vn seulz, & a veoir Pantagruel sembloit vn fauscheur, qui de sa faulx (c'estoit Loupgarou) abbatoit l'herbe d'un pre (c'estoyent les Geans.) Mais a ceste escrime, Epistemon perdit la teste, ce feut, quand Pantagruel en abbatit vn, qui auoit nom Riflādouille,qui estoit armé a hault apparail,c'estoit de pierres de gryson,dont vn esclat couppa la gorge tout oultre a Epistemon:car

aultrement sa plus par dentre eulx estoyent ay
mez a la legiere, c'estoit de pierre de tuffe, & les aut
tres de pierre ardoysine. Finablement voyant q
tous estoyent mors getta le corps de Loupgarou
tant qu'il peut contre la ville, & tomba cõme une
grenoille, sus le ventre en la place mage de ladi
cte ville: & en tombant du coup tua un chat bru
lé, une chatte mouille, une canne petiere, & un
oyson bridé.

¶ Cõmẽt Epistemon qui auoit la couppe
testée, feut guery habillement par Panurge. Et des nouuelles des
diables, & des damnez.
Cap. xxx.

Ceste desconfite gigantale parabeuée Pã
tagruel se retira au lieu des flaccons, et
appella Panurge & les aultres, lesquelz
se rendirẽt a luy sains & saulues, excepté Eusthe
nes lequel un des Geans auoit egraphiné quel
que peu au visaige: ainsi qu'il les gorgettoit. Et
Epistemon qui ne comparoit poinct. Dont Pã
tagruel feut si dolent qu'il se voulut tuer soyme
mes, mais Panurge luy dist. Dea seigneur at
tendez un peu, & nous le chercherons entre les
mors, et

mons,ǫ voyrōs la verité du tout. Ainsi dōcques
cōme ilz cherchoyent, ilz le trouuerēt tout roidde
mort,ǫ sa teste entre ses bras toute sāglāte. Lors
Eusthenes s'escrya. Ha male mort nous as tu
tollu le plus parfaict des hōmes: A laqlle voix
se leua Pantagruel au plus grand dueil qu'on
veit iamais au monde, mais Panurge dist. En
fans ne plourez goutte, il est encores tout chault.
Je vous le gueriray aussi sain qu'il feut iamais.
Et ce disāt prent la teste ǫ la tint sus sa braguette
chauldemēt affin quelle ne punt vent. Eusthe
nes ǫ Carpalim porterent le corps au lieu ou ilz
auoyent bancquetté non par espoir que iamais
guerist, mais affin q̄ Pantagruel le veist. Tous
tesfoys. Panurge les reconfortoit, disant, St ie
ne le guery ie veulx perdre la teste(qui est le gaige
dun fol) laissez ces pleurs ǫ me aydez. Adonc net
toya tresbien de beau vin blanc le col, ǫ puis la
teste: ǫ y synapiza de pouldre de diamerdys qu'il
portoit tousiours en vne de ses fasques, ǫ apres
les oingnit de ie ne scay quel oingnement, ǫ les
ajusta iustement vene contre vene, nerf contre
nerf, spondyle contre spondile affin qu'il ne feust
tury colly(car telz gens il hayssoit de mort) ǫ ce

M

faict luy fist a lentour quinze ou seize poinctz de
aqueille, affin quelle ne tombast de rechief: puis
mist a lentour ung peu dun unguet, quil appelloit
resuscitatif. Soubdain Epistemon commencza
respirer, puis ouurit les yeulx, puis baisler, puis
esternuer, puis fist ung gros pet de mesnage, dōt
dist Panurge, a ceste heure est il guery asseurement, et luy bailla a boire ung boirre dun grant
villain vin blanc auecques une roustie sucrée.
En ceste faczon feut Epistemon guery habillement, excepté quil feut enroué plus de troys
sepmaines, a eut une toux seiche, dont il ne peut
oncques guerir, sinon a force de boire. Et la com
mencza a parler, disant. Quil auoit veu les dia
bles, auoit parlé a Lucifer familieremēt, a faict
grād chere en enfer. Et par les champs Elisees.
Et asseuroit deuant tous, que les diables estoiēt
bons compaignōs. Au regard des damnez, il dist
quil estoit bien marry de ce que Panurge lauoit
si tost reuocqué en vie. Car ie prenoys (dist il) ung
singulier passe temps a les veoir. Comment
dist Pantagruel. Lon ne les traicte, dist Episte
mon si mal que vous penseriez, mais leur estat
est changé en estrange faczon, Car ie veis Ale-

pandre le grand qui repetassoit de vieilles chausses, et ainsi gaignoit sa pauure vie. Xerces cryoit la moustarde. Romule estoyt saulnier. Numa clouatier. Tarquin tacquin. Piso paisant Sylla riueran. Cyré estoyt vachier. Themistocles estoit verrier. Epaminondas marrillier. Brute et Cassie agrmenseurs. Demosthenes vigneron. Circeron atize feu. Fabie. enfilleur de patenostres. Artaxerces cordier. Eneas meusnier, Achilles teigneux, Agamennõ licheccasse. Ulysses fauscheur. Nestor harpailleur. Darié cureur de retraictz. Scipion Africain cryoit la lye en vn sabot. Asdrubal estoit lâternier. Hannibal coquatier. Priam Vendoit les vieulx drapeaulx. Lancelot du lac estoit escorcheur de cheuaulx mors. Tous les cheualiers de table rõde estoiẽt paures gaingnedeniers mis a tirer a la rame & passer les riuieres de Cocyte. Phlegetõ, Styx, Acheron, et Lethé quand messieurs les diables se voulent esbatre sur leau comme sont les bastelieres de Lyon & Venize. Mais pour chascune passade ilz nen ont q̃ vne nazarde, & sur le soir q̃lq̃ morceau de pain chaumeny. Trajan estoyt pescheur de grenoilles. Antonin laquays. Commoṫ è

xD ij

gayetier. Pertinax eschalleur de noix. Lucul[le]
grillotier. Justinian bimbelotier. Hector estoit f[ri]-
pesaulse. Paris estoyt pauure loqueteux Achilles boteleur de foin. Cambyses muletier. Artaxerces escumeur de potz. Nero estoyt vielleux,
a Fierabras son varlet: mais il luy faisoit mille
maulx, a luy faisoit manger le pain bis, a boire
vin poussé, luy mangeoit a beuuoit du meilleur.
Jason a Pompée estoyent quoildronneurs de nauires. Valentin a Orson seruoyent aux estuues
denfer, a estoyent racletoretz. Giglan a Gauua[in]
estoyent pauures porchiers. Geoffroy a la gran[de]
dent estoyt allumetier. Godeffroy de Billon esto[it]
dominotier. Baudouin estoyt manchier. Don
Pietre de Castille porteur de rogatons. Morgan[t]
brasseur de byere. Huon de Bourdeaulx estoy[t]
relieur de tonneaulx Jules Cesar souillart de
cuysine. Antioché estoyt ramoneur de chemi-
né. Romule estoyt rataconneur de bobelins.
Octauian ratisseur de papier. Nerua housse-
paillier. Le pape Jules crieur de petitz pastez
mais il ne portoyt plus sa grande a bougrisque
barbe. Jean de Paris estoyt gresseur de bottes.
Artus de Bretaigne degresseur de bonnetz. Pera[?]

fust porteur de coustretz. Boniface pape huytiesme estoit escumeur des marmites. Nicolas pape tiers estoyt papetier, Le pape Alexandre estoyt preneur de ratz. Le pape Sixte gresseur de Verolle.(Comēt:dist Pātagruel,y a il des Verollez de par dela:certes/dist Epistemō, Je n'en Vets oncques tāt,il en y a plus de cēt miliōs. Car croyez que ceulx qui nont en la Verolle en ce monde icy, sont en l'aultre. C or dieu,dist Panurge,ien suis dōcques quitte, Car ie y ay esté iusques au trou de Gybathar,& remply les bondes d'Hercules, & ay abatu des plus meures) Ogier le dannoys estoit frobisseur de harnoys Le roy Tigranes estoit recouureur. Galien Restauré preneur de taulpes. Les quatre filz Aymon arracheurs de dentz. Le pape Calixte estoit barbier de mahōmet. Le pape Urbain crocquelardon. Melusine estoit souillarde de cuysine. Matabrune lauādiere de Buées. Cleopatra reuēdcresse doignons. Helene courratiere de chāb̄rieres. Hemyramis espouilleresse de Belistres. Dido vēdoit des mousserons. Penthasilée estoit cressonniere. Lucresse hospitaliere. Hortēsia filandiere. Liuie rackeresse de verdet. En ceste façon ceulx qui auoyēt esté

M iij

gros seigneurs en ce monde icy, gaingnoye
leur pauure meschante & paillarde vie sa bas,
Et au contraire les philosophes, et ceulx qui
auoyent este indigens en ce monde, de pardela
estoyent gros seigneurs en leur tour. Je veis
Diogenes qui se prelassoit en magnificéce auec
vne grand robbe de pourpre, & vn sceptre en sa
dextre, & faisoit enrager Alexandre le grand,
quand il nauoit bien repetassé ses chausses, & le
payoit en grands coups de baston. Je veis Epictete vestu gualentement a la Francoyse soubz
vne belle ramee auecques force Damoiselles se
rigolant beuuant, dansant: faisant en tous cas
gráde chere, et aupres de luy force escuz au soleil.
Au dessus de la treille estoyét pour sa deuise ces
vers escriptz.

Saulter, dancer, fayre les tours,
Et boire vin blanc & vermeil:
Et ne fayre rien tous les iours
Que compter escuz au soleil.

Lors qdl me veit il me inuita a boyre aueczqs luy
courtoisemét ce q le fen volûtiers, & chopinasmes
theologalemét, ce pedát vint Cyre luy demádet

ŋ denier en l'honneur de Mercure poꝛ achapter
ŋ peu doignõs pour son souper Rien,rien,dist
Epictete,ie ne donne poinct deniers.Tien ma
muſt,boy la ṽn escu,soys hõme de bič. Cyre feut
bien aise dauoir rēcōtré tel butin. Mais les aultres coquins de Roys qui sont la bas,cõe Ale-
xandre.Darre ꝙ aultres le desroberẽt la nuyct.
Je veis Patelin thesaurier de Rhadamanthe ꝙ
marchandoit des petitz pastez que cryoit le pape
Jules,ꝙ luy demanda cõbien la deuzaine:troys
blancs,dist le pape. Mais dist Pathelin,troys
coups de barre,baille icy villain baille,ꝙ en va
querir daultres:ꝙ le pauure pape alloit pleurāt,
quād il feut deuāt son maistre patissier,il luy dist
qu'õ luy auoit osté ses pastez Adonc le patissier
luy bailla l'anguillade si bien que sa peau n'eust
rien valu a faire cornemuses. Je veis maistre
Jean le Mayꝛe qui cõtrefaisoit du pape,ꝙ a to-
tes pauures roys ꝙ papes de ce mõde faisoit bai
ser ses piedz,ꝙ en faisant du grobis leur donnoit sa benediction,disant. Gaignez les pardons coquins,gaingnez,ilz sont a bon marché.
Je vous absoulz de pain ꝙ de souppe,a vous
dispense de ne valoir iamais riẽ,ꝙ appella Cail-

M iiŋ

lette a Triboulet,disant Messieurs les cardinaulx depeschez leurs Bulles,a chascũ ung coup de pau sus les reins,ce que feut faict incontinẽt. Je veis maistre Francoys Villon qui demãda a Xerces Combien la denrée de moustarde?Un denier,dist Xerces.a quoy dist ledict de Villon. Tes fieures quartaines villain,la Blanchée ne vault qun pinard,& tu noꝰ surfaiz icy les viures. Adoncques pissa dedãs son bacquet,cõme font les moustardiers a Paris. Je veiz le franc archier de Baignolet qui estoit inquisiteur des hereticques. Il rencõtra Perseforest pissant cõtre une muraille en la quelle estoit painct le feu de sainct Antoine. Il le declayra heretique,& le eust faict brusler tout vif,ne feust Morgant qui pour son proficiat & aultres menuz droictz luy donna neuf muys de biere Dr dist Pãtagruel,reserue nous ces beaulx cõptes a une aultre foys. Seulement dys nous cõment y sont traictez les usuriers?Adoncq dist Epistemon. Je les veiz toꝰ occupez a chercher les espingles rouillées,& vieulx cloux,parmy les ruisseaulx des rues,cõme voꝰ voyez q̃ font les coquins en ce monde. Mais le quintal de ses quinquailleries ne vault que ung joussin de pain, encores y en a il mauluaise desseiche, par ainsi les paures malautruz sont aulcuneffoys plus de troys sepmaines sans mangé morceau ny miette, a trauaillent iour a nuyct attendant la foyre a venir: mais de ce trauail a de malheureté y ne leur souuient tant ilz sont actifz a mauldictz, pourueu que au bout de l'an ilz gaignēt quelque meschāt denier. Or dist Pātagruel, faisons vn transon de bōne chere a beuuons ie vous en prie enfans: car il faict beau boi re. Lors degainnerent flaccons a tas, a des munitions du camp feirent grande chere. Mais le paure roy Anarche ne se pouuoit estouyr. Dōt dist Panurge, De quel mestier ferons nous mōsieur du Roy icy: affin que il soit ia tout expert en l'art quand il sera de par dela atous les diables. Vrayement, dist Pantagruel, c'est bien aduisé a toy, or fays en a ton plaisir: ie le te donne. Grand mercy, dist Panurge, le present n'est de refus a l'ayme de vous.

¶ Cōment Pātagruel entra en la ville des Amaurotes. Et cōment Panurge maria le roy Anarche, a le feist cryeur de saulce vert. Chapitre. xxbj.

APres celle victoire merueilleuse Pantagruel enuoya Carpalim en la ville des Amaurotes dire & annoncer côment le roy Anarche estoit prins,& tous leurs ennemys defaictz. Laquelle nouuelle entendue,sortirent au deuant de luy tous les habitans de la ville en bon ordre & en grande pompe triumphale, auecques une liesse diuine, & se côduirent en la ville. Et furêt faictz beaulx feuz de ioye par toute la ville,& belles tables rondes garnies de force vitures dressées par les rues. Ce fut un renouuellement du temps de Saturne,tant y feut faicte lors grande chere. Mais Pâtagruel tout le senat ensemblé,dist. Messieurs ce pendant que le fer est chault il le fault batre,aussi deuât q̃ nous debaucher d'auantaige,ie veulx que allôs prendre dassault tout le Royaulme des Dipsodes. Par ainsi ceulx qui auecques moy vouldrôt venir,se apprestent a demain apres boire:car lors ie commenceray marcher. Non qu'il me faille gês d'auantaige pour me ayder a le conquester:car autât vauldroit que ie le tinse desia:mais ie voy que ceste ville est tant pleine des habitâs qu'ilz ne peuuent se tourner par les rues. Doncques ie les meneray comme une colonie en Dipsodie,

& leur dōneray tout le pays qui est beau, salubre, fructueux,& plaisãt sur tous les pays du mõde, comme plusieurs de Bous scauẽt qui y estes allez aultresfoys. Dn chascun de Bous qui y Bous bza benir soit prest comme lay dict. Ce consetk & deliberation feut diuulgué par la Bille,& le lendemain se trouuerent en la place deuant le palais iusques au nombre de dixhuyct cens cinquante & six mille, sans les femmes & petitz enfans. Ainsi cōmencerent marcher droict en Dipsodie en si bon ordre qu'ilz ressembloyẽt es enfans Disraek quand ilz partirẽt de Egypte pour passer la mer rouge. Mais deuant que poursuyure ceste entreprinse ie Bous Beulx dire cõment Panurge traicta son prisõnier le roy Anarche. Il luy souuint de ce q̃ auoit raconté Epistemon cõment estoyẽt traictez les Roys & riches de ce monde par les camps Elisées,& cõmẽt il gaignoyẽt pour lors leur Bie a Bilz & salles mestiers. Pourtãt Bn tout habilla sondict Roy dun beau petit pourpoinct de toille tout deschicqueté cõme la cornette dun Albanoys,& de belles chausses a la mariniere, sans souliers: car (disoit il) ilz luy gasteroyent la

Beue,⁊ ʋn petit bonnet pers auecques ʋne grãde plume de chappon. Ie fauly,car il mest aduis ql y en auoit deux,⁊ ʋne belle cetncture de pers a bert,difant q ceste liurée luy aduenoit bi̅,beu ql auoit esté peruers. En tel poinct lamena deuant Pantagruel,⁊ luy dist. Congnoissez vous ce rustre? Non certes,dist Pãtagruel. Cest mõsteur du Roy de troys cuittes. Ie le veuly faire homme de bien:ces diables de roys icy ne font que beuly,⁊ ne scauent ny ne valent rien,sinõ a faire des mauly es pauures subiectz,⁊ a troubler tout le monde par guerre pour leur inique ⁊ detestable plaisir. Ie le veuly mettre a mestier,⁊ le faire cryeur de saulce bert. Or cõme̅ce a cryer, Vous fault il poinct de saulce bert? Et le pauure diable cryoit. Cest trop bas,dist Panurge,⁊ le pi̅nt par laureille,difant. Chãte plus hault, en g.sol.re.ut. Ainsi,diable tu as bonne goi̅ge.tu ne fuz iamais si heureuy que de n'estre plus roy. Et Pantagruel prenoit a tout plaisir Car ie ause bi̅ dire q̃ cestoit le meilleur petit bõ hõme q̃ fust dicy au bout dun bastõ, Ainsi feut Anarche bon cryeur de saulce bert. Et deuy iours apres Panurge le maria auecques ʋne vieille lanter-

mere,& luy mesmes fist les nopces a belles testes
de mouton,bonnes hastilles a la moustarde,&
beaulx tribars aulx ailz,dont il en enuoya cinq
sommades a Pantagruel,lesquelles il man=
gea toutes tant il les trouua appetissantes,& a
boire belle piscantine & beau cormé Et pour les
faire dancer,loua vn aueuglé qui leur sonnoit
la note auecques sa vielle. Apres disner les ame
na au palais & les monstra a Pātagruel,& luy
dist monstrāt la mariée Elle na garde de peter.
Pourquoy?dist Pātagruel. Par ce dist Panur
ge,quelle est bien entōmée. Quelle parabole est
cela?dist Pantagruel. Ne voyez vous,dist Pa
nurge,q̄ les chastaignes qu'on faict cuire au feu,
si elles sont entieres elles petēt q̄ cest raige:& po
les engarder de peter lō les entōme. Aussi ceste
nouuelle mariée est biē entōmee p le bas ainsi el
le ne petera poict, Et Pātagruel leur dōna vne
petite loge aupres de la basse rue,& vn mortier
de pierre a piller la saulce Et firent en ce poinct
leur petit mesnaige:& feut aussi gentil cryeur de
saulce vert q̄ feust oncq̄s veu en Vtopie. Mais
lō ma dit depuis q̄ sa fēme le bat cōe plastre,& le
paouure sot ne se ause defendre,tāt il est nies.

¶ Comment Pantagruel de sa langue
couurit toute vne armée, & de ce que
lautheur veit, dedans sa bouche.
¶ Chapitre. xxvij.

Ainsi que Pantagruel auecques toute
sa bande entrerent es terres des Dipso
des, tout le monde en estoit ioyeulx, & in
continent se rendirent a luy, & de leur franc vou
loir luy apporterent les clefz de toutes les villes
ou il alloit, excepte les Almyrodes, qui voulu
rent tenir contre luy, & feirent response a ses he
raulx, qu'ilz ne se rendroyent: sinon a bonnes
enseignes. Et quoy, dist Pantagruel, en deman
dent ilz meilleures que la main au pot, & le verre
au poing? Allons, & qu'on me les mette a sac.
Adonc tous se mirent en ordre comme deliberez
de donner lassault. Mais au chemin passans
vne grande campaigne, furēt saysis d'une grosse
ouzée de pluye. A quoy ilz commencerent se tre
mousser & se serrer lun laultre. Ce que voyant
Pantagruel leurs fist dire par les capitaines
que ce n'estoit rien, & qu'il veoyt bien au dessus
des nuées q̃ ce ne seroit qu'ne petite ouzée, mais
a toutes fins qu'ilz se missent en ordre & qu'il les

souloit couurir. Lors se mirẽt en bon ordre & bien serrez. Adonques Pantagruel tira sa langue seulement a demy,& les en couurit comme vne gelline faict ses poulletz. Ce pendant ie qui vous foys ces tant veritables contes, m'estoys caché dessoubz vne fueille de Bardane, qui n'estoit moins large que l'arche du pont de Monstrible: mais quand ie les veiz ainsi bien couuers ie men allay a eulx rendre a l'abrit, ce que ie ne peuz tant ilz estoyent comme l'on dict, au bout de l'aulne fault le drap. Doncques le mieulx que ie peu montay par dessus & cheminay bien deux lieues sus sa langue, tant que ie entray dedans sa bouche. Mais ô dieux & déesses, qui veiz ie la? Juppiter me confonde de sa fouldre trisulque si i'en mens. Je y cheminoys comme l'on faict en Sapshie a Constantinople,& y veiz de grans rochiers, comme les mõs des Dannoys ie croy que c'estoyent ses dentz,& de grandes prez, de grandes forestz, de fortes & grosses villes non moins grande que Lyon ou Poictiers. Le premier que y trouuay, ce feut vn bon homme qui plantoit des choulx Dont tout esbahy luy demanday. Mon amy que foys tu icy: Je plante

(dist il)des choulx. Et a quoy ny commēt:dys ie.
Ha monsieur(dist il)chascun ne peut auoir les
couillons aussi pesant q,un mortier,et ne pouōs
estre toꝰ riches. Je gaingne ainsi ma vie:et les
porte vendre au marché en la cité qui est icy derriere. Jesus(dis ie)il y a icy vn nouueau monde: Certes (dist il) il nest mye nouueau:mais
lon dict bien que hors dicy y a vne terre ñeufue
ou ilz ont ſ Soleil ſ Lune ſ tout plein de belles
besoignes:mais cestuy cy est plus ancien. Voire
mais(dis ie)mon amy,cōment a nom ceste ville
ou tu portes vēdre tes choulx.Elle a(dist il)nom
Aspharage,ſ sont Christiēs,gēs de bien,et vous
feront grande chere. Bref ie deliberay d'y aller.
Or en mon chemin ie trouuay vn cōpaignon:q́
tendoit aux pigeons. Auquel ie demāday. Mon
amy dont vous viennent ces pigeons icy: Sy-
re(dist il)ilz viēnēt de laultre monde. Lors ie pen-
say que quād Pantagruel bailleoit,les pigeons
a pleines volées entroyent dedans sa gorge,pen-
sans que feust vn colombier,Puis entray en la
ville,laquelle ie trouuay belle, bien forte,ſ en
bel air,mais a l'entrée les portiers me demande-
rent mō bulletin,de quoy ie fuz fort esbahy,ſ leur
demanday.

demanday ,messieurs y a il icy danger de peste? O seigneur(dirent ilz)lon se meurt icy auprés tant que le chariot court par les rues. Jesus(dis ie)et ou? A quoy me dirent,que c'estoit en Laryn゠
gues z Pharingues,que sont deux grosses vil-
les telles comme Rouen z Nantes riches et
bien marchandes. Et la cause de la peste a esté
pour une puante z infecte exhalation qui est sor゠
tie des abysmes depuis na gueres,dont ilz sont
mors plus de vingt et deux cens soixante mille
persones,despuis huyct iours. Lors ie pense et
calcule,et trouue que c'estoit une puante halaine
qui estoit venue de l'estomach de Pantagruel
alors qu'il mangea tant d'aillade,comme nous
auons dit dessus. De la partãt passay par entre
les rochiers,qui estoyent ses dentz,et feis tant q̃
ie montay sus une,z la trouuay les plus beaux
lieux du mõde,beaulx grãs ieux de paulme,bel-
les galleries,belles praries,force vignes,et une in
finite de cassines a la mode Italicque par les
champs pleins de delices:et la demouray bien
quatre moys z ne feis oncq̃s telle chere que pour
lors. Puis descẽdis par les dẽtz du derriere pour
venir aux babieures,mais en passant ie fuz des-
M

troussé des Brigans par vne grande forest que est vers la ptie des aureilles, puis trouuay vne petite bourgade a la deuallée iay oublye son nõ ou ie feis encores meilleure chere que iamais, et gaigngnay quelque peu dargẽt, pour viure. Sca uez vous commẽt: a dormir, car lon loue les gẽs a tournée pour dormir, & gaignent cinq & sip solz par iour, mais ceulx qui ronflent bien fort gai gnent bien sept solz & demy. Et cõtoys aux sena teurs commẽt on mauoit destrousse par la val lée: lesquelz me dirẽt que pour tout vray les gẽs de dela les dentz estoyent mal viuans, & brigans de nature. A quoy ie congneu que ainsi comme nous auons les contrées de deça & de dela les montz, aussi ont ilz deça & dela les dẽtz, Mais il faict beaucoup meilleur deça & y a meilleur air La commenczay penser qu'il est bien vray ce que lon dict, que la moytié du monde ne scait cõ mẽt l'austre vit. Veu q̃ nul auoit encores escript de ce pays la on quel sont plus de. xxv. royaul mes habitez, sans les deserz, & vn gros bras de mer mais i'en ay cõposé vn grãd liure ititulé Hi stoire des Guorgias: car ainsi les ay ie nõmez p ce qu'ilz demourẽt en la gorge de mõ maistre Pã.

tagruel. Finablemẽt Vouluz retourner & paſſãt par ſa barbe me gettay ſur ſes eſpaules, & dela me deuallé en terre & ſuſbay deuant luy. Quãd il me apperceut, il me demanda. Dont viens tu Alcofribas? Je luy reſponds, de voſtre gorge mõſieur. Et despuis quand y es tu? diſt il. Depuis (dis ie) que vous alliez contre les Almyrodes. Il y a (diſt il) plus de ſix moys. Et de quoy viuoys tu? que beuuoys tu? Je reſponds. Seigneur de meſmes vous, & des plus fryans morceaulx qui paſſoyent par voſtre gorge i'en prenoys le barraige. Voire mais (diſt il) ou chioys tu? En voſtre gorge monſieur, dis ie. Ha, ha, tu es gentil compaignon (diſt il) Nous auons auecques l'ayde de dieu conqueſté tout le pays des Dipſodes ie te donne la caſtellenie de Salmigondin. Grãd mercy (dys ie) monſieur, vous me faictes du bien plus que n'ay deſeruy enuers vous

¶ Cõment Pantagruel feut malade, & la façzon cõmẽt il guerit Cha. xxvii.

Peu de temps apres le bon Pantagruel tomba malade, & feut tant prins de l'eſtomach qu'il ne pouoit boire ny manger: et par ce qu'un malheur ne vient iamais ſeul, luy

N. ij.

print vne pisse chaulde, qui le tourmenta plus que ne penseriez: mais ses medecins le secoururēt tresbien et auecques force de drogues lenitiues et diureticques le feirent pisser son malheur. Son vrine tant estoit chaulde que despuis ce temps la, elle nest encores refroidye, Et en auez en france en diuers lieux scelon quelle print son cours & lon sappelle les bains chaulx, comme a Coderetz/a Limous, a Dast, a Balleruc, a Neric, a Bourbonnensy: & ailleurs. En Italie a Mons grot, a Appone, a Sancto Petro dy Padua, a Saincte Helene, a Casa noua, a Sancto Bartholomeo. En la conte de Bouloigne, a la Porrete, et mille aultres lieux. Et mesbahys grandement dun tas de folz philosophes & medicins, qui perdent temps a disputer dont vient la chaleur de cesdictes eaux, ou si cest a cause du Bauracħ, ou du Soulphre, ou de Lallun, ou du Salpetre qui est dedans la minere: car ilz ne y font que rauasser, & mieulx leur bauldroit se aller frotter le cul au panicault, que de perdre ainsi le temps a disputer de ce dont ilz ne scauent lorigine. Car la resolution est aysée & nen fault enquester d'auantaige, que lesdictz Bains sont

chaulx par ce q ilz sont yssus par vne chaulde
pisse du bon Pantagruel. Or pour vous dire
comment il guerit de son mal principal ie laisse icy cõment pour vne minoratiue il print quatre quintaulx de Scãmonée Colophoniacque,
six vingtz dixhuit charretées de Casse. Onze
mille neuf cens liures de Reubarbe, sans les
aultres barbouillemens. Il vous fault entendre
que par le cõseil des medicins feut decreté quon
osteroit ce que luy faisoit le mal a lestomach. Et
de faict lon fist. xvii. grosses pommes de cuyure
plus grosses que celle qui est a Romme a le-
guille de Vergile, en telle facon que on les
ouuroit par le mylieu et fermoit a vn ressort.
En lune entra vn de ses gens portant vne lanterne a vn flambeau allumé. Et ainsi lauala
Pãtagruel cõme vne petite pillule. En cinq aul
tres entrerẽt troys paizans chascun ayant vne
palle a son col. En sept aultres entrerent sept
porteurs de coustretz chascun ayãt vne courbeil
le a son col. Et ainsi furent auallées cõme pillu
les. Et quand furent en lestomach, chascũ deffit
son ressort q sortirent de leurs cabanes, q pmier
celluy qui portoit la lanterne, q ainsi cheurent

plº de demye lieue en vn goulphre horrible/puãt į infect,plus que Mephitis,ny la palus Camarine,ny le punays lac de Sorbone,du ql escript Strabo. Et n'eust esté qlz estoiēt tresbiē antidotez le cueur,lestomach,ā le pot auvin(leql on nõme la caboche, tlz feussent suffocquez ā estainctz de ces vapeurs abhominables. O quel,parfun O quel vaporamēt,poᵘ embrener touretz de nez a ieunes gualoyses. Apres en tactonnant ā fleu retant aprocherēt de la matier fecale ā des humeurs corrumpus. Finablemē et trouuerēt vne montioye dordure,alors les pionniers frapperēt sus pour la desrocher ā les aultres auecqz leurs palles en emplirent les guorveilles:ā quãd tout fut bien nettoyé,chascun se retira en sa pomme. Et ce faict Pantagruel se parforce de rendre sa gorge,ā facillemēt les mist dehors,ā ne mõstroyēt en sa gorge en plus q'un pet en la bostre,ā la sortirent hors de leur pillules ioyeusement. Il me souuenoit quand les Gregoys sortirent du cheual en Troye. Et par ce moyen fut guery ā reduyct a sa premiere conualescence Et de ces pillules dairain en auez vne en Orleãs sus le clochier de leccise de saincte Croix.

Or messieurs vous aue3 ouy vn comancemēt de lhistoire horrificque de mon maistre & seigneur Pantagruel. Icy ie feray fin a ce premier liure: la teste me faict vn peu de mal,& sens bien que les registres de mon cerueau sont aulcū peu brouillez de ceste purée de Septēbre. Vous aurez la reste de lhistoire a ces foires de Francfort prochainemēt venātes, & la vous verrez comment Panurge feut marié,& coqu des le premier moys de ses nopces, & cōmēt Pātagruel trouua la pierre philosophale, & la maniere de la trouuer & den vser. Et commēt il passa les mōs Caspies, comment il nauigea par la mer Athlāticque & deffit les Caniballes, & cōquesta les isles de Perlas. Comment il espousa la fille du Roy de Inde nommée Presthan. Comment il combatit contre les diables & feist brusler cinq chambres denfer, & mist a sac la grande chambre noire, & getta Proserpine au feu, & rompit quatre dentz a Lucifer, & vne corne au cul, et comment il visita les regions de la Lune, pour scauoir si a la verité sa Lune n'estoit entiere: mais que les femmes en auoyent troys quartiers en la teste. Et mille aultres petites

ioyeusetez toutes, veritables. Ce sont beaulx
teptesd'euãgile en Frãcoys. Bon soir messieurs
Pardonnate my, et ne pensez tant a mes faul-
tes, que ne pensez bien es vostres. Si vous me
dictes. Maistre il sembleroit que ne feussiez grã-
dement saige de nous escripre ces baliuernes q
plaisantes mocquetes. Je vous responds, que
vous ne lestes gueres plus, de voꝰ amuser a les
lire. Toutesfoys sy pour passe temps ioeusp les
lisez, comme passant temps les escripuoys. vous
a moy sommes plus dignes de pardon q'un grã
tas de Sarrabouittes Cagotz, Escargatz hypocrites, Caffars, frapars, Botineurs q aultre
telles secte de gens, qui se sont desguisez côme mas
ques pour tromper le monde, Car dõnans en
tendre au populaire commun, qu,lz ne sont oc
cupez sinon a contemplation q deuotion, en teus-
nes et marceration de la sensualité: sinon vrayc-
mêt pour sustenter q alimêter la petite fragilite de
leur humauité, au côtrarie font chiere dieu scayt
quelle q Curios simulant, sed Bacchanalia viuũt.
Vous le pouez lire en grosse letre q enluminu-
re de leurs roges muzeaup, q bêtres a polaines
sinon quand il se parfumêt de Soulphre. Quãt

est de leur estude,elle est toute cõsummée a la lecture des liures Pātagrueticques:non tāt pour passer tēps ioyeusemēt,q̃ pour nuyre a ālqun meschātemēt, sçauoir est, articulāt, monorticulant, torticulant, culletant, couilletant, et diabliculant,cest a dire calumniant. Ce que faisans semblent es coquins de villaige qui fougent a escarbottent la merde des petitz enfans en la saison des cerises a guaignes,pour trouuer les noyaulx, a iceulx vendre es drogueurs qui font hbuylle de Maguelet. Iceulx fuiez,abhorrissez,a haissez autant que ie foy,a vous en trouuerez bien sur ma foy(Et si desirez estre bons Pātagruelistes,cest a dire viure en paix,ioye,sante,faisās tousiours grand chere)ne vous fiez iamais en gens qui regardent par vn pertuys.

¶ Sensuyt lindice des matieres
principalles contenues
au present liure, par
chascun Cha
pitre.

¶ Et premierement.

¶ Le prologue de Lautheur.　　　fol. 2.
¶ De lorigine & antiquité du grand Panta
gruel. Chapitre premier.　　　fo. 4.
¶ De la natiuité du tresredoubté Pantagruel.
Chap. ii.　　　fo. 8.
¶ Du dueil que mena Gargantua de la mort
de sa femme Badebec. Cha. iii.　　　fo 10.
¶ De lenfance de Pantagruel. Cha. iiii. fo. 11.
¶ Des faictz du noble Pātagruel en son eage
de adolescence. Cha. v.　　　fo 14.
¶ Comment Pantagruel rencontra vn Ly
mousin qui contrefaisoit le lāgaige frācoys
Chap. vj.　　　fo 17.
¶ Coment Pantagruel vint a Paris. Cha
pitre. vij.　　　fo. 19.

¶ Comment Pantagruel estant a Paris receupt letres de son pere Gargantua,& la copie dicelles. Chap. viij.   fo. 22.
¶ Comment Pantagruel trouua Panurge lequel il ayma toute sa vie. Cha. ix   fo. 26.
¶ Comment Pantagruel equitablement tugea d'une controuerse merueilleusement obscure & difficile si iustement que son iugement feut dit plus admirable que celluy de Solomon. Chap. x.   fo. 30.
¶ Comment les seigneurs de Baisecul & Humebesne playdoient deuant Pantagruel sans aduocatz. Chapit. x.   fo 34.
¶ Comment Pantagruel donna sentence sus le different de deux seigneurs. Cha. xj. fo. 39.
¶ Comment Panurge racompte la maniere qu'il eschappa de la main des Turcqs. Chapitre xij.   fo. 41.
¶ Comment Panurge enseigne vne maniere bien nouuelle de bastir les murailles de Paris. Chap. xiij.   fo. 45.
¶ Des meurs & conditions de Panurge. Chapitre xiiij.   fo. 49.

¶ Comment Panurge gaignoit les pardons z
marioyt les vieilles, z des proces quil eut à
Paris. Cha.pv. fol.53.
¶ Commēt un grant clerc de Angleterre vouloit arguer contre Pantagruel,z feut vaincu
par Panurge. Chapitre.pvi. fo. 56.
¶ Commeut Panurge feist quinaud Langloys
qui arguoit par signes. Chap.pvij. fo 61.
¶ Comment Panurge feut amoureux d'une
haulte dame de Paris, z du tour qu'il luy
feist. Chap.pviij. fo 64.
¶ Comment Panurge feist un tour a la dame
Parisiane, qui ne, feut poinct a son auantaige. Chap.pix. fo. 67.
¶ Cōmēt Pātagruel partit de Paris ouyant
nouuelles que les Dipsodes enuahissoyent
le pays des Amaurotes. Et la cause pourquoy les lieues sont tant petites en France.
Et lexpositiō dun mot escript en un anneau.
Chapitre.pp. fo. 69.
¶ Cōment Panurge/ Carpalim/ Eustgenes/
z Epistemon /compaignons de Pātagruel/
desconfirēt six cens soixante cheualiers bien
subtilement. Cha.ppi. fo.73.

¶ Cõment Pantagruel dreſſa vn Troybée
en memoire de leur proueſſe, & Panurge vn aul
tre en memoire des Leuraulx. Et cõmēt Pā
tagruel de ſes petz engendroit les petitz hom=
mes, & de ſes veſnes les petites femmes. Et
cõme Panurge rompit vn gros baſton ſur
deux verres. Chap.xxij   fo.78.

¶ Comment Pātagruel eut victoire bien eſtrā
gement des Dipſodes, & des Geans. Cha=
pitre xxiij,   fo.80.

¶ Comment Pantagruel deffit les troys cēs
Geans armez de pierre de taille, Et Loupga
rou leur capitaine. Cha.xxv.   fo.75.

¶ Comment Epiſtemon qui auoit la couppe te
ſtée, feut guery habilement par Panurge. Et
des nouuelles des diables, des dānez. Cha=
pitre.xxvj.   fol.78.

¶ Comment Pantagruel entra en la ville des
Amaurotes. Et commēt Panurge maria le
roy Anarche: & le feiſt cryeur de ſaulce vert.
Chap.xxvij.   fo.83.

¶ Cõment Pantagruel de ſa langue couurit
toute vne armée, & de ce que l'auteur veit de=
dans ſa bouche. Cha xxviij.   fo.85.

¶ Comet Pantagruel feut malade, & la façon comment il guerit. Chapi. xxbiij. fo. 98.

¶ Cy finist lindice de ce
present liure.

PANTAGRVELINE

prognostication, certaine, veritable, & infalible, pour l'an M.D.xxxiii. Nouuellement composée au pusfit aduisement de gens estourdis & musars de nature, p maistre Alcofribas, architriclin dudict Pantagruel. De nombre dor non dicitur, ie n'en trouue poict ceste année qlq calculation que l'en aye faict passons oultre, Verte folium.

Au liseur beniuole
Salut et paix en Ie
sus le Christ.

Onsiderãt infinitz abus estre perpetrez a cause dun tas de Prognostications de Louan faictes a lombre dun Verre de Vin, ie vous en ay presentement calcule vne la plus sceure et veritable que fut oncques veue, cõme lexperience vous se demõstrera. Car sans doubte veu que dict le prophete Royal ps. 5. a Dieu, Tu destruyras tous ceulx qui disent mẽsonges, ce nest legier peché de mentir ainsi a son escient, et abuser le pauure mõde curieulx de scauoir choses nouuelles. Cõme de tout tẽps ont este singulierement les francoys, ainsi que escript Cesar en ses commentaires, et Iean de Grauot on mythologies Gallicques Ce q̃ nous voyons encores de tour en tour par France ou le premier propos qu'on tient a gens fraischement arriuez sont, Quelles nouuelles? scauez vous rien de nouueau? Qui dict? qui bruyt par le mõ
de Et

ge. Et tant y sont attentifz, que souuent se courroussent cõtre ceulx qui viennẽt de pays estranges sans apporter pleines bougettes de nouuelles, les appellant beaux q̃ idiotz. Si doncques comme ilz sont promptz a demander nouuelles, autant ou plus sont ilz faciles a croire ce q̃ leur est annoncé, deuroit on pas mettre gẽs dignes de foy a gaiges a lentrée du Royaulme qui ne seruiroyent daultre chose sinon dexaminer les nouuelles quon y aporte, a sçauoir si elles sont veritables? Ouy certes. Et ainsi a faict mon bõ maistre Pantagruel, par tout le pays de Dipsopie.q. Dipsodie. Aussi luy en est il si bien prins a tant prospere son territoire, qu'ilz ne peuuent de present auanger a boyre, a leur conuiendra espãdre le vin en terre, si dailleurs ne leur vient renfort de beuueurs q̃ bõs raillars. Voulãt doncques satisfaire a la curiosité de tous bons compaignons, iay reuolué toutes les pantarches des cieulx, calculé les quadratz de la Lune, crochetté tout ce que iamais penserẽt tous les Astrophiles, Hypernephelistes, Anemophylaces, Uranopetes, q̃ Ombrophores, q̃ cõferé du tout aueques Empedocles, lequel se recommande a vo-

D

stre bonne grace. Et tout le tu autem ay icy en peu de chapitres redigé, vo9 asseurãt q̃ ie n'en dis sinõ ce q̃ t'en pẽse, q̃ n'en pẽse sinõ ce q̃ l en est, q̃ n'e est aultre chose po9 toute verite q̃ ce qu'en lirez a ceste heure. Ce q̃ sera dict au p9sus, sera passe au gros tamys a tors q̃ a travers, q̃ p aduẽture aduiẽdra ou par aduẽture n'aduiẽdra mie. Dũ cas vo9 aduertis. Que si ne croyez le tout vo9 me faictes vn mauluais tour, dõt serez punis icy ou ailleurs. Or mouschez vos m3 petis enfans: q̃ vous aultres vieulx resueurs, affustez vos besicles et pesez ces motz.

¶ Du gouuerneur & seigneur de ceste année. Chap. premier.

Quelque chose que vous disent ces folz Astrologues de Louain, de Nurnberg, de Tubinge, et de Lyon, ne croyez que ceste année y ayt aultre gouuerneur de l'vniversel monde que Dieu le createur, lequel par sa diuine parolle tout regist & moderé, par laquelle sont toutes choses en leur nature & proprieté, et condition, & sans la maintenance & gouuernement duquel, toutes choses seroient en vn moment reduictes a neant, comme de neant elles ont esté par luy produictes en leur estre. Car de luy vient, en luy est, et par luy se parfaict tout estre a tout bien: toute vie a mouuement, comme dict la trõpette euãgelicque mõsieur sainct Paul. Ro. 91. Dõcques le gouuerneur de ceste année a toutes aultres selõ nostre veridicq resolutiõ sera Dieu tout puissant. Et ne aura Saturne, ne Mars, ne Iuppiter, ne aultre planete. certes nõ les ãges, ny les saincts, ny les hommes, ny les diables, vertuz, efficasse, puissance, ne influẽce aulcune si Dieu de son bon plaisir ne leur donne. Comme dit Auicenne que les causes secondes ne ont influence ne action aulcune si la cause pmiere ny influe. Et en ce dict vray combien que ailleurs il ayt rauassé oultre mesure.

¶ Des ecclipses de ceste année.
¶ Chapitre. ij.

Ceste année seront tant d'ecclipses du Soleil a de la Lune que iay peur (et nõ a tort) que nos bourses en patiront inanitien et nos sens pertubation. Saturne sera retrograde. Venus directe, Mercure inconstant. Et vn tas daultres planettes ne vrõt pas a vostre commandemant. Dont pour ceste année

les chancres yront de cousté, & les cordiers a recu-
lōs, les escabelles monteront sur les bancs, les
couilles pendront a plusieurs par faulte de brayes
sierres, le ventre ira devāt, le cul se assoyra le premier, l'on ne pourra trouver la febue au gasteau
des Roys, l'on ne recōtrera poinct das au flux,
le dez ne dira poinct a souhait, quoy qu'ō le fla-
te, & ne viendra souvant la chance qu'on demande, les bestes parleront en divers lieux. Quares
me prenant gaignera son proces, l'une partie du
mōde se desguisera pour tromper l'aultre, & cour-
ront parmy les rues comme folz & hors du sens,
l'on ne veyt oncques tel desordre en nature. Et se
feront ceste année plus de .ɔɔ.vij. herbes anno-
m. v. lx. si Priscian ne les tiēt de court. Si dieu
ne nous ayde nous aurōs prou daffaires, mais
au contrepoinct s'il est pour nous, rien ne nous
pourra nuyre comme dict le celeste Astrologue
qui feut ravy iusques au Ciel, Ro. viij. c. Si deus nobis quis contra nos? Ma foy nemo domine, Car il est trop bon & trop puissant. Icy benis-
sez son sainct nom, pour la paresse.
⁋ Des maladies de ceste année.
Chapitre .iij.

Ceste année les aueugles ne berront que bien peu, les sourdz oyront asses mal, les muetz ne parleront guieres: les riches se porteront ung peu mieulx que les pauures, et les sains mieulx q̃ les malades. Plusieurs Moutons, Beufz, Pourceaux, Oysons, Poulletz: et Canars, mourront & ne sera sy cruelle mortalité entre les Singes, & Dromedayres. Verolle se ra incurable ceste année, a cause des années passées. Ceulx qui seront pleureticques auront g̃ãd mal au cousté ceulx qui auront flux de bentre yront souuẽt a la celle percée, les catarrh̃es descẽdront ceste année du cerueau es mẽbres iferieurs. Et regnera quasi uniuerssellement, une maladie bien horrible, redoubtable, maligne, peruerse, espouentable, & malplaisant, laquelle rẽd:a le mõde bien estonné, & dont plusieurs ne scauront de q̃l boys faire fleches, & bien souuent composeront en rauasserie, syllogisans en la pierre philosphalle, q̃ lappelle Auerroys. vij. colliget faulte dargent. Et attendu la comete de lan passé & la retrogradatiõ de Saturne, mourra a lhospital ung grand marault tout catarrhé & croustéleué. A la mort du quel sera sedition horrible entre les chaz

q les ratz, entre les chiens et les liures, entre les faulcōs et canars, entre les moines a les oeufz.
¶ Des fruictz et biens croissant de terre.
Chapitre .iiij.

JE trouue par les calcules de Albumasar, on liure de la grande cōiunction et ailleurs, que ceste année sera bië fertile auecques plāté de tous biens a ceulx qui auront dequoy. Mais le Hobelon de Picardie, craindra q̄lq̄ peu la froydure, lauoyne sera grād bien es cheuaulx: il ne sera gueres plus de lart que de pourceaulx a cause de Pisces ascendant, il sera grand année de caqueroles. Mercure menasse quelque peu le persil, mais ce non obstant il sera a pris raisonnable. De bledz, de bens, de fruictaiges et legumaiges on nen veit oncques tant si les soubhayz des pauures gens sont ouys.
¶ De lestat d'aulcunes gens.
Chapitre .v.

LA plus grande folie du monde est penser quil y ayt des astres pour les Roys, Papes, a gros seigneurs, plus tost q̄ pour les pauures et souffreteux, cōme si nouuelles estoilles auoyent esté créez depuis le tēps du deluge

ou de Romulus, ou Pharamond, a la nouelle
creatiõ des Roys: Ce q̃ Triboulet,ny Caiłhette,ne diroyẽt:qui ont esté totesfoys gens de hault
scauoir a grand renom. Et par aduenture en lar
che de Noé, ledict Triboulet estoit de la lignée
des Roys de Castille, Et caiłhette du sang de
Priam,mais tout cest erreur,ne pcede que par
default de vraye foy catholicque. tenant doncq̃s
pour certain q̃ les astres se souciẽt aussi peu des
roys cõe des gueux,ꝟ des riches cõe des quoqͥns,
ie laisseray es aultres folz Prognostiqurs a pler
des Roys a riches,a pleray des gẽs de bas estat.
¶ Et pmierement de gens soubmis a Saturne
cõe gẽs desporueuz d'argẽt,ialoux,resueurs,mal
pẽsãs,soubſõneux,pneurs de taulpes,ũsuriers,
rachapteus de rẽtes,tyreurs de riuetz,tãneurs de
cuirs,ꝓposeurs dẽprũs,ratacõneurs de bobelinee
gens melãcholicq̃s,naurõt en ceste année tout ce
quilz vouldroyent bien,ilz sestudieront a linuen=
tion saincte croix,ne geteront leur sart,aux chĩẽs,
e se graterõt souuẽt la ou il ne leur de mẽge poict.
¶ A Jupiter comme Cagotz,Caffars,Ho-
tineurs,Porteurs de rogatons, Abreuiateurs,
Scripteurs,Copistes,Bulistes,Dataries,Chi=

D iiij

quaneurs, Moines, Hermites, Hypocrites, chatemittes, Sactorons. Patepellues, Torticollis, Barbouilleurs de papier. Prelinguäs, esperruquetz, Clerz de greffe, Dominotiers, Maminotiers, Patenostriers. Chassoure' de parchemin, Notaires, Raminagrobis, Promoteurs, se porteront scelon leur argēt. Et tant mourra de gēs decclise, qu'on ne pourra trouuer a q̄ conferer les Benefices, en sorte q̄ plusieurs en tiendront, deux, trops, quatre, & d'aduantaige, Caffarderye sera grande iacture de son antique bruyt, puys que le mōde est deuenu mauluays garson, & n'est plus gueres fat, ainsi comme dict Auenzagel.

¶ A Mars comme Bourreaux, Meurtriers, Aduulturiers, Brigans, Sergens, recordz de tesmoins, gens de guet, Mortepayes. Arracheurs de dens, Coupeurs de couilles, Barberotz. Medicins de trinquenicque, Auincenistes, & Marranes, Renieurs de dieu. Allumetiers, Boutefeux, Ramōneurs de cheminées. Frācz taupis, Charbonniers, Alchimistes, coquassiers, grisotiers, bimbelotiers, manilliers, Lanterniers, maignans, feront ceste année de beaulx coups: mais aulcuns diceulx seront fort subiectz a receuoir

quelque coup de baston a l'eslée. Un des susdictz
sera ceste année faict euesque des champs, donnant la Benediction auec les piedz aux passans.
⁋ A Sol côe Beuueurs, Enluminateurs de mu-
seaulx, bêtres a poulaine, Brasseurs de biere. Boteleurs de foing, Portefaix, Gueux de lhostal-
re, gaignedeniers, degresseurs de Bonnetz, embou-
reurs de bastz, loqueteurs, Claqueses, Crocque
lardons, generalement tous portans la chemise
noée sus le dos serôt sains & alaigres & ne aurõt
point la goutte es dêtz quâd ilz serôt de nopces.
⁋ A Venus côme putains, maquerelles, mar-
ioletz, Bougrins, Braguars, Mapleux, eschan-
crez, ribleurs, ruffiens, caignardiers, Chamberie-
res dhostelerie. Nomina mulierum desinentia
in iere, ût lingiere, tauerniere, buândiere, frippiere,
seront ceste année en reputation, mais le Soleil
entrant en Cancer & auîtres signes se doibuent
garder de Verolle, de chancre, de pisses chauldes
poullains grenetz &c. Les nonnains a grãd pot-
ne côcepuront sans operation virile, & gueres de
pucelles nauront de laict.
⁋ A Mercure, côe pipeurs, trôpeurs, affineurs,
thertacleurs, larrôs, meusniers: Bateurs de paué,

maistres es ars,decretistes,crocheteurs,harpail
leurs,rimasseꝰs,bastelesꝰs,ioueurs de passepasse,
encħāteurs,bieffeurs,poëtes,escorcħeꝰs de latin,
escumeꝰs de mer,ferōt sēblāt de estre plꝰ ioyeulx
q̃ souuēt ne serōt q̃ lq̃ foys rirōt lors q̃ nē aurōt ta
lēt,a serōt fort subiectz a faire bācq̃s rouptes silz
se trouuēt plꝰ dargēt en bourse q̃ ne leꝰ en fault.
¶ A la Lune,cōe bigouars,beneurs,chasseurs,
faulcōniers,courriers,sauniers,lunatiques,folz
eceruelez,acariastres,esuētez,courratiers,postes,
lacquays,nacquetz,berriers,estradiotz,nauront
ceste année gueres darrest.Touteffoys ne vōdrōt
pas tāt de Lifrelofres a sainct Hiaccho,cōe seirēt
Lan.D.pp̄iiij.il descēdra grās abūdāce de micquelotz des mōtaignes de Sauoye,a de Auuer-
gne:mais Sagittarius les menasse des mules
aux talons.

¶ De lestat daulcūs pays.Chapitre. vi.

LE noble Royaulme de France prospere-
ra a triūphera ceste année en tous plaisirs
a delices,tellement que les natiōs estrāges
voluntiers se y retireront.Petitz bācquetz,petitz
esbatemēs milles ioyeusetez se y ferōt ou vn chas
cun prendra plaisir,on ny veit oncques tant de

gins ny plus frians, force rabes en Lymousin, force chastaignes en Perigort, & Daulphiné, force olyues en Languedoc, force poissons en la mer, force estoilles au ciel, force sel en Brouage. Plaͤ̄te de Bledz, legumaiges, fructaiges, iardinaiges, beurres, laictaiges. Nulle peste, nulle guerre, nul ennemy, bien de pauureté, bien de melancholie, & ces vieulx doubles ducatz: nobles a la rose, angelotz, aigrefins, royaulx, & moutons a la grand laine, retourneront en France auecques platẽ de Serapz, & escuz au soleil. Toutesfoys sus le millieu de Lesté, sera a redoubter quelque venue de pusses noyres & cheussõs de la Deuinerie. Adeo nihil est en omni parte beatū. Mais il les fauldra brider a force de collations vespertines.

⁋ Italie, Romanie, Naples, Cecile, demoureront ou elles estoyẽt lan passé. Ilz songeront bien profundement vers la fin du Karesme, & resueront quelques foys vers le hault du iour.

⁋ Alemaigne, Housses, Saxe, Strasbourg, Enuers &c. prouffiterõt silz ne faillent, les porteurs de rogatons les doibuent redoubter, & ceste année ne se y fonderont pas beaucoup de aniuersaires.

⁋ Hespaigne, Castille, Portugal, Arragon, seront blz subiectz a soubdaines alteratiõs, & craindront de mourir bien fort autant les ieunes que les vieulx, & pourtant se tiendront chauldement & souuent compteront leurs escuz, silz en ont.

⁋ Angleterre, Escosse, les Estrelins, serõt assez mauluais Pãtagruelistes. Autant sain leurs seroyt le vin que la Biere, pourueu qu'il feust bon & friant. A toutes tables leur espoir sera en l'arriere ieu, Sainct Treignan d'Escoss fera de miracles tant & plus. Mais des chandelles qu'on luy portera, il ne verra goutte plº clair. Si Aries ascendẽt de sa Busche ne tresbusche, & n'est de sa corne escorné.

⁋ Moscouites, Indiens, Perses, & Troglodytes, souuent auront la cacquesangue, par ce qlz ne vouldront estre par les Romanistes belinez, attendu le bal de Sagittarius ascendent.

⁋ Boesmes, Iuifz, Egyptiens, ne seront pas ceste année reduictz en plate forme de leur attẽte. Venus les menasse aigrement des escrouelles guorgerines, mais ilz condescendront au bueil du roy des parpaillons.

⁋ Escargotz, Sarabouytes, Cauquemarres,

Canibales, seront fort molestez des mousches bouynes, & peu ioueront des cymbales, & manesquins, si le Guaiac n'est de requeste.

¶ Austriche, Hōgrie, Turquie, par ma foy mes bons billotz ie ne scay comment ilz se porteront, & bien peu m'en soucye veu la braue entreé du Soleil en Capricornus, & si plus en scauez ne dictes mot, mais attendez la venue des Boyteux.

¶ Des quatre saisons de l'année. Et premierement du printemps.

¶ Chapitre. VII.

En toute ceste année ne sera qu'une Lune, encores ne sera elle poinct nouelle. Vous en estes bien marriz vo9 aultres qui ne croiez mie en dieu, & q persecutez sa saincte & diuine parolle, ensemble ceulx qui la maintiennēt. Mais allez vous pendre, ja ne sera aultre Lune que celle laquelle dieu crea au commencemēt du mōde, & laquelle par l'effect de sadicte sacrés parolle a esté establie ou firmament, pour luyre & guyder les humains de nuyct. Ma Dia ie ne veulx par ce inferer quelle ne monstre a la terre & gens terrestres diminution ou acroissement de sa clarté, selon q'elle aprochera ou s'eslongnera du Soleil.

Car,pourquoy? Pour autant q̃ ꝛc. A propos, vous verrez ceste saison a moytie plus de fleurs, quen toutes les troys aultres. Et ne sera reputé fol cil qui en ce temps fera sa prouision dargent mieulx que de Arācs toute l'anée. Les gryphōs a marrons des montaignes de Sauoye Daulphine,a Hyperborées qui ont neiges sempiternelles,seront frustrez de ceste saison,a n'en auront poinct,scelon lopinion d'Auincenne qui dict que le printemps est lors que les neiges tombent des monts. Croyez ce pourteur.

℣ De lesté. Chapitre. viii.

EN Esté ie ne scay quel temps ny qu'el vēt courra,mais ie scay bien qu'il doibt fayre chault,a regner vent marin. Toutesfoys sy aultrement arriue,pourtāt ne fauldra renier dieu. Car il est plus saige q̃ nous. Et scayt trop mieulx ce q̃ nous est necessaire,q̃ nous mesmes. Ie vous en asseure sus mon bonneur. Quoy quen ayt dict Galy. a ses suppostz. Beau fera se tenir ioyeux,a boyre frays. Cōbien qu'aulcuns ayent dict qu'il nest chose plus cōtraire a la soif. Ie le croy. Aussi contraria cōtrarijs curātur.

℣ De autonne. Chapitre. ix.

EN Autonne l on vendengera,ou dauant,
ou apres.ce m'est tout vn,pourueu q ayōs
du piot a suffisance. Les cuydez seront de
saison. Car tel cuydera vessir,qui vauldemēt sien-
tera. Cagotz/Caffars/q porteurs de Rogatōs
perpetuons q aultres telle triquedondaines sorti
ront de leurs tesnieres. Chascun se garde qvoul
zra. Guardez vous aussi des arestes,quāv vous
mangerez du poisson,q de poison dieu vous en
garde.

℘ De Lhyuer.   Chapitre.p.

EN hyuer scelon mon petit entendement
ne seront saiges ceulx qui vendront leurs
pelisses q fourrures po² achapter du voys.
Et insi ne faisoient les antiques,comme tesmoi
gne Auezouar. S'il pleut,ne vous en melancho
liez,car tant moins aurez vous de pouldre pour
chemin. Tenez vous chauldement.Redoubtez
les catarrhes. Beuuez du meilleur. attendans q
laultre emendera. Et ne chiez plus doresnauāt
on lict. O O poussailles faictes vous vos nidz
tant hault?

finis.

LA VIE
INESTIMABLE
du grand Gargantua,
pere de Pātagruel,
iadis cōposée par
L'abstracteur
de quinte
essen=
ce.
Liure plein de pantagruelisme.

M.D.XXXVII.

On les vend a Lyon chés Fran
coys Iuste, deuant nostre
Dame de Confort.

Au Lecteurs.

Amis lecteurs qui ce liure lisez,
Despouillez vous de toute affection,
Et le lisants ne vous scandalisez,
Il ne contient mal ne infection,
Vray est qu'icy peu de perfection,
Vous apprendrez, si non en cas de rire,
Aultre argument ne peut mon cueur elire,
Voiant le dueil, qui vous mine a consôme,
Mieulx est de ris que de larmes escripre.
Pource que rire est le propre de l'home.

VIVEZ IOYEVLX.

Prologue de L'autheur.

Buueurs treſil
luſtres et Bous
veroles treſpre
cieuſp(car à vous
nõ a aultre ſõt de
diez mes eſcriptz)
Alcibiades oũ dī
aloge de Platõ,
īttulé Le bãcqt,
louãt ſon pcepteᵉ
Socrates ſãs pᵗrouer̃ pꝛīce des pһiloſopһes:
Ire aultrees poſes le dict eſtre ſẽblable es ſile
nes. Silenes eſtȳēt iadis petites boites, telles
q̃ voyõs de pñt es bouticq̃s des apotecaires,
pictes au deſſ᷾. des figures ioyeuſes ꜫ friuolles
a. ij.

comme de Harpies, Satyres, oysons bridez, lieures cornuz, canes bastees, boucqs volans, cerfz limôniers, & aultres telles pinctures contrefaictes a plaisir pour exciter le monde a rire. Quel fut Silene maistre du bô Bacchus. Mais au dedans lon reseruoit les fines drogues: comme Baulme, Ambre gris, Amoniâ, Musc, ziuete, pierreries: et aultres choses precieuses. Tel disoit estre Socrates: par ce que le voyans au dehors, & lestimans par lexteriore apparence'n, en eussiez dôné vn coupeau d'oignôs: tât laid il estoit de corps, & ridicule en son maintiê, le nez poinctu, le reguard dun taureau, le visaige dun fol, simple en meurs, rusticq en vestumens, pauure de fortune, infortuné, en femmes inepte a tous offices de la republicque, tousiours riant, tousiours beuuant d'autant a vn chascun, tousiours se guabellant, tousiours dissimulât son diuin sçauoir. Mais ouurans ceste boite, eussiez au dedans trouué vne celeste & impretiable drogue, entendement plus que humain, vertus merueilleuse, couraige inuincible, sobresse nô pareille, contentement certain, asseurance parfaicte, depris

sment incroyable de tout ce pourquoy les humains tant veiglent, courent, trauaillēt, nauigēt & bataillēt. A quel ppos, en voſtre aduis,
tend ce prelude, & coup deſcay: Par autāt que
vous, mes bons diſciples, & quelques aultres
foulz de ſeiour liſans les ioyeulx tiltres daulcuns liures de noſtre inuention comme Gargantua, Pātagruel, Feſſepinthe, La dignité
des braguettes, Des poys au lard cum cōmmēto zc. iugez trop facilemēt neſtre au dedās
traicté q̄ mocqries, folateries, & mēteries ioyeu
ſes: veu que lenſigne exteriore(c'eſt le tiltre,
ſans plus auant enquerir, eſt communement
repceu a deriſion & grauoiſſerie. Mais par cel
le legiereté ne conuient eſtimer les oeuures
des humains. Car vous meſmes dictes, que
lhabit ne faict poinct le moine: & tel eſt veſtu
dhabit monachal, qui au dedās n'eſt riē mois
que moyne: & tel veſtu de cappe Hiſpagnole, q̄
en ſon couratge nullemēt affiert a Hiſpagne.
C'eſt pourquoy fault ouurir le liure: et ſoigneuſemēt peſer ce q̄ y eſt deduict. Lors cognoi
ſtrez q̄ la drogue dedās cōtenue eſt biē daultre
valeur, que ne promettoit la boitte. C'eſt a di

a iij

re que les matieres icy traictées ne sont tã[t]
folastres,comme le tiltre au dessus pten[doit]
Et posé le cas,qu'on sens literal vo[us trouuez]
matieres assez ioyeuses q̃ bie corresponden[t]
au nom,toutesfois pas demourer la ne fau[t]
comme au chant des Sirenes:ains a pl[us]
hault sens interpreter ce que per aduent[ure]
cuidiez dict en gaieté de cueur.Crochetas[tes]
vous oncques bouteilles? Caisgne.Reduise[z en]
memoire la côtenence qu'auiez.Mais vei[stes]
vous oncques chiens rencontrant quelq̃ os m[e-]
dullare? C'est côme dict Platõ.l ij.de.rep.[la]
beste du mõde plus philosophe.Si veu l'au[ez]
vous auez peu noter de quelle deuotion il l[e]
guette:de quel soing il le garde:de q̃l feru[eur]
il le tient:de quelle prudence il l'entomme:de [quel-]
le affectiõ il le brise:q̃ de q̃lle diligẽce il le suga[it]
Qui l'induict a ce faire? Quel est l'espoir d[e]
son estude? quel bien pretend il? Rien plu[s]
qu'un peu de mouelle.Vray est que ce peu pl[us]
est delicieux que le beaucoup de toutes aust[res]
pource que la mouelle est aliment elabour[é a]
perfection de nature,comme dict Galen,3.fa[c.]
eu.natural.q̃.ꝓ.de vsu particu. A l'exemple d[e]
celluy vous conuient estre saiges pour fleur[er]

entr' à estimer ces beaulx liures de haulte gresse,legiers au prochaz:& hardiz a l'a rencontre. Puis par curieuse leczon,& meditatiõ frequẽte rompre los,& sugcer la sustantificque mouelle, Cest a dire:ce que i'entends par ces symboles Pithagoricqs, auecqs espoir certain d'estre faictz escors & preux a ladicte lecture. Car en icelle bien aultre goust trouuerez,& doctrine plus absconce q̃ vous reuelera de tresaultz sacremens & mysteres horrificques,tant en ce que concerne nostre religion,que aussi lestat politicq & vie œconomicque. Croiez vous en vostre foy qu'oncques Homere escriuent Iliade et Odyssée,pensast es allegories, lesquelles de luy ont beluté Plutarche, Heraclides Pontic, Eustatie, & Phornute:& ce que diceulx Politian a desrobé. Si le croiez: vous n'aprochez ne de piedz ny de mains a mõ opinion:q̃ decrete icelles aussi peu auoir esté sõgeez d' Homere,q̃ d' Ouide en ses metamorphoses,les sacremẽs de leuãgile:lesq̃lz vn frere Lubin vray crocq lardõ sest efforcé demõstrer si d'adventure il rẽcõtroit gẽs aussi folz q̃ luy,& (cõe dict le prouerbe)couuercle digne du

a iiij

chaudron. Si ne le croiez: elle cause est, pour quoy autant n'en serez de ces ioyeuses et nouuelles chroniques. Combien que les dictant n'y pensasse emplus que vous qui par adventure beuuez comme moy. Car a la composition de ce liure seigneurial, ie ne perdiz ny emploiay oncques plus ny aultre temps, que celluy qui estoit estably a prendre ma refection corporelle: scauoir est, beuuant et mangeant. Aussi est ce la iuste heure, d'escripre ces haultes matieres & sciences profundes Comme bien faire scauoit Homere paragõ de tous philologues, et Ennie pere des poëtes latins, ainsi que tesmoigne Horate, quoy qun malautru ait dict, que ses carmes sentoyent plus le vin que l'huile. Autant en dist ung Tirlupin de mes liures, mais bien pour luy. L'odeur du vin ô combien plus est friant/riant/priant/plus celeste, & delicieux que d'huyle. Et prendray autant a gloire qu'on die de moy, que plus en vin aye despendu que en huyle, que feist Demosthenes, quand de luy on disoit, que plus en huyle que en vin despendoit A moy nest que honneur et gloire, de stre dict et reputé bon gaultier et bon compai

gnon,& en ce nom suis bien venu en toutes bōnes compaignies de Pantagruelistes: à Demosthenes, fut reproché par vn chagrin que ses oraisons sentoyent cōme la serpilliere dun hord & sale huilier. Pourtant, interpretez tous mes faictz et mes dictz en la perfectissime partie/ayez en reuerance le ceruau caseiforme qui vous paist de ces belles billes bezees, et a vostre pouoir tenez moy tousiours ioyeux. Or esbaudissez vous mes amours,& guayement lisez le reste: tout a l'aise du corps et au prouffit des reins.
Mais escotaz, vietzdazes,
que le mau lubec vous
trousque: vous sou-
uienne de boyre a
my po' la peille:
& ie vous ple-
geray tout
ares me
tys.

¶ De la genealogie ¿ antiquité de Gargantua.
Chapitre. j.

IE vous remectz a la grande chronicque Pantagrueline recongnoistre la genealogie ¿ antiquité, dõt nous est venu Gargantua. En icelle vous entẽdrez plus au lõg comment les Grans nasquirent en ce mõde:¿ commẽt diceulx par lignes directes yssit Gargantua pere de Pãtagruel:et ne vous fascheta,si pour le present ie mẽ deporte. ¶ Õbien q̃ la chose soit telle,q̃ tãt pl⁹ sertot remẽbrée,tãt pl⁹ elle plairoit a vos seigneuries:côme vo⁹ auez l’autorité de Platō in Phileβo et Gorgia et de Flacce, qui dict estre aulcuns propos telz que ceulx cy, q̄ pl⁹ sont delectables, quād pl⁹ souuēt sont redictz. Pleust a dieu qu’n chascū sceust aussi certainemēt sa genealogie, depuis l’arche de Noê iusq̄s a cest eage. Je pēse q̄ plusieurs sont auiourdhuy empereurs, roys, ducz, princes, & papes, en la terre, lesq̄lz sont descēduz de quelques porteurs de rogatons & de coustretz. Comme au rebours plusieurs sont gneux de l’hostrarie suffreteux & miserables: lesquelz sōt descēdus de sang & ligne de grādz roys & empereurs: attēdu l’admirable trāsport des regnes & empires, des Assyriēs es Medes, des Medes es Perses, des Perses es Macedones, des Macedones es Romains, des Romains es Grecz, des Grecz es Frācoys. Et pour vous donner a entēdre de moy qui parle ie cuyde que soye descēdu de quelq̄ riche Roy ou prince on temps iadis. Car oncques ne veistes homme, qui neust plus grande affection d’estre Roy et riche que moy, affin de faire plus grand chere, et pas ne trauailler, et bien enrichir mes amis, & tous gens de bien e de sçauoir. Mais en ce ie me reconforte que en l'aultre monde ie le seray: voyre plus grand que de présēt ne l'auseroye souhaitter. Dōc en telle ou meilleure pensée reconfortez vostre malheur, & beuuez fraiz si faire ce peut. Retournant a nos moutons ie vo9 ditz que p vn don souuerain de dieu nous a esté reseruée lātiquité & genealogie de Gargātua, plus entiere que nulle aultre. de dieu ie ne parle, car il ne me appartient. aussy les diables (ce sōt les calumniateurs & caffars) se y opposēt. Et fut trouuee par Jeā Audeau, en vn pré dl auoit pres l'arceau galeau au dessoubz de Lolue, tirant a Marsay. Duquel faisant leuer les fossez, toucherēt les piocheurs des leurs marres, vn grand tombeau de bronse long sans mesure: car oncques n'en trouuerent le bout, par ce qu'il entroit trop auant les epcluses de Vienne. Jcelluy ouurans en certain lieu signé au dessus dun gobelet, a l'entour du quel estoit escript en lettres Ethrusques.

HIC BIBITVR, trouuerēt neuf flaccons en tel ordre qu'on assiet les quilles en Guascoigne. Desquelz celluy qui on my lieu estoit couuroit vn gros,gras,grand,gris,ioly, petit,moisy,liuret,plus mais non mieulx sentent que roses. En icelluy fut la dicte genealogie trouuee escripte au long de lettres cancelleresques, nõ en papier, nõ en parchemin, nõ en cere: mais en escorce d'Olmeau, tant toutesfoys vsees par vetusté, qu'a poine en pouoit on trois recongnoistre de ranc. Je (combien q̃ indigne) y fuz appellé: & a grand renfort de Besicles practicant lart, dont on peut lire letres non apparentes, comme enseigne Aristotel la translatay, ainsi que veoir pourrez es Pãtagruelisants, c'est a dire, beuuans a gré, & lisãts les gestes horrificques de Pãtagruel. A la fin du liure estoit vn petit traicté intitulé. Les fanfreluches antidotées. Les ratz & blattes ou (affin que ie ne mente) aultres malignes bestes auoient brousté le commancement, le reste l'ay cy dessoubz adiousté, par reuerence de lantiquaille.

⁋ Les Fanfreluches antido
tées trouuees en vn mo
nument antique
Cha.ii.

Et enuſé grand dompteur des Cimbres
 Fuiant par laer, de peur de la roſee,
 A ſa venue on a remply les timbres
 Beure fraiz, tombant par une hoſee
 Duql quand fut la grand mere arrouſee,
Cria tout hault, hers par grace peſchez le,
Car ſa barbe eſt pres que toute embouſee:
Ou pour le moins, tenez luy une eſchelle.

Aulcuns diſoyent que leicher ſa pantoufle
Eſtoit meilleur que guaigner les pardons:
Mais il ſuruint un affecté Marroufle,
Sorti du creup ou lon peſche aux gardons
Qui diſt, meſſieurs pour dieu nos en gardõs
Languille y eſt, en ceſt eſtau muſſe.
La trouuerez (ſi de pres reguardons)
Une grand taire au fonds de ſon aumuſſe.

Quand fut au poinct de lire le chapitre,
On ny trouua que les cornes dun veau,
Ie (diſoit il) ſens le fonds de ma mitre
Si froid, que autour me morfond le cerueau,
On leſchauſa dun parfund de naueau,
Et fut content de ſoy tenir es atres,

Pourueu qu'on feist vn limonnier nouueau,
A tant de gents qui sont acariatres.

Leur propos fut du trou de sainct Patrice
De Gilbathar, & de mille aultres troue:
S'on les pourroit reduire a cicatrice,
Par tel moten, que plus n'eussent la toux.
Veu qu'il sembloit impertinent a tous,
Les veoir ainsi a chascun vent baisser.
Si d'auenture ilz estoyent a poinct cloux,
On les pourroit pour hostage bailler.

En cest arrest le corbeau fut pelé
Par Hercules, qui venoit de Lybie,
Quoy? dist Minos, que ny suis ie appellé
Excepté moy tout le monde on conuie.
Et puis l'on veult que passe mon enuie,
A les fournir d'huytres & de grenoilles,
Ie donne au diable en cas que de ma vie
Preigne a mercy leur Vêtre de quenoilles.

Pour les matter suruint. O. B. qui clope,
Au saufconduit des mistes Hansonnetz,
Le tamiseur, cousin du grand Cyclope,

Les massacra, Chascun mousche sont nez,
En ce gueret peu de bougrins sont nez,
Qu'on n'ait berné sus le moulin a tan.
Courrez y tous: a a larme sonnez,
Plus y aurez, que ny eustez an tan.

Bien peu apres, l'oyseau de Juppiter
Deliberera partser pour le pire,
Mais les voyant tant fort se despiter.
Craignit quon mist ras, jus, bas, mat le pire
Et mieulx ayma le feu du ciel empire.
Au tronc rauir ou lon vend les soretz:
Que laer serain, contre qui lon conspire,
Assubiectir es dictz des Massoretz.

Le tout conclud fut a poincte affilee,
Maulgré Até, la cuisse heronniere.
Que la sasist, voyant Pentasilee
Sus ses vieulx ans prinse pour cressonniere
Chascun croyt, villaine charbonniere
T'apartient il toy trouuer par chemin?
Tu la tolluz la Rhomaine, baniere,
Quon auoit faict au traict du parchemin.
                                        Ne fust

Ne fust Juno, que dessoubz l'arc celeste
Auec son duc tendoit a la pippee:
On luy eust faict vn tour si tresmoleste
Que de tous poinctz elle eust esté frippee.
L'accord fut tel, que dicelle lippee
Elle en auroit deux oeufz de Proserpine,
Et si iamais elle y estoit grippee,
On la lieroit au mont de L'albespine.

Sept moys apres, bouftez en vingt & deux
Cil qui iadis amiʃla Cartage,
Courtoysement se mist en mylieu deux
Les requerant d'auoir son heritage:
Du bien qu'on feist iustement le partage
Selon la loy que l'on tire au riuet,
Distribuant vn tatin du potage
A ses facquins qui firent le breuet.

Mais l'an viendra signé d'un arc turquoys,
De cinq fuseaux, & trois culz de marmite,
On quel le dos d'un roy trop peu courtoys
Pouré sera soubz vn habit d'hermite.
Ou la pitié Pour vne chattemite
Laisserez vous engouffrer tant d'arpens:

B ij

Cessez, Cessez, ce masque nul n'imite,
Retirez vous au frere des serpens.

C'est an passé, cil qui est, regnera.
Paisiblement avecq ses bons amis.
Ny brusq, ny Smach lors ne dominera
Tout bon vouloir aura son compromis.
Et le soulas qui tadis fut promis
Es gens du ciel, viendra en son befroy
Lors les baratz qui estoient estommys
Triumpheront en royal palefroy.

Et durera ce temps de passe passe
Jusques a tant que Mars ayt les empas.
Puis en viendra vn qui tous aultres passe
Delicieulx, plaisant, beau sans compas.
Leuez vos cueurs: tendez a ce repas
Tous mes feaulx, Car tel est trespassé
Qui pour tout bien ne retourneroit pas.
Tant sera lors clamé le temps passé.

Finablement celluy qui fut de cire
Sera logé au gond du Jacquemart.
Plus ne sera reclamé, Cyre, Cyre,

Le brimbaleur, qui tient le coquemar.
Heu, qui pourroit saisir son braquemart:
Toust seroient netz les tintouins cabus:
Et pourroit on a fil de poulemart
Tout baffouer le maguazin d'abus.

¶ Comment Gargantua fut unze moys
porté au ventre de sa mere.
Chap. iii.

Rãdgousier estoit bon raillard en son temps, aymant a boyre net autãt que homme qui pour lors fust on monde, & mangeoyt voluntiers salé. A ceste fin auoit ordinairemẽt bonne munition de iambons de Magece & de Baionne, force lãgues de beuf fumees, abondance de andouilles en la saison & beuf salé a la moustarde. Rẽfort de boutargues, prouision de saulcisses, non de Boulongne (car il craignoit ly boucone de Lombars) mais de Bigorre, de Lonquaulnay, de la Brene, & de Rouargue. En son eage virile espousa Gargamelle fille du roy des Parpaillos, belle gouge & de bonne troigne Et faisoient eulx deux souuent ensemble la beste a deux douz, ioyesemẽt se frotans leur lard, tãt qu'elle engroissa d'ung beau filz, & le porta iusques a l'unziesme mois. Car autant, voyre d'auantage, peuuent les femmes ventre porter, mesmement quand c'est quelque chef d'oeuure, et personnage qui doibue en son têps faire grâdes prouesses. Côme dict Homere q̃ l'enfant (du qˡ Neptune engroissa la nimphe) nasquit l'an apres reuolu: ce fut le douziesme moys. Car (côme dict A. Gelle lib. 3) ce lõg têps côuenoit a la maiesté de Neptune, affin qu'en iceluy l'enfant feust formé a perfectiõ. A pareille raison Jupiter feist durer .plviij. heures la nuyct qˡ coucha auecques Alcmene. Car en moins de temps n'eust il peu forger Hercules: q̃ nettoia le monde de monstres & tirãs. Messieurs les anciens Pâtagruelistes ont conforme ce que ie dis, & ont declairé non seulement possible, mais aussi legitime l'enfant né de femme l'unziesme moys apres la mort de son mary. Hippocrates lib. de aliment. Pline. lib. 7. capit. 5. Plaute in Cistellaria. Marcus Varro en la satyre inscripte, Le testamêt, alleguant l'auctorité d'Aristoteles a ce propos. Censorinus li. de die natali. Aristoteles libro. vij. capitulꝭ

lj.s.iiij.de nat.animalium. Gellius li.iij.ca.j.
§ iij. Et mille aultres foiz. Le nõbre desquelz
a esté par les legistes acreu.ff.de suis q̃ legit.l.
Jntestato.§ si. Et in autanti.de restitut.q̃ ea
que parit in.pri.mens. D'abondãt en ont chas
fourré leur robilardique loy Gallus.ff de lib.
q̃ posthu.q̃.l. Septimo.ff.de stat.homi.q̃ quelques aultres que pour le present dire n'ause.
Moienans lesquelles loys, les femmes Bes-
ues peuuent franchement iouer du sarrecrõ
piere a son enuiz et toutes restes, deux moys
apres le trespas de leurs mariz. Je vous prie
par grace vous aultres mes bons auerlans,
si d'icelles en trouuez que baillẽt le desbraguet
ter, montez dessus q̃ me les amenez. Car si on
troisiesme moys elles engroissent: leur fruict
sera heritier du deffunct. Et la grosse cõgn̄ue
poussent hardiment oultre, q̃ vogue la gualee,
puis que la panse est pleine. Cõme Julie
fille de l'empereur Octauian ne se abandon-
noyt a ses taboureurs, sinon quand elle se sen
toyt grosse, a la forme que la nauire ne recoyt
son pilot, que premierement ne soyt calfatee
& chargee. Et si personne les blasme de soy

faire rataconniculer ainſi ſuz leur groiſſe:
Veu que les beſtes ſuz leurs ventres nenduret
iamais le male maſculāt,elles reſponderont
que ce ſont beſtes,mais elles ſont femmes:
Bien entendetes les beaulx τ ioyeulx menuz
droictz de ſuperfetation: comme iadis reſpon
dit Populie ſcelon le rapoit de Macrobe
lib.ij. Saturnal. Si le diauol ne veult quel
les engroiſſent,il fauldra toztre le douzil, et
Bouche clauſe.

⁊ Comment Gargamelle eſtant
groſſe de Gargantua ſe porta a
manger tripes. Ch.4.

L Occaſion τ maniere comment Gar
gamelle enfanta feut telle Et ſi ne cro
iez,le fondement vous eſcappe. Le fon
demēt luy eſcappoit vne apreſdiner le.iij. tour
de Febuurier,par trop auoir māge de goudebil
laux. Goudebillaus:ſont graſſes trippes de
coiraux. Coiraux:ſōt beufz engreſſez a la cre
che τ prez guimaux, Prez guimaulx:ſont qui
portent herbe deux foys lan. Diceulx gras
beufz auoient faict tuer troys cens ſoixante
ſept mile τ quatoze,pour eſtre a mardy gras

sallez:affin qu'en la prime vere ilz euſſēt beuf
de ſaiſon a tas,pour au commancement de
repaſtz faire commemoration de ſaleures,&
mieulx entrer en Vin. Les tripes furēt copieu
ſes,comme entendez:& tant friandes eſtoient
q̃ chaſcū en leichoit ſes doigtz. Mais la grāde
diablerie a quatre pſonnaiges eſtoit bīē en ce
q̃ poſſible n'eſtoit lōguemēt les reſeruer. Car
elles feuſſent pourries. Ce q̃ ſēbloit indecent.
Dont feut concluz, quilz les bauffreroient
ſans rien y perdre. A ce faire conuierēt to⁹ les
citadins de Sainnais,de Suillé:de la Roche
clermaud de Vau gaudri/ſans laiſſer arriere
le coudray/Mōtpenſier/le Quelle bede & aul
tres voiſins:to⁹ bōs beuueurs,bōs cōpaignōs
& beaux ioueurs de quillela. Le bon homme
Grandgouſier y prenoit plaiſir bīē grand : &
cōmēdoit q̃ tout allaſt p eſcuelles Diſoit tou
teſfoys a ſa femme,q̃lle en mangeaſt le moins
veu quelle aprochoit de ſon terme,& q̃ ceſte tri
paille n'eſtoit viande moult louable. C eſtuy
(diſoit il)a grande enuie de maſcher merde, q̃
dicelle le ſac māgeue. Non obſtātes ces remō
ſtrāces:elle en māgea ſezemuis,deux buſſars &
B iiij

sis tepins, ô belle matiere fecale, que doit
boursouffler en elle. Apres disner tous aller
(pesle mesle) à la saulsaye: et là sus l'herbe dan
sarent au son des joyeulx flageolletz et doul
ces cornemuses: tant baudement, que c'estoit
passetemps celeste les veoir ainsi soy rigoller.
Puis entrerent en propos de resieuner on pro
pre lieu. Lors flaccons d'aller: iambons de tro
ter, goubeletz de voller, breusses de tinter. Ti
re, Baille, tourne, brouille. Boutte a moy, sans
eau, ainsi mon amy: fouette moy ce verre gail
lentement, produitz moy du clairet, verre pleu
rant. Treues de soif. Hà faulse fiebure, ne t'en
iras tu pas? par ma foy ma comere ie ne peulx
entrer en bette. Vous estes morfondue m'amie.
Voire. Ventre sainct Quenet parlons de boi
re. Ceste main vous guaste le nez. O quants
aultres y entreront, avant que cestuy cy en sorte.
Boire a si petit gué: c'est pour rompre son poictral.
Cecy s'appelle pipee a flacons. Quelle diffe
rence est entre bouteille et flaccon: grande. car
bouteille est fermee a bouchon, et flaccon a
vitz. Nos peres beurent bien et vuiderent les
potz. C'est bien chien chanté, beuvons. Voulez

Tous rien manger à la riuiere: cestuy cy va lauer les tripes. Je boy comme un templier, & le tang spōsus, a moy sicut terra sine aqua. Un synonyme de iambon: cest un poulain. Par le poulain on descend le vin en caue, par le iambon: en l'estomach. Or cza a boire boire cza. Il n'y a poinct charge. Respice personā: pone pro duos: bus non est in vsu. Si ie mon tois aussi bien comme i'aualle, ie feusse pieça hault en l'aer. Mais si ma couille pissoit telle vine, la voudriez vous bien sugcer? Je rétiens apres, paige baille, ie l'insinue ma nominatiō en mon tour. Hume Guillot, encores y en a il on pot. Remede contra la soif: Il est contraire a celluy qui est contre morsure de chien. courez tous iours apres le chien, iamais ne vous mordera: beuez tous iours auant la soif, & iamais ne vous aduiendra. Du blāc. Verse tout verse de par le diable, verse, decza, tout plein, la langue me pele. Lans tringue, a toy compaīg de bryt, hait de, la, la, la, c'est morsiālle cela. O lachryma Christi, c'est de la Deuiniere c'est vin pineau. O, le gētil vin blāc & par mō ame ce n'est que vin de tafetas. Hen hen, il est a

vne aureille, blé drappé, a de bōne laine Mon
compaignon couraige. Pour ce teu nous ne
boulerons pas car iay faict vn beué. Eo hoc,
in hoc. Il ny a poinct denchantemēt. Baseu
de boͤ la beu, ie y suys maistre passe de passe. A brun a brun, ie suys prestre Mace. O
les beuueurs, O les alterez. Daige monamy,
emplys vcy a couronne le vin ie te pry. A la
cardinale. Natura abhorret vacuum. Diriez
vous qu'vne mouche y eust beu? A la mode de
Bretaigne. Net/net/ a ce pyot. Aualles, ce
font herbes.

¶ Cōment Gargantua nasquit en
faczon bien estrange. Chapi. 6.

Eulx tenans ces menuz pr'ɔq sodo-nus
uerie, Gargamelle commença a se porter
mal du bas. Dont Grandgousier se le-
ua dessus l'herbe, a la reconfortoit honestemēt,
pensant que ce feust mal denfant, a luy disant
quelle s'estoit la herbee soubz la saullaye, z
qu'en brief elle feroit pied neufz, par ce luy cō-
uenoit prendre couraige nouueau au nouuel

aduenement de son pouuon, & encores que la douleur luy feust quelque peu en fascherie: toutesfoys q̃ ycelle seroit briefue, & la ioye qui tousti succederoit, luy tolliroit tout cest ennuy: en sorte que seulement ne luy en resteroit la souuenance. Ie le prouue (disoit il) Nostre saulueur dict en leuangile, Ioannis. 16. La femme que est a lheure de son enfantement, a tristesse: mais lors qu'elle a enfanté, elle n'a souuenir aulcũ de son angoisse. Hâ (dist elle) Vous dictes bien, & ayme beaucoup mieulx ouyr telz propos de leuangile, & mieulx m'en trouue, que de ouyr la vie de saincte Margue rite, ou quelque aultre capharderie. Mais pleust a dieu que vous l'eussiez coupé Quoy? dist Grandgosier. Hâ (dist elle) que vous estes bon homme, vous l'entendez bien. Mon mẽ bre (dist il). Hâ g de les cabres, sil vous semble bon, faictez apporter vn cousteau. Ha (dist elle) la dieu ne plaise, dieu me le pardoyent ie ne le dis de bon cueur: & pour ma parolle men fai ctes ne pys ne moins. Mais ie auray prou d'affayres auiourdhuy, si dieu ne me ayde, & tout par vostre membre, que vous feussiez bien ayse. Couraige, couraige (dist il) bon souciez au reste, & laissez faire au quatre boeufz, de dauant. Ie men voys boyre encores quelque beguade. Si ce pendant vous suruenoyt quelque mal, ie me tiēdray pres, huschant en paulme ie me rendray a vous. Peu de tēps apres elle commencza a souspirer lamenter, & cryer. Soubdain vindrent a tas saiges femmes de tous coustez. Et la tastant par le bas, trouuerent quelques pelfauderies, assez de mauluais goust, & pensoyent que ce fust lenfant, mais cestoit le fondemēt qui luy eschappoit, a la mollification du droict intestine, lequel vous appellez le boyau cullier, par trop auoir mangé des trippes comme auōs declaire cy dessus. Dōt vne horde vietgle de la compaignie, laquelle auoit reputation destre grande medicine & la estoit venue de Brizepaille daupres Sainct genou dauaut soixāte ans, luy feist vn restrinctif si horrible, que tous larrys tant feurent oppilez & reserrez, que a grāde poine auecques les dentz, vous les eussiez eslargiz, qui est chose bien horrible a penser: mesmement que le diable a la messe de sainct Martin escripuāt le caquet de deux Gualoises, lesquelles dentz alongea son parchemin, par cest inconuenient feurent au dessus relaschez les cotyledons de la matrice, par lesquelz sursaulta lenfant, & entra en la bene creuse, & grauant par le diaphragme iusques au dessus des espaules (ou ladicte bene se part en deux) print son chemin a gausche, & sortit par laureille senestre. Soubdain quil feut ne, ne crya comme les aultres enfās, mies, mies, mies. Mais a haulte voix sescryoit a boyre, a boyre, a boyre, comme inuitant tout le monde a boyre, si bien qu'il fut ouy de tout le pays de Beusse & de Bibaroys. Je me doubte q̃ ne croyez asseurement ceste estrange natiuité. Si ne le croyez, ie ne men soucye, mais un homme de bien, un homme de bon sens croyt tousiours ce qu'on luy dict, & qu'il trouue par escript. Ne dict Solomon prouerbiorum. 14. Innocens credit omni verbo, &c. Et sainct Paul, prime Corinthior. 13. Charitas omnia credit. Pourquoy ne le croyriez vous? Pource (dictez vous) qu'il ny a nulle apparence. Je vous dictz, que pour ceste seule cause, vous le debuez croyre en foy parfaicte.

Car les Sorbonistes disent, que foy est argument des choses de nulle apparence. Est ce contre nostre loy, nostre foy, contre raison, contre la saincte escripture? De ma part ie ne trouue rien escript es Bibles sainctes, qui soit contre cela. Mais si le vouloir de Dieu tel eust esté, diriez vous qu'il ne leust peu fayre? Hâ pour grace, ne emburelucocquez iamais vos espritz de ces vaines pensées. Car ie vous diz, que a Dieu rien n'est impossible. Et s'il vouloit les femmes auroyent doresnauant ainsi leurs enfans par l'aureille. Bacchus ne feut il pas engendré par la cuisse de Jupiter? Rocquetaille nasquit il pas du talon, de sa mere? Crosquemousche de la pantophle de sa nourrice. Minerue, nasquit elle pas du cerueau par l'aureille de Jupiter? Mais vous seriez bien dauantaige esbahy & estonné, si ie vous exposay presentement tout le chapitre de Pline, onquel parle des enfantemens estranges, & contre nature. Et touteffoys ie ne suis poinct menteur tant asseuré comme il a esté. Lisez le septiesme de sa naturelle histoyre, capi. 3. &

men tabustez plus sentendement.

¶ Comment le nom fut imposé à
Gargantua: & comment
il humoyt le piot.
Chapitre. vi.

LE bon homme Grandgousier beuuāt,
& se rigollant aurecques les aultres en
tendit le cry horrible que son filz auoit
faict entrant en lumiere de ce monde, quand il
brasmoit demandant/a boyre/a boyre/a boyre/
dont il dist, que grand tu as, supple le gousier.
Ce que oyans les assistans, dirent que vraye
mēt il debuoit auoir p̃ ce le nom Gargantua,
puis que telle auoyt esté la premiere parolle
de son pere a sa naissance, a limitation &
exemple des anciens Hebrieux A quoy fut
condescendu par ycelluy, & pleut tresbien
a sa mere. Et pour lappaiser, luy donnerent a
boyre a tyre larigot, & feut porté sus les fonts/
& la batisé/cōme est la coustume des bōs chris
tiens. Et luy feurēt ordōnées dix & sept mille
neuf cēs vacches de Pautille, & de Brehemōd

pour l'alaicter ordinairement, car de trouuer
nourrice suffisante n'estoit possible en tout le
pays, considéré la grande quantité de laict requis pour ycelluy alimenter. Combien qu'au-
cuns docteurs Scotistes ayent afferme que
sa mere l'alaicta, & qu'elle pouoit trayre de ses
mammelles quatorze cens pippes de laict pour
chascune fois. Ce q n'est vray semblable. Et
a este la pposition declaree par Sorbone scã
daleuse, des pitoyables aureilles offensiue, &
sentãt de loing heresie. En cest estat passa iusques a un an & dix moys, on quel temps par
le conseil des medicins on commença le pors
ter, & fut faicte une belle charrette a boeufz p
linuention de Jean Denyau, a la dedans on
le pourmenoit par cy par la, ioyeusemẽt & le
faisoyt bon veoir car il portoit bonne trogne
& auoit presque dix & huyt mentõs: & ne crioyt
que bien peu, mais il se conchioyt a toutes
heures, car il estoit merueilleusement phley
maticque des fesses, tant de sa complexion na
turelle, que de la disposition accidentale qui
luy estoyt aduenue par trop humer de purée
Septembrale. Et nen humoyt goutte san
cause.

tase. Car sil aduenoyt quil feust despit, cour
usse, fasché, ou marry, sil trepignoyt, sil pleu
royt, sil crioyt, luy aportant a boyre, son le re=
mettoyt en nature, & soubdain demouroit quoy
it ioyeux. Une de ses gouuernātes ma dict,
que de ce fayre il estoyt tāt coustumier, qu'au
seul son des pinthes & flaccons, il entroyt en
ecstase, comme sil goustoyt les ioyes de para=
dis. En sorte quelles cōsiderans ceste comple=
xion diuine pour le resiouir au matin faisoyēt
dauant luy sonner des verres auecques ūn
cousteau, ou des flaccons auecques leur tou=
pon, ou de pinthes, auecques leur couuercle.
Auquel son il sesguayoit, il tressailloit, & luy
mesmes se bressoit en dodelināt de la teste mo
nichordisant des doigtz & baritonant du cul.

¶ Comment on bestit Gargantua.
Chapitre. Bij.

Lvy estant en cest eage, son pere ordon=
na quon luy feist des habillemens a sa
liuree: laquelle estoit des blanc & bleu.
De faict on y besoigna & furent faictz, taillez,
& cousuz a la monde qui pour lors couroyt.
Par les anciēnes pantarches, qui sont en la

chambre de comptes a Montsoreau, ie trouue qu'il feut vestu en la façon que sensuyt.

¶ Pour sa chemise, furêt leuees neuf cês aut
nes de toille de Chasteleraud, & deux cês pour
les coussons en sorte de carreaux, lesquelz on
mist soubz les esselles. Et nestoit point froncee,
car la fronseure des chemises na este inuêtee,
sinon depuis que les lingieres, lors q̃ la poicte
de leur agueille estoit rompue, ont commencé
besoigner du cul.

¶ Pour son pourpoint fuerent leuez huyt
cens treize aulnes de satin blanc, et pour
les agueillettes quinze cens neuf peaulx et de
mye de chiens. Lors comêcza le monde atta-
cher les chausses au pourpoint nõ le pourpoit
aux chausses, car cest chose cõtre nature, cõme
amplemêt a declare Ockham sus les exponi-
bles de M. Haultechaussade.

¶ Pour ses chausses feurent leuees vnze et
cinq aulnes, et vn tiers destamet blanc, et feurent deschiquetees en forme de collunes striées,
et crenelees par le darriere, affin de neschauf-
fer les reins. Et flocquoit par dedans la des-
chiqueteure, de damas bleu, tant que besoing

estoit. Et notez quil auoit tresbelles griefues,
& bien proportionees au reste de sa stature.
¶ Pour la Braguette: feurent leuees seize aul
nes dung quartier dicelluy mesmes drap, et feut
la forme dicelle comme dun arc boutant, bien
estachee ioyeusement a deux belles boucles
dor, que prenoyent deux crochetz desmail, en
ung chascun desquelz estoit enchassee une grosse
esmeraugde de la grosseur dune pomme dorāge.
Car(ainsi q̄ dict Orpheꝰ li. de lapidib9. a Pline
li.10 ultimo) elle a vertu erectiue q̄ cōfortatiue
du membre naturel. Louuerture de la braguette
estoyt a la lōguer dune cāne, deschiquettée cōme
les chausses, auecques le damas bleu flottāt
comme dauant. Mais voyans la belle bro-
deure de canetille, et les plaisans entrelatz dor
feuerie, garniz de fins diamans, fins rubiz, fines turquoises, fines esmeraugdes, & unions
Persicques, vous leussiez cōparee a une belle
corne dabondance, telles q̄ voyez es antiquail-
les, & telle que dōna Rhea es deux nymphes
Adrastea, & Ida norrices de Iuppiter. Tous
iours gualāte, succulēte, resudāte, tousiours ver

c.ij

doyante, tousiours fleurissante, tousioures fru
ctistante, plene dhumeurs, plene de fleurs, ple
ne de fruictz, plene de toutes delices. Je aduo
ue dieu sil ne la faisoit bon veoyr. Mais ie
vous en exposeray bien dauantaige on sum
que tay faict de la dignité des braguettes. Dun
cas vous aduertis, q si elle estoit biē lōgue et
ample si estoit elle biē guarnie au dedās p biē
auitaillee. en rien ressēblāt les hypocriticqs bra
guettes dun tas de muguetz, qui ne sōt plenes
que de vent, au grand interest du sexe feminin.
¶ Pour ses souliers furēt leuees quatre cens
six aulnes de velours bleu cramoysi, q furent
deschicquettez a barbe descreuisse bien mignonement. Pour la quarreleure dyceulx furent
employez vnze cens peaulx de vacche brune,
taillee a quenes de merluz.
¶ Pour son saye furent leuez dix et huyt cens
aulnes de velours bleu tainct en grene, bordé
a lentour de belles vignettes a par le mylieu
de pintges dargent de cantille, encheuestré
de verges dor aurecques force perles, par ce de
notant quil seroit vn bon fessepinthe en son
temps.

❡ Sa ceincture feut de troys cens aulnes ₹ myede cerge de soye, moytie blãche et moytie bleue, ou ie suis bien abusé.

❡ Hõ espase nefeut Valẽtiẽne: ny sõ poignar Sarragossoys, car son pere hayssoit tous ces hidalgos Bourrachous marranisez comme diables, mais il eut la belle espee de Boys: ₹ le poignart de cuyr bouilly, pinctz ₹ dorez comme vn chascun souhaiteroit,

❡ Sa Bourse fut faicte de la couille dun Oriflant, que luy donna Her Pracõtal proconsul de Lybie.

❡ Pour sa robbe furent leuees neuf mille six cens aulnes moins deux tiers de Belours bleu comme dessus, tout perfile dor en figure diagonale, dõt par iuste perspectiue issoit vne couleur inommee, telle q̃ voyez es coulz des tourterelles, qui retoussoit merueilleusement les yeulx des spectateurs.

❡ Pour son bõnet feurent leuees troys cens deux aulnes vn quart de Belours blãc, et feut la forme dicelluy large ₹ ronde a la capacité du chief. Car son pere disoit que ces bonnetz a la Marrabeise faictz cõme vne crouste de pasté,

C iij

porteroyent quelque tour malencontre a li
tonduz.

¶ Pour son plumart portoit une belle grã
plume bleue prinse d'un Onocrotal du pa
de Hircanie la saluaige, Bien mignõnement
ẽtre suz l'aureille dextre.

¶ Pour son image auoit en une platine du
pesant soixante et huyct marcs, une figure
d'esmail cõpetent en laq̃lle estoit portraict ũ
corps humai ayãt deux testes l'une uiree uers
l'aultre, quatre bras, quatre piedz, a deux culz,
tel que dict Platon in sympopsio, auoir esté
l'humaine nature a son cõmãcement mystic
& au tour estoit escript en lettres Ioniques.

ΗΑΓΑΠΗ ΟΥ ΖΗΤΕΙ
ΤΑ ΕΑΥΤΗΣ.

¶ Pour porter au col: eut une chaine dor pe
sante vingt et cinq mille soixãte a toys marcs
dor, faicte en forme de grosses bacces, entre les
quelles estoyent en oeuure gros Iaspes uerdz
engrauez a taillez en Dracons to9 enuirõnez
de rayes a estincelles, comme les portoit iadis
le roy Necepsos. Et descendoit iusques a la

ucque du petit ventre. Dont toute sa vie
eut le monument tel que scauent les me$l-
s Gregoys.

Pour ses grãds furẽt mises en oeuure seize
aulp de sutins, z troys de loups garous põ²
a broderure diceulp. Et de telle matiere luy
eurẽt faictz par l'ozdõnãce des Cabalistes de
Sainlouand.

¶ Pour ses aneaulp (lesqlz Bonlut son pere
ql portast põ² renouesser le signe antiq de noblesse) il eut en doigt ibice de sa main gausche
vne escarboucle grosse cõe vn oeuf dausfruche
enchassee en or de seraph biẽ mignõnemẽt. on
doit medical dicelle, eut vn aneau faict des
quatre metaulp ensemble: en sa plus merueil
leuse faczon, q iamais feust veue, sans q lacier
froissast l'or, sans q l'argent foullast le cuyure,
Le tout feut faict par le capitaine Chappuys
Alcofribas so bõ facteur. On doigt medical
de la dextre eut vn aneau faict en forme spi-
rale, on q c'estoiẽt enchassez vn balay en perfection. vn diamãt en poincte, & vne esmeralde
de Physon de pris inestimable. Car Hans
Caruel grand lapidaire du roy de Me-

finde les estimoit a sa valeur de soixāte n
millions huyt cens nonante a quatre m
moutons la a grand laine: autant lestime
les fourchs daup Bourg.

℃ Les couleurs et liurées de
Gargantua.
Chapi. viij.

Les couleurs de Gargantua feurent
blanc et bleu:cōme cy dessus auez pu
lire. Et par icelles vouloit son pere qui
entēdist que celluy estoit vne ioyec eleste. Ca
le blāc luy signifioyt ioye plaisir, delices,et re
iouyssance, a le bleu:choses celestes. Jentendz
bien que lisans ces motz,vous mocquez du
VielBeuueur,a reputez l'oppositiō des couleurs
par trop induague e aßhorrente,a dictes que
Blanc signifie foy,et Bleu,fermeté. Mais sans
vous mouoir/corroucere/schaufer/ny altera
(car le temps est dangereux)respondez moy
si bon vous semble. D'aultre contraincte ne
vseray enuers vous,ny aultres qlz quil soyēt.
Seulement vous diray vn mot de la Bouteil
le. Qui vous meut:qui vous poinct:qui vous
poinct: qui vous dist:que Blanc signifie foy

et bleu fermeté. On (dictez vous) liure trepetu qui se vend par les bisouars porteballes on tiltre, Le Blasõ des couleurs. Qui la faict? Quiconques il soyt, en ce, a esté prudent, quil ny a poinct mis son nom. Mais au reste, ie ne scay quoy premier en luy ie doibue admirer, où son oultrecuydance, ou sa besterie. Son oultrecuydance qui sans raison, sans cause, & sans apparence, a causé prescrire de son autorité priuée quelles choses seroient denotées par les couleurs: ce que est l'usance des tirans qui voulẽt leur arbitre tenir lieu de raison: non de saiges & scauãs qui par raisons manifestes contentent les lecteurs. Sa besterie, qui a estimé q̃ sans aultres demonstrations & argumens valables le monde reigleroyt ses diuises par ses impositions badaudes. De faict (comme dict le prouerbe, a cul de foyrad tousiours abonde merde) il a trouue quelque reste de niays du temps des haultz bonnetz, lesquelz ont eu foy a ses escripts, Et scelon yceulx ont taillé leurs apophthegmes et dictez, en ont encheuestré leurs muletz, vestu leurs pages, escartelé leurs chausses, brodé leurs guandz: frãgé leurs lictz

lictz:painct leurs enseignes:composé chansons:& (que pis est) faict impostures & lasches tours clandestinemẽt entre ses pudicques matrones. En pareilles tenebres sont comprins ces glorieux de court & trãsporteurs de noms, lesqlz voulẽs en leur diuises signifier espoir sõt protraire vne sphere:des pẽnes doiseaux,pour penes,de Lancholie,pour melãcholie:la Lune bicorne,pour Viure en croissant:vn banc rompu,pour Banque roupte:non & vn ascret: pour non durhabit:Vn lict sans ciel pour vn licẽtie. Que sont homonymies,tant ineptes, tant fades,tant rusticques et barbares,que lõ doibvroyt atacher vne queue de Renard,au collet,et faire vn masque dune bouze de vache à vn chascun diceulx,qui en vouldroyt doresnauant vser en Frãce. Par mesmes raisons (si raisons les doibz nommer,& non resueries) feroys te paindre vn penier: denotant quon me faict pener. Et vn pot a moustarde,que cest mon cueur a q̃ moust tarde. Et vn pot a pisser,cest vn official. Et le fõd de mes chausses, cest vn vaisseau de petz,& ma braguette,cest le gresse des arrestz. Et vn estrõt de chien,ceſt vñ tronc de ceãs,ou gist lamour de mamye. Bien aultremẽt faiſoiẽt en tẽps iadys les saiges de Egypte,quand ilz escripuoyent par letres q̃lz appelloyent hieroglyphiques. Lesquelles nul nentẽdoyt q̃ nentendiſt:et vn chascun entẽdoit qui entẽdiſt la vertu,propriete,et nature des choses par ycelles figurees, Desquelles Orus Appollon a en Grec composé deux li= ures,τ Polyphile on songe damours en a dauentaigé epposé. En France vous en auez quelque transon en la deurse de monster Lad miral:laquelle premier porta Octauian. Auguste. Mais plus oultre ne fera voise mon esquif entre ces gouffres τ quez mal plaisans. Ie retourne faire scalle au port dont suys ys= su. Bien ay ie espoir den escripre quelque iour plus amplemẽt,τ monstrer tãt par raisõs philosophicques,que par autoritez receupues τ approuees de toute anciẽnete,quelles τ quãtes coleurs sont en nature,τ quoy par vne chascune peut estre designé,si le dieu me sauluë le mousse du bonnet,ceſt le pot au vin,cõme diſoyt ma mere grand.

¶ De ce qu'est signifie par les
couleurs blanc & bleu.
Chap.ij.

Le blanc doncques signifie ioye, soulas, & liesse: & non a tort le signifie, mais a bon droict & iuste tiltre. Ce que pourrez verifier si arriere mises vous affections voulez entendre ce que presentement ie vous exposeray. Aristoteles dict que supposez deux choses contraires en leur espece: comme bien & mal: vertu & vice: froid & chaud: blanc & noir: volupte et douleur: ioye & dueil, & ainsi des aultres: si vous les couplez en telle facon, q'un contraire d'une espece conuiegne raisonnablement a l'un contraire d'une aultre: il est consequent, q̃ l'aultre contraire compete auecques l'aultre residu. Exemple. Vertus & vice sont cõtraires en vne espece, aussy sõt bien & mal. Si l'un des cõtraires de la premiere espece conuient a l'un de la seconde, comme vertus & bien: car il est sceut, que vertus est bonne, ainsi feront les deux residuz, qui sont: mal & vice, car vice est mauluays. Ceste reigle logicale entẽdue, prenez ces deux contraires, ioye & tristesse: puis ces deux, Blanc & noir. Car ilz sont contraires physicalement. Et ainsi donques est q̄ noir signifie dueil, a bon droict, Blanc signifiera ioye. Et nest poinct cesté signifiance par imposition humaine institue, mais recepue par consentement de tout le monde, que les philosophes nomment ius gentium, droict Vniuersel valable par toutes contrees. Cōme assez sçauez que tous peuples, toutes nations (le excepte les antiques Syracusans et quelques Argiues: qui auoient lame de trauers) toutes langues voulens exteriorement demonstrer leur tristesse portent habit de noir, & tout dueil est faict par noir. Lequel consentement vniuersel nest faict, que nature nen donne quelq̄ argument & raison: laquelle vn chascun peut soubdain par soy comprendre sans aultremēt estre instruict de persone, laquelle nous appellons droict naturel. Par le Blanc a mesmes induction de nature tout le monde a entendu ioye, liesse, soulas, plaisir, & delectation. On temps passé les Traces & Cretes signoyent les iours bien fortunez & ioyeux, de pierres blanches: les tristes & defortunez, de noires.

La nuict n'est elle funeste/triste/& melancholieuse? Elle est noire & obscure par pution. La clarté nesiouist elle toute nature. Elle est blanche plus que chose que soyt. A quoy prouuer ie vous pourroys renuoyer au liure de Laurens Valle contre Bartole, le mays tesmoignage euangelicque vous contentera. Matth. 17. est dict que a la transfiguration de nostre seigneur: vestimenta eius facta sunt alba sicut lux, ses vestemens feurent faictz blancs comme la lumiere. Par laquelle blancheur lumineuse donnoyt entendre a ses troys apostres l'idée & figure des ioyes eternelles. Car par la clarté sont tous humains esiouyz. Comme vous auez le dit d'une vieille que n'auoyt dens en gueulle, encores disoit elle Bona lux. Et Thobie, cap. v. quãd il eut perdu la veue, lors q̃ Raphael le salua respondit. Quelle ioye pourray ie auoir qui poinct ne voy la lumiere du ciel? En telle couleur tesmoignerent les Anges la ioye de tout l'uniuers a la resurrectiõ du sauueur. Ioã. xx. & a son ascensiõ. Act. i. De semblable parure veit sainct Jean euangeliste

Apocal.4.(t.7.les fidelles vestuz en la celeste et beatifiée Hierusalem. Lisez les histoyres antiques tant Grecques que Romaines, vous trouuerez que la ville de Albe(premier patron de Rome)feut & construicte & appellée a limitation dune truye blanche. Vous trouuerez q̄ si a aulcun, apres auoir eu des ennemis victoyre, estoyt decreté quilz̄entrast en Rome en estat triumphant, il y entroyt sur vn char tiré par cheuaulx blāce. Autant celluy qui y entroyt en ouation. Car par signe ny couleur ne pouoyent plus certainement exprimer la ioye de leur venue que par la blācheur. Voꝰ trouuerez que Pericles duc des Atheniens voulut celle part de ses gensdarmes es quelz part sort estoyt aduenues les febues blāches, passer toute la iournee en ioye, soulas, & repos: cependant que ceulx de laultre part bataillloient. Mille aultres exemples & lieux a ce propos vous pourroys ie exposer, mais ce nest ycy le lieu. Moyennant laquelle intelligence pouez resouldre vn probleme, lequel Alexandre Aphrodise a repute insoluble. Pourquoy le Leon, qui de son seul cry et rugissement espouante tous animaulx, seulement crainct & revere le coq blanc. Car (ainsi que dict Proclus lib. de sacrificio & magia) cest par ce que la presence de la vertu du Soleil, qui est lorgane & promptuaire de toute lumiere terrestre & syderale, plus est symbolisante & competente au coq blanc: tout pour ycelle couleur, que por sa propriete & ordre specificque, que au Leon. Plus dict/ que en forme Leonine ont esté diables souvent veuz, lesqlz a la presence dun coq blanc soubdainement sont disparuz. Ce est la cause pourquoy Galli (ce sont les Francoys ainsi appellez par ce que blancs sont naturellement comme laict, q̃ les Grecz nomment galla) voluntiers portent plumes blanches sus leurs bonnetz. Car par nature, ilz sont ioyeux, candides, gratieux et bien amez: & pour leur symbole & enseigne ont la fleur plus que nulle aultre blanche: cest le lys. Si demandez comment? par couleur blanche nature nous induict entendre ioye & liesse te vous respons, que lanalogie & conformité est telle. Car comme le blanc exteriorement disgrege & espart la veue, dissoluent manifestement

tement les esperitz visifz, scelõ lopiniõ de Aristoteles en ses problemes, & des perspectifz, et
le voyez par experience: quand vous passez
les montz couuers de neige, en sorte que vous
plaignez de ne pouoir bien regarder, ainsi que
Xenophon escript estre aduenu a ses gens, et
comme Galen expose amplement lib.p. de
usu partium: tout ainsi le cueur par ioye excellente est interieurement espart & patist manifeste resolutiõ des esperitz vitaulx. Laquelle tant peut estre acreue: que le cueur demoureroit sposie de son entretient, & par cõsrquent
seroit la vie estaincte, par ceste perte, varie comme dict Gal. lib. 12. Methodi. libr. 5. de locis
affectis, & li.11. de symptomatū causis. Et comme estre au temps passe aduenu tesmoignent
Marc Tulle lib. 5 questio. Tuscul/ Verri9/
Aristoteles Tite Liue/ apres la bataille des
Cannes/ Pline lib.7.c.32.&.53. A. Gellius
lib.3.15.& aultres a Diagoras Rodien Chi-
lo/ Sophocles/ Diony tyrant de Sicile/ Phi-
lippides/ Philemon/ Policrata/ Philistion/
M. Iuuentz & aultres, qui moururent de
ioye. Et comme dict Auicenne in. 2. canone

et libro de Viribus cordis, du zaphran, lequel
tãt esiouist le cueur, quil se despouille de vie si
on en prend en dose excessiue, par resolution
& dilatation superflue. J'entre plus auant
en ceste matiere, que ne establisseys au com
mancement: ycy doncques calleray mes voil
les remettant le reste au liure en ce consomme
du tout. Et diray en vn mot que le bleu signi
fie certainement le ciel & choses celestes, par
mesmes symboles que le blanc signifioit toye
a plaisir.

⁋ De ladolescence de Gargan=
tua. Chap. y.

Gargantua depuis les troys iusques a
cinq ans feut nourry & institue en tou
te discipline conuenãte par le commã
dement de son pere, & celluy temps passa com
me les petitz enfans du pais, c'est assauoir a
boyre, manger et dormir / a manger, dormir,
boire, a dormir boyre / a manger /. Tous
iours se vaultroyt par les fanges, se masco
roit le nez, se chauffourroyt le visaige A culoyt
ses souliers, bailloit souuent aux mousches,

couroyt voulentiers aprez les parpaillons desquelz son pere tenoyt l'empire. Il pissoit suz ses souliers, il chyoit en sa chemise, il mouuoit dedans sa soupe. Et patroilloit par tout et beuuoit en sa pantoufle, & se frottoyt ordinairement le ventre d'un panier. Ses dens aguisoit d'un sabot, ses mains lauoyt de potaige, se pignoyt d'un guobelet, Les petitz chiens de son pere mangeoyent en son escuelle. Luy de mesmes mãgeoit auec qs eulx: il leur mordoit les aureilles. Ilz luy graphinoyent le nez. Il leur souffloyt au cul. Ilz luy leschoient les badigoinces. Et sabez quez fillotz, que mau de pipe boue byre, ce petit paillard tousiours tastonnoyt ses gouuernantes cen dessus dessoubz, cen deuant derriere, harry bourriquet: et desia commenczoyt a exercer sa braguette. Laquelle vn chascun iour ses gouuernantes ornoyent de beaux bouquetz, de beaux rubãs, de belles fleurs, de beaux floccars: & passoyent leur temps a la fayre reuenir entre leurs mains, comme vn mageafon dētrast. Puys s'en claffoyent de ryre quãd elle leuoyt les aureilles, comme si le ieu leurs eust pleu.

D ii

L'une la nommoit ma pitite dille, l'aultre ma pine, l'aultre ma brāche de coural, l'aultre mō bondon, mon bouchon, mō bibrequin, mō posouer, ma terière, ma petite andoille vermeille, ma petite couille bredouille. Elle est a moy disoyt l'une. C'est la mienne, disoyt l'aultre. Moy (disoyt l'aultre) ny auray ie rië: par ma foy ie la couperay dōcques. Ha couper, (disoyt l'aultre) vous luy feriez mal ma dame, coupp vōs la chose aux enfans? Et pour se batre cō me les petiz enfans du pays luy feirent vn beau virollet des aesles dun moulin a vēt de Myrebalays.

℄ Des cheuaulx faictices de
Gargantua. Cha
pitre vi.

Puis affin que toute sa vie feust bon cheuaulcheur, l'on luy feist vn beau grand cheual de boys, lequel il faisoyt penader saulter, voltiger: ruer & dancer tout ensemble aller le pas, le trot, l'entrepas, le galot, les ambles, le hobin, le traquenard, le camelin, & lou gier. Et luy faisoyt changer de poil, cōme fōt les moines de courtibaulx selon les festes, de bailbrun, d alezan, de gris pommelle, de poil de rat, de cerf, de rouen, de vache, de zencle, de pecile, de pye, de lettre. Et luy mesmes dune grousse traine, feist ung cheual pour la chasse, ung aultre dun fust de pressouer a to⁹ les iours, dun grand chaisne une mulle quecques la housse pour la chambre. Encores en eut il dix ou douze a relays, a sept pour la poste. Et to⁹ mettoit coucher auprès de soy. Un iour le seigneur de Painensac visita son pere, en gros train & apparat, on quel tour lestoyent semblablement venuz veoyr le duc de Francrepas & le compte de Mouille vent. Par ma foy le logis feut ung peu estroict pour tant de gés, & singulierement les estables: donc le maistre d hostel & fourrier dudict seigneur de Painensac pour sçauoir si ailleurs en la maison estoyét estables vacques: sadresserent a Gargantua ieune garsonnet, luy demandans secrettemét ou estoyent les estables des grands cheuaulx, pensans que voluntiers les enfans decelent tout. Lors il les mena par les grands degrez du chasteau passant par la seconde salle en une grande gualerie, par laquelle entrerent

d iij

en une grosse tour, & eulx montans par dauſtres degrez, diſt le fourrier au maiſtre dhoſtel, ceſt enfant nous abuſe, car les eſtables ne ſont iamais au hault de la maiſon. Ceſt(diſt le maiſtre dhoſtel)mal entendu a vous. Car ie ſcay des lieux a Lyon, a la Baſmette, a Chaiſnon & ailleurs, ou les eſtables ſont au plus hault du logis, ainſi peult eſtre que darriere y a yſſue au montouer. Mais ie le demanderay plus aſſeurement. Lors demanda a Gargātua Mon petit mignon, ou nous menez vous? A leſtable(diſt il)de mes grandz chevaulx. Nous y ſommes tantouſt, montōs ſeulement ces eſchallons. Puis les paſſant par une aultre grande ſalle, les mena en ſa chambre, & retyrant la porte voycy(diſt il)les eſtables que demandez, voy la mon Genet, voy la mon Guildin mon Lauedan, mon Tracquenard, & les chargeans dun gros luuier, ie vous dōne(diſt il)le Phryzon, ie l'ay eu de Francfort. Mais il ſera voſtre: il eſt bon petit chuallet, & de grand peine, auecques vn tiercelet Dautour, demye douzaine DHeſpa

gros,/ Et deux leuriers/ bõ˜ bõ˜ la roy des
Perdrys a Lieures po˜ tout cest hyuer. Par
sainct Jean (dirent ilz) nous en sommes bien,
a ceste heure auons nous le moine. Je le bõ
nye dist il. Il ne feut troys iours a ceãs. Deui
nez ycy du q̃l des deux ilz auoyẽt plus matie
re, ou de soy cacher pour leur hõte, ou de ryre,
pour le passetemps: Eulx en ce pas desceste
sens tous confus, il demanda. Douez vous
hue aubekere? Quest ce? disent ilz. Ce sont
respondit il, cinq estroncz pour vous faire vne
musliere. Pource iour dhuy (dist le maistre
dhostel) si nous sommes rostiz, ia au feu ne
bruslerons, car nous sommes lardez a poinct,
en mon aduis. O petit mignon, tu no˜ as bail
lé sin en corneue te boirray quelque iour pape.
Je lentendz, dist il, ainsi. Mais lors vous serez
papillon: a ce gentil pape qui ay sera vn pape
lars tout faict. Voyre, voyre, dist le fourrier.
Mais (dist Gargantua) deuinez combien
ya de poincts daguielle en la chemise de
ma mere? Seize, dist le fourrier. Vous (dist
Gargantua) ne dictez leuangile. Car il y en
a sens dauant & sens darriere & les cõptastes

d iiij

trop mal. Quand? dist le fourrier. Alors (dist Gargantua) qu'on feist de vostre nez une dissle: pour tirer un muy de merde: & de vostre gurge un entonnouoir, pour la mette en aultre vaisseau: car les fondz estoyent esuentez. Ca dieu (dist le maistre d'hostel) nous auons trouué un causeur. Monsieur le taseur dieu vous guard de mal, tant vous auez la bouche fresche. Ainsi descendens a grand haste soubz la ceau des degrez, laisserent tomber le gros liuier, quil leurs auoit chargé: dont dist Gargantua. Que d'autre vous estes mauluais cheuaucheurs: vostre courtault vous fault au besoing. Se il vous falloit aller d'icy a Cahusac, que aymeriez vous mieulx, ou cheuaucher un oyson ou mener une truye en laisse? J'aymerois mieulx boyre, dist le fourrier. Et ce disant entrerent en la sale basse, ou estoit toute la brigade: & racontans ceste nouuelle histoire, les feirent rire comme un tas de mousches.

¶ Comment Gargantua feut institué par un theologien en lettres latines. Chapitre. xiiij.

Ces propos entenduz le bon homme Grandgouzier fut ravy en admiration consideràt le hault sens & merueilleux entendement de son filz Gargantua. Et dist a ses gouuernantes. Philippe roy de Macedone congneut le bon sens de son filz Alexandre, a manier dextrement vn cheual. Car ledict cheual estoit si terrible & esfrené que nul ne ausoit monter dessus. Par ce que a tous ses cheuaucheurs il bailloit la saccade: a lun rompant le coul, a laultre les iambes, a laultre la ceruelle, a laultre les mandibules. Ce que considerant Alexandre en lhippodrome(qui estoit le lieu ou lon pourmenoit & bouffigeoit les cheuaulx)aduisa que la fureur du cheual ne venoit que de frayeur quil prenoit a son umbre. Dont montát dessus le feist courir encòtre le Soleil, si q lumbre tùboit par derriere,& par ce moyen rendit le cheual douxy a son vouloir. A quoy congneut son pere le diuin entendement qui en luy estoit & le feist tresbien endoctriner par Aristoteles qui pour lors estoit estimé sus tous philosophes de

Grece. Mais ie vous dis qu'en ce seul propos que i'ay presentement davant vous tenu à mon filz Gargantua, ie congnois que son entendement participe de quelque divinité tant ie le voy agu, subtil, profund, & serain. Et parviendra a degré souverain de sapience, s'il est bien institué. Par ainsi ie veulx le bailler a quelque homme scauant pour l'endoctriner scelon sa capacité Et ny veulx rien espargner. De faict l'on luy enseigua ung grand docteur en theologie nommé maistre Thubal Holoferne, qui luy aprint sa charte si bien qu'il la disoit par cueur au rebours: & y fut cinq ans a trois moys, puis luy leut/ Donat le Facet, Theodolet, & Alanus in parabolis: & y feut treze ans six moys. Et deux sepmaines Mais notez que ce pendant il luy apenoit a escripre Gotticquement & escripuoit tous ses liures. Car l'art d'impression n'estoit encores en usaige Et portoit ordinairement ung gros escriptoire pesant plus de sept mille quintaulx, du quel le gualimard estoit aussi gros & grand que les gros pilliers de Enay, & le cornet y pendoit a grosses chaines de fer, la capacité dun tonneau de marchandise. Puis luy leugt de modis significandi, auecques les commens de Hurtebise, de Fasquin, de Tropditeulx de Gualehault, de Jehan le veau, de Billonio, Brelinguandus, a vn tas daultres, a y feut plus de dixh uyt ans et vnze moys. Et le sceut si bien que au coupelaud il le rendoit par cueur a reuers. Et prouuoit sus ses doigtz a sa mere que de modis significandi non erat scientia. Puis luy leugt le compost, ou il feut bien seize ans et deux mois, lors que son dict precepteur mourut : a fut lan mil quatre cens et vingt, de la Berolle que luy vint. Apres en eut vn aultre vieulx tousseux, nommé m aistre Jobelin Bridé, qui luy leugt Hugutio, Hebrard, Graecisme, le doctrinal, les pars, le quid est, le suplementum. Marmotret, de moribus in mensa seruandis, Seneca de quatuor virtutibus cardinalibus, Passauantus cum commento. Et dormi secure pour les festes. Et quelques aultres de semblable farine, a la lecture desquelz il deuint aussi saige quonques puis ne fourneasmez nous.

¶ Comment Gargantua fut mis
soubz aultres pedaguoges.
¶ Chapitre. xiiij.

Tant son pere aperceut,que vraye
ment il estudioyt tresbien a y mettoit
tout son temps,toutesfoys quen rien
ne prouffitoyt. Et que pys,en deuenoyt fou
niays/tout reueux a rassoté. Dequoy se com
plaignãt a don Philippe des Marays Vi
ceroy de Papeligosse ne entẽdit q̃ mieulx luy
vauldroit riẽ naprẽdre q̃ telz liures soubz telz
Precepteurs aprẽdre. Car leur scauoir nestoyt
q̃ besterye,a leur sapiẽce nestoyt q̃ moufles,aba
stardisant les bons a nobles esperitz,a corrõ
pent toute fleur de ieunesse. Et quainsy soit,
prenez(disoit il)quelqun de ces ieunes gens du
temps present,qui ayt seulement estudié deux
ans/on cas qu'il ne ayt meilleur iugement,
meilleures parolles,meilleur propos que vo
stre filz,a meilleur entretien a honnesteté en
tre le monde,reputez moy a iamais vn taille
bacon de la Brene. Ce que a Grandgousier
pleut tresbien , a commenda quainsi seust
faict. Au soir en soupant,ledict des Marays

introduict vn sien ieune paige de Villegongys
nomme Eudemon tant bien testoné,tant bie~
pigné,tát bien espousseté,tant honneste en son
maintien,que trop mieulx ressembloyt qˉ que
petit Angelot,qun homme. Puis dist a Grãd
gousier. Voyez vous ce ieune enfant? il na en
cor seize ans/Voyons si bon vous semble quel
le difference y a entre le scauoir de vos res
veurs mateologiens du temps iadis,a les ieu
nes gens de maintenãt. Lessay pleut a Grãd
gosier,a commenda que le paige propouzast.
Alors Eudemon demandant congié de ce fai
re audict viceroy son maistre le bõnet au poïg/
la face ouuerte,la bouche vermeille,les yeulx
asseurez,a le regard assys suz Gargãtua,auec
ques modestie iuuenile se tint suz ses piedz,a
commencza le louer a gˉ gosier,premierement
de sa vertus a bonnes meurs,secondement de
son scauoir,tiercement de sa noblesse,quarte=
ment de sa beaulté corporelle. Et po² le quint
doulcement lep hortoyt a reuerer son pere en
toute obseruance,lequel tant sestudioyt a bië
le faire instruyre,a la fin le prioit a ce qu'il le
souffist retenir pourl le moindre de ses seruis

teurs. Car aultre don pour le present ne requeroyt des cieulx, sinon qu'il luy feust faict
grace de luy complaire en quelque seruice
agreable. Et le tout feut par ycelluy proferé
auecques gestes tant propres pronunciatio
tant distincte, voix tant eloquente, & langua
ge tant aorné & bien Latin, que mieulx re
sembloyt vn Gracchus, vn Ciceron ou vn
Emylius du temps passé, qun iouuenceau
de ce siecle mais toute la contenance de Gar
gantua fut, quil se print a p·urer comme vne
vache, & se cachoyt le visaige de son bonnet, Et
ne fut possible de tyrer de luy vne parolle, non
plus qun pet dun asne mort Dont son pere
fut tãt courroussé qu'il voulsut occire maistre
Iobelin, Mais ledict des Marais le guarda
par belle remonstrance qu'il luy feist: en ma
niere q fut son ire moderee, Puis cõmenda ql
feust payé de ses guaiges, & qu'on le frist bien
chopiner theologalment, ce faict qu'il alast
tous les diables. Au moins (disoyt il) pour le
iourdhuy ne coustera il gueres a son hoste, si
dauenture il mouroyt ainsi sou' ce mme vn
Angloys. Maistre Iobelin party de la mai

son, consulta Grandgousier auecques le Viceroy quel precepteur lon luy pourroyt bailler: & fut aduisé entre eulx, que a cest office seroyt mis Ponocrates pedaguoge de Eudemon, & que tous ensemble iroient a Paris, pour congnoistre quel estoyt lestude des iouuenceaux de France pour yceluy temps.

¶ Comment Gargantua fut enuoyé a Paris, & de lenorme iument que le porta, & comment elle deffist les mousches bouines de la Beauce. Chapitre. xv.

En ceste mesme saison Fayoles quart roy de Numidie enuoya du pays de Africque a Grandgousier vne iument la plus enorme & la plus grande que feut oncques beue, & la plus monstreuse. Comme assez scauez, que Africque aporte tousiours quelque chose de nouueau. Car elle estoyt grande comme six Oriflans, & auoyt les piedz senduz en doigtz, comme le cheual de Jules Cesar, les aureilles ainsi pendentes, comme les cheures de Languedoc, & vne

petite comme au cul. Au reste auoyt poil ba[y]
zan touffade entreillizé de grizes pommel[le]
tes. Mais suz tout auoyt la queue horrib[le]
Car elle estoyt poy plus, poy moins gr[osse]
comme la pile sainct Mars auprès de L[an]
gés: & ainsi quarrée, auecques les brancar[s]
plus ny moins ennicrochez, que sont les esp[is]
on blé. Si de ce vous esmerueillez: esmeru[eil]
lez vous dauantaige de la queue des Béli[ers]
de Scythie: que pesoyt plus de trente liu[res]
& des motons de Surie, es quelz fault (si T[ol]
naud dict vray) affuster une charrette au c[ul]
pour la porter: tant elle est longe & pesan[te]
Vous ne sauez pas telle vous aultres pa[il]
lards de plat pays. Et fut amenée par m[er]
en troys carracques & vn brigantin iusque[s]
au port de Olone en Thalmondoys. lor[s]
que grandgousier la veit, Voycy (dist il) b[ien]
le cas pour porter mon filz a Paris. Or za[ts]
par dieu, tout yra bien. Il sera grand clerc [au]
temps aduenir. Si n'estoient messieurs les b[e]
stes nous viurions comme clers. Au len[de]
main après boyre (comme entendez) prind[rent]
chemin, Gargantua, son precepteur Pono[cra]
tes &[c.]

kes et ses gens,ensemble eulx Eudemon le
ieune page, Et par ce que cestoyt en temps se=
rain et bien attrempé,son pere luy feit faire des
botes fauues Babin les nomme brosequins.
Ainsi ioyeusement passerent leur grand che
min,et touiours grāt chere:iusqs au dessus
de Orleans,On quel lieu estoyt une ample
forest de la longueur detrēte et cinq lieues q de
largeur dix q sept ou enuirō,ft celle estoit horri
blemēt fertile q copieuse en mousches bouures
q freslons en sorte que cestoit une brayeBriguā
derie pour les paouures iumēs,asnes,et che=
uaulx. Mais la iument de Gargantua ben
gea a hōnestement tous les oultrages en ycel
le perpetrees sur les bestes de son espece, par
un tour,duql ne se doubtoiēt mie. Car sous=
dain quilz feurent entrez en la dicte forest:q q
les freslons luy eurent liuré lassault,elle des=
guauia sa queue:et si bien sescarmouschant
les esmoucha,quelle en abatyt tout le boys,a
tors,a traues,dreza,dela,par cy,par la,de lōg
de large,dessus dessoubz,abatovt boys com=
me un fauscheur faict dherbes En sorte que
depuis ny eut boys ne freslons. Mais feut

petite comme au cul. Au reste auoyt poil ba-
zan touftade entreillize de grizes pommellet-
tes. Mais suz tout auoyt la queue horrible.
Car elle estoyt poy plus/poy moins grosse
comme la pile sainct Mars aupres de Lan-
ges: & ainsi quarree, auecques les brancars ny
plus ny moins enmcrochez, que sont les espicz
on bles. Si de ce bous esmerueillez: esmerueillez vous dauantaige de la queue des beliers
de Scythie: que pesoyt plus de trente liures,
& des motons de Surie, es quelz fault (si Te-
nauld dict bray) affufter vne charrette au cul,
pour la porter: tant elle est longe & pesante.
Vous ne sauez pas telle vous aultres paillards de plat pays. Et fut amenee par mer
en troys carracques & vn brigantin iusques
au port de Olone en Thalmondoys. Lors
que grandgousier la veit, Voycy (dist il) bien
le cas pour porter mon filz a Paris. Or za de
par dieu, tout yra bien. Il sera grand clerc on
temps aduenir. Si nestoient mrsseurs les bestes nous viurions comme clers. Au lendemain apres boyre (comme entendez) prindrent
chemin, Gargantua, son precepteur Ponocrates & ses

tout le pays reduict en campaigne. Quoy
voyant Gargātua y print plaisir bien grand
sans aultrement se ẽ vanter. Et dist a tous
ses gens. Je trouue beau ce. Dont fut depuis
appellé ce pays la Beauce. Finablement arriuerent a Paris, ou quel lieu se refraich-
deux ou troys iours faisant chere lye aus-
ques ses gens, a senquestant qu'lz gēs ṡcau-
estoient pour lors en la ville: a quel vin on
beuuoit.

ℂ Comment Gargantua paya sa
bien venue es Parsieus, a cōment il
print les grosses cloches de leccise
nostre dame. Chapi. p̃iij.

Quelques iours apres qu'lz se feurēt
fraichiz, il visita la ville: a feut de tout
le monde en grande admiration. Car
le peuple de Paris est tant sot, tant budau,
tant inepte de nature: qun basteleur, vn po-
teur de rogatons vn mulet auecques ses cy-
bales, vn vielleux on myliieu dun carrefour
assemblera plus de gens, que ne feroit vn
bon prescheur euãgelicque. Et tant moles-
ment le poursuyurēt:quil feut contraint se

34

poser sus les tours de lecclise nostre dame.
On quel lieu estant,& voyant tant de gens a
tour de soy:dist clerement. Je croy que ces
marroufles voulent que le leur paye icy ma
bien venue & mon proficiat. Cest raison. Je
leur voys donner le vin. Mais ce ne sera que
par rys. Lors en soubriant destacha sa belle
braguette,et tirant sa mentule en l'air les com
pissa sy aigrement,qu'en noya deux cens soixante
mille quatre cens dix huyt. Sans les femmes & petiz enfãs. Quelque nombre diceulx
esvada ce pissefort a legiereté de pieds. Et quãd
furet au plus hault delumiuersite,suans,touf-
fans,si aschans & hors d'haleine,commencerēt
renier et iurer,les plagues bieu. Je renye
bieu. Frandiene soy tu ben/la mer De/po cab
de bious/das dich gots leydē scens Ja martre
schens/ventre sainct Quenet/ vertus guoy/
par sainct Fiacre de Brye/sainct Treignant
ie fays veu a sainct Thibaud / Pasques
dieu, le bon iour dieu,le diable m'empor/Car:
mary Carimara/ par sainct Audouille/ par
sainct Guodegrin qui feut martyrize de pommes
e ij

cuyttes/par sainct Foutin lapostre/Ne
Ma Dia/Par saincte mamye,nous som
gnez par rys.dõt feut depuis la ville nõ
Paris laquelle au parauãt on appelloit [
tece. Comme dict. Strabo.lib.4.C'est [
en grec/Blanchette,pour les blanches cu[
des dames dudict lieu. Et par autãt q̃ [
nouelle impositiõ du nom,tous les as[
turerent chascun les sainctz de sa par[
les Parisiens,qui sont faictz de toutes [
et toutes pieces, sont par nature et bons
reurs et bons iuristes & quelque peu o[
cuydez, Dont estime Ioaninus de San[
co libro de copiositate reuerentiarum,qu[
dictz Parrhesiens en Grecisme : c'est [
fiers en parler. Ce faict considera les gr[
cloches questoiẽt esdictes tours, & les feist [
ner bien harmonieusement. Ce que fai[
luy vint en pensee quelles seruiroient bi[
campanes au coul de sa iument, laquel[
vouloit renuoyer a son pere toute charg[
fromaiges de Brye,et de harans fraiz [
faict les emporta en son logys. Ce pend[
vint vn commandeur iambonnier de sa[

toine pour faire sa queste suitte : lesqlz pour se
entēdre de loing, a faire trēbler le lard ou
nier les Bouluts a porter furtiuemēt. Mais
honesteté les laissa nō par ce qlles estoiēt
chauldes, mais pource quelles estoient
que peu trop pesantes a la portee. Il ne
par cessuy de Bourg: Car il est trop de
amys, toute la Ville fut esmeue en seditiō
me vous scaurez que a ce ilz sont tant fa-
que les nations estranges se sbahissent
la patience des Roys de France, lesquelz
ultrement par bonne iustice ne les refrenēt:
uz les incōueniēs q en sortēt de iour en iour,
kust a dieu que ie sceusse l'officine en laql-
sont forgez ces schismes a monopoles, pour
mettre en euidence es confraries de ma par
sse. Croyez que le lieu on quel conuint se
mple tout fossré et sabaliné, feut So Bone
sors estoit, maintenant n'est plus, l'oracle de
Lucece. La feut proposé les cas, a remonstré
inconueniēt des cloches trasportees. Apres
uoir bien ergoté pro a contra, feut conclud en
Paralipton, que l'on enuoyroyt le plus vieulx
suffisant de la faculté theologale vers Gar-
e iiij

gantua pour luy remonstrer l'horrible inco[n]-
uement de la perte dycelles cloches. Et n[on ob]-
stant la remonstrance daulcuns de l'uni[uer]-
sité, qui alleguoient que ceste charge mie[ulx]
competoyt a ung orateur, que a ung theolo[gien]
feut a cest affaire esleu nostre maistre J[ano]-
tus de Bragmardo.

¶ Comment Janotus de Bragmardo [fut]
enuoyé pour recouurer de Gargantu[a]
les grosses cloches.
Chapt. xvij.

Maistre Janotus tondu a la Ces[a]-
ne, vestu de son lyripipion theolog[al]
a bien antidoté lestomach de con[fi]-
grnac de four, et eau beniste de caue, se transp[or]-
ta au logis de Gargantua, touchant daua[nt]
soy troys bedeaulx a rouge muzeau, a train[e]
apres cinq ou six maistres inertes bien cro[tez]
a profit de mesnaige. A l'entrée les rencont[ra]
Ponocrates: & eut frayer en soy les voia[ns]
ainsi desguisez et pensoit que feussent qu[el]-
ques masques hors du sens. Puis s'enqu[e]-
sta a quelqun desdictz maistres inertes de l[a]
bande, que queroyt ceste mommerye? Il l[uy]

fut respondu, quilz demandoient les clocches
leurs estre rendues. Soubdain ce propos
entendu Ponocrates alla dire les nouelles
a Gargātua: affin qu'il feust prest de la respō
se deliberast sur le champ que estoit de faire.
Gargātua admonesté du cas appelle a part
Ponocrates son precepteur, Philotime son
son maistre d'ostel, Gymnaste son escuyer, et
Eudemon, & sommairement conferra auecques
eulx sur ce que estoit tant a faire que a respō
dre. Tous furent daduis que on les menast
au recratel du goubelet & la on les feist boire
theologalement, & affin q̄ ce tousseux n'entrast
en vaine gloire pour a sa requeste auoir rēdu
les clocches, l'on mandast ce pendant qu'il
chopineroyt querir le Preuost de la ville, le
Recteur de la faculté, le Vicaire de leccise: es
quelz, dauāt que le theologien eust proposé sa
commission, l'on deliureroit les clocches. Apres
ce yceulx presens l'on oyroit sa belle haran-
que. Ce que feut faict, et les susdictz arriuez
le theologien feut en plene salle introduict, et
commencza ainsi que sensuyt en toussant.

e iiii

¶ La harangue de maistre Janotus
de Bragmardo faicte a Gargantua
pour recouurer les
cloches.

Hen/ hen/ hen, Mna dies. Monsieur
Mna dies. Et vobis messieurs. Ce ne
seroyt que bon que nous rendissiez noz
cloches, Car elles nous fōt bien besoing. Hen/
hen/ hasch. Nous en auions bien aultresfoys
refusé de bon argent de ceulx de Londres en
Cahors, sy auions nous de ceulx de Bourdeaulx en Brye, qui les vouloiēt achapter por
la substantificque qualité de la complexion
elementare, que est intronificquée comme
en la terreistrette de leur nature quidditatiu'
pour estranetzer les halotz et les turbines
suz noz vignes, brayement noz vignes, brayement nō pas nostres, mais dicy aupres, Car
si nous perdons le piot: nous perdons tout et
sens a loy. Si vous nous les rendez a ma requeste, ie y guaigneray six pans de sauscices,
et vne bōne paire des chausses, que me seront
grand bien a mes iambes, ou ilz ne me tiendront pas promesse. Ho par dieu dōne vne pair

dechausses sont bonnes. Et Vir sapiens non
abhorrebit eam. Ha, ha, Il na pas paire de
chausses qui veult. Je le scay bien quant est
de moy Aduisez domine, il y a dixhuyt iours q̃
ie suis a matagraboliser ceste belle harangue.
Redite q̃ sunt Cesaris Cesari, & que sunt dei
deo. Par ma foy dñe, si voulez souper auecques
moy, in camera per le cor dieu charitatis, nos
faciemus bonum cherubin. Ego occidi vnum
porcum, & ego hz bonum vina. Mais de bon
vin on ne peult faire mauluais latin. Or sus
de parte dei, date nobis clochas nr̃as. Tene
te vous donne ie p la faculté vn sermones de
Vtino: que vtinam vous nous bailles nos cloches. Vultis etiam pardonos: per diem vos
habebitis, et nihil poyabitis. O monsieur dñe
clochidonna minor nobis. Dea est bonum vrb
Tout le monde sen sert. Si vostre iument sen
trouue bien: aussi faict nostre faculté, que com
parata est iumentis insipientibus: & similis
facta est eis psalmo, nescio quo, si lauoys ie
bien quotté en mõ paperat Hz̃, hen, ehz̃, hasch
Czã ie vous prune que me les doibuez bailler.

Ego si argumentor, Omnis clocha clochabilis in clocherio clochando clochans clochatiuo clochare facit clochabiliter clochantes, Parisius habet clochas. Ergo gluc, ha/ha/ ha, C'est parlé cela, Il est in tertio prime en Darii ou ailleurs. Par mon ame i'ay veu le teps que ie faisoys diables de arguer. Mais de present ie ne fais plus que resuer, Et ne me fault plus dorenauant, que bon vin, bon lict, le dous au feu, le ventre a table, et escuel le bie profode. Hay, domine: ie vous pry in noie patris & filii & spiritus sancti Amen, que vous rendez noz cloches & dieu vous gard de mal, & noftre dame de fante, qui viuit et regnat per omnia secula seculorum, Amen. Ken hasch ehasch grenhenhasch. Deruemin vero quan do, quidem dubio procul Edepol quoniam ita 'certe meus deus fidius, Vne ville sans cloches, est comme vn aueugle sans baston/vn asne sans cropiere/et vne vacche sans cymbales. Jusques a ce que nous les ayez rēdues nous ne cesserons de crier apres vous comme vn aueugle qui a perdu son baston, de brailler, comme vn asne sans cropiere, & de bramer comme vne vacche sans cymbales. Vn qui-

dam latinisateur demourãt pres lhostel dieu
dist vne foys, allegant lautorité dun Capon
nus, le saulp: cestoyt Pontanus poëte seculier, quil desyroit quelles feussent de plume
& le batail seust dune queue de Renard: pource quelles luy engendroiẽt la chronicque aux
tripes du cerueau, quand il composoyt ses
vers carminiformes. Mais nac petetin pete
tacticque/torche/lorgne, il seut declare here
ticque. Nous les faisons comme de cire. Et
plus nen dict le deposant. Valete & plaudite.
Calepinus recensui.

Comment le theologien emporta son drap, & comment il eut proces cõtre les Sorbonistes.
Chapl. xix.

LE theologien neut poinct si toust acheue, que Ponocrates & Eudemon sensclaffrent de rire tant profondement,
que en cuyderent rendre lame a dieu, ny plus,
ny moins que Crassus voyant vn asne couillart qui mangeoyt des chardons : & comme
Philemon voyant vn asne qui mangeoyt
des figues quon auoit apresté pour le disner

mourut de force de rire. Ensemble eulx commença de rire maistre Janotus/a qui mieulx mieulx tant que les larmes leurs venoient es yeulx: par la vehemente concution de la substance du cerueau: a laquelle furent exprimées ces humiditez lachrymales, & transcoullees jouxte les nerfz optiques. Les rys du tout cedez, consulta Gargantua auecques ses gens sur ce questoit de faire. La feut Ponocrates daduis qu'on feist reboyre ce bel orateur. Et veu quil leurs auoit donné de passetemps, & plus faict rire que neust Songecreux, quon luy baillast les dix pans de saulcice mentionnez en la joyeuse harangue, auecques vne paire de chausses troys cens de gros boys de mousse / vingt & cinq muitz de vin/vn lict a triple couche de plume anserine,/& vne escuelle bien capable & profonde, lesquelles disoit estre a sa vieillesse necessaires. Le tout feut faict ainsi qil auoit esté deliberé Excepté q Gargātua doubtant que on ne trouuast a lheure chausses commodes pour ses iambes: doubtant aussy de quelle façon mieulx duyroient au dict orateur, ou a la martingualle pour plus aisement fianter, ou

a la marinière, pour mieulx soulaiger les roignons, ou a la Bouice pour tenir chaulde la
bedondaine, ou a queue de merluz, de peur des
chauffer les reins: luy feist liurer sept aulnes
de drap noir & troys de blanchet pour la dou-
bleure. Le boys feut porté par les guaingnede
niers, les maistres es ars porterent les saulcices & escuelles, Maistre Janotus voulut porter
le drap. Vn desdictz maistres nommé maistre
Jousse Bandouille luy remonstroit que ce ne
stoit honeste ny decent lestat theologal, & quil
le baillast a quelqun dentre eux. Ha (dist Janotus) Baudet. Baudet, tu ne côcluds poinct
in modo & figura, Voy la de quoy seruent les
suppositiõs, & parua logicalia. Pannus p quo
supponit: Confuse (dist Bandouille) & distri-
butiue, Je ne te demande pas (dist Janotus)
Baudet, quô supponit, mais pro quo cest Baudet pro tibiis meis. Et pource le porteray ie
egomet, sicut suppositum portat adpositũ Ain
si lemporta en tapinois, comme serst Patelin
son drap. Le bon feut quand le tousseup glo-
rieusement en plein acte de Sorbone requist
les chausses & saulcices, Car peremptoire-

ment luy feurent deniez, par autant quilz en auoit eu de Gargantua scelon les informations sur ce faictes. Il leur remonstra, que ce auoit este de gratis & de sa liberalité par laqlle ilz nestoient mie absoubz de leurs promesses. Ce nonobstant luy feut respondu: quil se contentast de raison, & que aultre busq il auroit. Raison:(dist Janotꝰ) Nous nen vsons poīct ceans. Traistres malheureux vous ne valez rien. La terre ne porte gens plus meschans q̄ vous estes. Je le scay bien: ne cloeßez pas dauant les boyteux. Jay experce la meschanceté auecqꝫ vous. Par la rate dieu, ie aduertiray le Roy des enormes abus que sont forgez ceans et par voz mains & menez. Et que ie soye ladre sil ne vous faict tous vifz brusler cō me bougres, traistres, hereticqs, & seducteurs ennemys de dieu & de vertus. A ces motz prindrent articles contre luy, Luy de laultre costé les feist adiourner. Somme le proces feut retenu par la court, & y est encores. Les Sorbonicoles sur ce poinct feirēt veu de ne soy descroter: maistre Janot auecques ses adherēz feist veu de ne se moucher, iusques a ce quen feust ñé par arrest definitif. Pas ces jeux sont iusques a presēt demourez a croteux q morueux, car la court na encores bię grabelé toutes les pieces. Larrest sera donné es prochaines Calendes Grecques. C'est a dire: iamays. Comme vous sçauez quilz sont plus que nature, et contre leurs articles propres. Les articles de Paris, chantēt que dieu seul peult faire choses infinies. Nature, rien ne faict immortel: car elle mect fin q periode a toutes choses par elle produictes. Car omnia orta cadunt q cet. Mais ces auasseurs de frimare font les proces dauāt eulx pendens, q infiniz, q immortelz. Ce que faisans ont donné lieu, q verifié le dict de Chilon Lacedemonien consacré en Delphes, disant misere estre compaigne de proces: q gens playdoiens miserables. Car plus tost ont fin de leur vie que de leur droict pretendu.

℣ Lestude q diete de Gargantua, Scelon la discipline de ses pcepteurs Sorbonagres.
Cha. pp.

Les premieres tours ainsi passez & les
cloches remises en leur lieu: les citoyẽs
de Paris par recongnoissance de ceſ
honnesteté se offrirent dentretenir & nourrir ſõ
iument tant quil luy plaisoit. Ce que Gar
gātua print bien a gré. Et lenuoyerent viure ẽ
la forest de Biere. Ce faict voulut de tout ſõ
sens estudier a la discretion de Ponocratẽ.
Mais icelluy pour le commancement ordõ-
na, quil feroit a sa maniere acoustumee: affĩ
dentendre par quel moien en sy long tẽps ſes
antiques precepteurs lauoiẽt rendu tant ſoc
ntays/& ignorant. Il dispensoyt doncques ſõ
temps en telle facʒon, que ordinairement il ſe
ueilloit entre huyct & neuf heures, feust iour
non, ainsi lauoient ordonné ses regens theo
giques, allegans ce que dict Dauid. Danũ
est vobis ante lucem surgere. Puis se guã-
bayoit, penadoit, & paillardoit par my le lict
que temps pour mieulx esbaudir ses esperíz
animaulx, & se habilloit selon la saison, mais
volentiers portoyt il vne grãde et lõgue robbe
grosse frize fourree de regnardz: apres se pei
gnoyt du peigne de Almain, c'estoit des quatre
doigtz

doigtz q le poulce. Car ses precepteurs disoiẽt,
que soy aultrement pigner, lauer, q nettoyer,
estoit perdre temps en ce monde. Puis fian-
toit,pissoyt, rendoyt sa gorge, rottoit, esternuoit,
q se mouoyt en archidiacre/q desieunoyt pour
abatre la rouzee q mauluays aer: belles tripes frites, belles carbonades, beaulx iambõs
testes cabirotades, a force souppes de prime.
Ponocrates luy remonstroit, que tant soubdain ne debuoit repaistre au partir du lict, sãs
auoir premierement faict quelque exercice.
Gargantua respondit. Quoy: N'ay ie faict
suffisant exercice? Ie me suis vaultré six ou
sept tours par my le lict dauãt que me leuer.
Ne est ce assez? Le pape Alexandre ainsi faisoit par le conseil de son bon medicin Iuif: et
vesquit iusques a la mort, en despit des en-
uieux: mes premiers maistres me y ont acoustumé disans que le desieuner faisoit bonne
memoire, pourtant y beuuoient les premiers.
Ie men trouue fort bien, q nen disne q mieulx.
Et me disoit maistre Tubal (qui feut premier
de sa licence a Paris) que ce nest tout laduan-
taige de courir bien toust, mais bien de partir

f

de bonne heure: aussi n'est ce la santé totale à
nostre humanité, boyre a tas, a tas, a tas com
me canes: mais ouy bien de boire matin.

Unde Versus.
Leuer matin, n'est point bon heur,
Boire matin est le meilleur.

Apres auoir bien a poinct desieuné, alloit a l'e
glise, a luy portoit on dedans ung grand penier
ung gros breuiaire empantophlé, pesant tant
en gresse que en fremoirs a parchemin peu
plus peu moins unze quintaulx. La oyoit
vingt a six ou trente messes, a ce pendant ve
noit son diseur d'heures en place, empaletoc
qué comme une huppe, a tresbien antidoté son
alaine a force syrop vignolat, Auecques ice
luy marmonnoyt toutes les Kyrielles: & si cu
rieusement les espluschoit, qu'il n'en tomboit
ung seul grain en terre. Au partir de l'ecclise, on
luy amenoit sur une traine a beufz ung farat
de patenostres de sainct Claude, aussi gros
ses chascune, qu'est le moulle d'ung bonnet:
et se pourmenant par les cloistres, galeries, ou
iardin en disoit plus que seze hermites. Puis

estudioyt quelque meschante demye heure, ses peulx assis dessus son liure, mais (comme dict le Comicque) son ame estoit en la cuysine. Pissant doncq plein official, se asseoyt a table. Et par ce qu'il estoit naturellement phlegmaticque, commencoit son repas, par quelques douzaines de iambons, de langues de beuf fumees, de Boutargues, dandouilles, et telz aultres auant coureurs de vin. Ce pendant quatre de ses gens, luy gettoient en la bouche l'un apres l'aultre continuement moustarde a pleines paierées, puis beuuoit un horrificque traict de vin blanc, pour luy soulaiger les roignons. Apres mangeoit selon la saison viandes a son appetit, et lors cessoit de manger quand le ventre luy tiroit. A boire n'auoit point, fin, ny canon. Car il disoit que les metes et bournes de boire estoient quand la personne beuuant le siege de ses pantophles enfloit en hault d'un demy pied. Puis tout sourdement grignotant d'un traict so de graces, se lauoit les mains de vin frais, se curoit les dens auec un pied de porc, et deuisoit ioyeusemēt auec ses gēs, puis le verd estēdu

f ij

l'on desployoit force cartes, force dez, & renf[ort]
de tabliers. La jouoyt au flux, A la prime, [a]
la voix, A la pille, A la triumphe, a la picard[ie,]
au cent, a l'espinay, a trente & un, a pair & seque[n]
ce, a troys cens, au malheureux, a la conden[a]
nade, a la carte virade, au maucontent, au c[u]
cu, a qui a si parle, a pille/nade/tocque/for[t,]
mariage, au guay, a l'opinion, a qui faict l[e]
faict.lauttre, a la sequence, au luettes, au t[a]
rau, a coquimbert qui guaigne perd, au belin
au torment, a la ronfle, au glic, aux honneu[rs]
a la mourre aux eschetz, au renanrd. Au m[e]
relles, Au vaschés, A la blanche, A la cha[sse]
A troys dez, Au tables, a la nicnocque. [A]
fourche, a la renette, au varignin, au trictra[c]
toutes tab'es, Au tables rabatues, Au re[n]
guebieu, Au forcé, au dames, A la babou, a[u]
mus secundus, au pied du cousteau, Au cl[é]
au franc du carreau, A pair ou'fou, a croix [&]
pille, au pingres, a la bille, au fauatier, au b[a]
bou, Au dorlot du lieure, a la tirelitantain[e]
cochonnet va devant, au pies, a la corne, [au]
beuf viloe, a la chevesche, au propous, a l[e]
pinse fans rire, a picoter, a deferrer la m[u]le

tautru, au bourry bourry jou, a le massieu la
garbe doubus, a la bousquine, a tire la broche,
a la boutte foyre, a compere preftez moy vo-
ftre sac, a la comtte de Belfer, a goutte hors, a
figues de marseille, a la mousque, a laribertru, a la ramasse, ou croc ma dame, a vendre
sauoine, a souffler le charbon, au respõsaulles,
au iuge vif, iuge mort, a tirer les fers du four,
au fault billain, au caisseteaux, au bossu au
hean, a sait trouué, a pinse mouille, au poirier,
a pimpompet, Au trion, Au cercle, A la truye,
a ventre contre ventre, aux combres, a la vergette, au palet, au ie suis, a foucquet, Au qlles,
au rampeau, a la boulle plate, au pallet, a la
courte boulle, a la griesche, a la recoquillette,
Au cassepot, A montalent, a la pyrouete, au
louchees, au court baston, au pyreuollet, a cli-
ne muzete, au picquet, a la Blãcque, au furon,
a la seguette, au chastelet, a la regre a la fousse-
fete, au romsflart, a la trompe, au moyne, au
tenebry, a lesbaby, a la sousse, a la nauette, a
sessart, au ballay, a sainct Cosme ie te viens
adorer, au chesne forchu, au cheuau fondu, a
la queue au loup, a pet en gueulle, a Guille-

f iij

l'on desployoit force cartes, force dez, & renfort
de tabliers. La jouoyt au flux, à la prime, à
la vole, à la pille, à la triumphe, a la picardie,
au cet, a l'espinay, a trente & un, a pair & sequence, a troys cens, au malheureux, a la condem-
nade, a la carte virade, au maucontent, au con-
cu, a qui a si parle, a pille/nade/rocque/fon, a
mariage, au guay, a l'opinion, a qui faict l'un
faict l'aultre, a la sequence, au luettes, au te-
rau, a coquimbert qui guaigne perd, au belin,
au torment, a la ronfle, au glic, aux honneurs,
a la mourre aux eschetz, au renard. Au ma-
relles, Au baschés, A la blanche, A la chan.
A troys dez, Au tables, a la nicnocque, Au
fourche, a la renette, au barignin, au trictrac,
toutes tables, Au tables rabatues, Au ren-
guebeu, Au forcé, au dames, A la babou, a pri-
mus secundus, au pied du cousteau, Au clef,
au franc du carreau, A pair ou sou, a croix ou
pille, au pingres, a la bille, au savatier, au hi-
bou, Au dorelot du lievre, a la tirelitantaine,
sochonnet va devant, au pies, a la corne, au
beuf biloe, a la chevesche, au propous. a te le
pinse sans rire, a picoter, a deferrer la mule, a

min baille my ma lance, a la brandelle, au tri
zeau, au boseau, a la mousche, a la migne
gne beuf, au provous, a neuf mains, au cha
fou, au pouts ches uz, a cosin brde, a la grolle,
cocquantin, a Cossin maillard, a myrelima
sie, a mouschart, au crapault, a la crosse, au
ston, au bille boucquet, au roynes, au mestier
a leste a teste bechevel, a lauer la coiffe ma
me, au beslistrau, a semer lauoyne, a buffau
au mollinet, a defendo, a la virevouste, a la t
culle, au laboureur, a la cheuesche au escou
tes enragées, a la beste morte, a montemo
lesch-sette au porceau mory, a cul salle, au
gōnet, au tiers, a la bourree, au sault du bu
son a croyzer, a la culte cache, a la masse bo
se en cul, au nic de la bondree, au passauant
la fique, ou petart ades, a pisse moutarde,
cambos, a la recheute, au picandeau, a crocq
teste a la grosse, a la grue, a taillecoup, au li
zardes, au alouettes, au chinquenaudes. A
auoir bien ioué a besulé temps conuenoit b
re quelque peu, cestoient buze peguadz po
homu, a soubdain apres bancqueter cesto
sus vn beau banc, ou en beau plein lict seste

se a dormir beuuoit ou troys heures sans mal penser, ny mal dire. Luy esueillé secouoit ūn peu ses aureilles: ce pēdāt estoit aporté vī fraīs la beuuoit mieulx q̄ iamais. Ponocrates luy remōstroit, q̄ cestoit mauluaise diete, q̄ sī boyre apz dormir. Cest (respōdit Gargātua) la vraye vie des peres. Car de ma nature ie dors salsé: q̄ le dormir ma valu autāt de iābō. Puis com mēceoit estudier quelque peu, a patenostres en auāt. pour lesq̄lles mieulx en forme expedier: mōtoit sus vne vielle mulle, laquelle auoit ser uy neuf Roys, ainsi marmonāt de la bouche q̄ dodelināt de la teste alloit veoir prēdre q̄lq̄ cō nyl aux filletz. Au retour se transportoit en la cuysine po̅ sçauoir quel rousti estoit en broche Et souppoit tresbiē p ma cōsciēcē, q̄ volstiers cōuioit q̄lq̄s beueurs de ses voisins, auec les q̄lz beuuāt dautāt, cōptoiēt des vieulx iusq̄s es nouueaulx. Entre aultres auoit po̅ do mesticq̄s les seigneurs du fou, de Gourui lle de Grignault q̄ de Marigny. Apz souper venoiēt en place les beaux euāgiles de boys, cest a dire force tabliers. ou le beau fluz, En deux, troys: ou a toutes restes po̅ abreiger, ou

f iiij

ble alloiẽt veoir les garses detour, a petitz ban-
quetz par my, collations z arrierecollations.
Puis dormoit sans desbuder, iusques au lendemain huict heures.

¶ Cõment Gargantua feut institué
par Ponocrates en telle discipline,
qu'il ne perdoit heure du iour.
Chapitre. xxi.

Q Vand Ponocrates congneut la vi-
tieuse maniere de viure de Gargãtua
delibera aultrement le instituer en lettres, mais pour les premiers iours le tolera,
considerant que nature ne endure poinct mu-
tations souddaines, sans grande violence.
Pour doncques mieulx son ouure cõmencer,
supplya vn scauãt medicin de celluy temps,
nommé maistre Theodore: a ce qu'il cõside-
rast si possible estoit remettre Gargantua en
meilleure voye. Lequel le purgea canonique-
ment auec Elebore de Anticyre, z par ce me-
dicament luy nettoya toute lalteration z peruerse habitude du cerueau. Par ce moyen
aussi Ponocrates luy feist oubblier tout ce
qu'il auoit apris soubz ses antiques precepteurs

comme faisoit Timothé a ses disciples qui auoient esté instruictz soubz aultres musiciés. Pour mieulx ce faire, sintroduysoit es côpaignies des gens scauans, qui là estoient, a lemulation desquelz luy creust lesperit q le desir de estudier aultrement q se faire valoir. Apres en tel train destude se mist qu'il ne perdoit heure quelconques du iour: ains tout son temps consommoit en lettres q honneste scauoir. Se esueilloit doncques Gargantua enuiron quatre heures du matin. Ce pendant qu'on le frotoit, luy estoit leue quelque pagine de la diuine escriture haultement et clerement auec prononciation competente a la matiere, q a ce estoit commis vn ieune page natif de Basché, nommé Anagnostes. Scelon le propos q argument de ceste leczon, souuentesfoys se adonnoit a reuerer/adorer/prier/q supplier le bon Dieu duquel la lecture monstroit la maiesté q iugemens merueilleux. Puis alloit es lieux secretz faire excretion des digestions naturelles. La son precepteur repetoit ce que auoit esté leu: luy exposant les poinctz plus obscurs q difficiles. Eulx retournâs cô-

sideroient lestat du ciel, si tel estoit côme lauoyt
noté au soir pcedãt:& ẽ ẽlz signes entroit le So
leil,aussi la Lune pour icelle iournee. Ce faict
estoit habillé peigné, testonné, accoustré, & par
fumé, durãt lequel tẽps on luy repetit les lecõs
du ior dauãt. Luy mesmes les disoyt par cueur:
& y fondoit ãlq cas praticques & cõcernãs lestat
humain lesq̃lz ilz estẽdoiẽt aulcunesfoys iuſ
ques deup ou troys heures, mais ordinairemẽt
cessoiẽt lors qu il estoit du tout habille. Puis par
troys bõnes heures luy estoit faicte lecture. &
faict yssoiẽt hors, tousiours cõfurẽs des ppos
de la lecture:& se desportoiẽt en Bracque ou es
prez, & iouoiẽt a la balle ou a la paulme, gaillẽ
ment se epercens les corps, côme ilz auoiẽt les
ames au parauant Tout leur ieu n'estoyt
quen liberte:car ilz laissoient la partie quant
leur plaisoyt, & cessoiẽt ordinairement lors
suoient parmy le corps, ou estoient aultremẽt
las. Adõcq estoiẽt tresbien essuez, & frottez, chã
geoient de chemise:& doulcement se pourme
nans alloient veoir sy le disner estoyt prest
La attendens recitoient clerement & eloquen
tement quelques sentences retenues de la

saizon. Ce pendant monsieur lappetit venoit: & par bonne opportunité sasseoient a table. Au commencement du repas estoit leue quelque histoire plaisante des anciènes prouesses: ins̃ques a ce q̃ euſt pris son vin. Lors(si bon sem̃ bloit)on cõtinuoyt la lecture:ou cõmencoient a deuiser ioyeusemẽt ensemble parlans pour les premiers mois de la vertus,proprieté, efficace,& nature,de tout ce q̃ leur estoit seruy a table Du pain/du vin/de leau/du sel,des viã des,poissons,fruictz,herbes,racines,& de lappreſt dycelles. Ce que faisant aprint en peu de temps tous les passaiges a ce competens en Pline, Athene, Dioscorides, Galen, Porphyre, Opian, Polybe, Heliodore, Aristoteles, A. stian & aultres. Iceulx propos tenens faisoient souuant, pour plus estre asseurez, apporter les liures susdictz a table. Et si bien & entierement retint en sa memoire les choses dictes, que pour lors nestoit medi- cin, qui en sceust a la moytié tant comme il faisoit. Par apres deuisoient des le- çons leues au matin,& parachevant leur re- pas par quelq̃ cõfection de coloniat,se scuroit les dens aueecques vn trou de Lentisce, se lauoit les mains & les yeulx de belle eau fraischhe: & rendoient graces a dieu par quelques beaulx cantiques faictz a la louange de la munificence & benignité diuine. Ce faict on aportoit des cartes, non pour iouer, mais pour y aprendre mille petites gentillesses, & inuentions nouuelles. Lesquelles toutes yssoient de Arithmeticque. En ce moyen entra en affection de ycelle science numerale, & tous les iours apres disner & souper y passoit temps aussi plaisantement, quil souloit es dez ou es cartes. A tant sceut dicelle & theoricque & practicque, si bien que Tunstal Angloys, qui en auoit amplement escript: confessa q́ vrayment en comparaison de luy il ny entendoit que le hault Alemant. Et non seulement dicelle, mais des aultres sciences mathematicques, comme Geometrie, Astronomie, & Musicq. Car attendans la cocoction & digestion de son past: ilz faisoient mille ioyeulx instrumes & figures Geometricques, & de mesmes practiquoit les canons Astronomicques. Apres se esbaudissoient a chanter musicalement a quatre & cinq

parties, ou suz vn theme a plaisir de gorge.
Et au reguard des instrumens de musicque,
sapzint iouer du luc,de lespinnette,de la har
pe,de la flutte de Alemant a neuf trouz,de
la viole,τ de la sacqueboutte. Ceste heure ainsi employée,la digestion paracheuee,se purgoit
des excremens naturelz: puis se remettoit a
son estude principal par troys heures ou dauantaige: tant a repeter la lecture matutina-
le,que a poursuyure le liure entreprins,q̃ aussi
a escripre q̃ bien traire a former les antiques q̃
Romaines letres. Ce faict yssoient hors leurs
hostel auecques eulx vn ieune gentil homme
de Touraine,nommé lescuyer Gymnaste,le-
ql luy monstroit lart de cheualerie. Chãgeãt
dõcqs de bestes mõtoit sus vn coursier,sus
vn roussin,sus vn genet,sus vn cheual legier:
q luy dõnoyt cẽt quarrieres, le faisoit voltiger
en lair,franchir le fossé,saulter le palys,court
tourner en vn cercle,tant adextre cõe a senestre. La rõpoyt nõ la lãce. Car cest la plº grã
de reserye du mõde, dire, Iay rõpu dix lances
en tournoy,ou en bataille, vn charpãtier le feroit bien. Mais louable gloire est dune lance

auoir rompu dix de ses ennemys. De sa lan-
doncq asserée, verde, & roidde rompoyt vn huys,
enfoncçoyt vn arnoys, acculloyt vn arbre, en
clauoyt vn aneau, enleuoyt vne selle darmes
vn aubert, vn guantelet. Le tout faisoit armé
depied en cap, Au reguard de fanfarer & fayre
les petitz popismes sus vn cheual nul ne le
feist mieulx que luy. Le voltigeur de Ferra-
re nestoyt qu'un cige en coparaison. Singulie-
remēt estoyt aprins a saulter hastiuemēt dun
cheual sus laultre sans prendre terre. Et nommoyt on ces cheuaulx, deuoltoyres, & de chascun cousté la lance on poing, mõter sans estriuieres, & sãs bride guyder le cheual a son plaisir. Car telles choses seruent a discipline militaire. Vnaultre iour se exerceoyt a la hasche,
Laquelle tant bien couloyt, tant vertumēt de
tous picz reserroyt, tant jouppremēt auallort
en taille ronde, quil feust passé cheuarier darmes en cãpaigne, & en tous essays. Puis bris-
foyt la picq, sacqueyt de lespee a deux mains,
de lespee bastarde, de lespagnole, de la dague
& du poignard, armé, nẽ armé, au boucler, a
la cappe, a la rondelle. Couroyt le cerf, le cho-

teil,Iours,le daim,le sanglier,le lieure,la perdrys,le faifãt,lotarde. Jouoyt a la grosse balle,z la faisoyt bondir en lair autant du pied,q̃ du poing. Luctoyt, couroyt, saultoyt, non a toys pas ũ sault, non a cloche pied, non au sault. dalement. Car (disoyt Gymnaste) telz saulx sõt inutiles, q de nul bien en querre, mais dun sault persoyt ũ fousse, vollott sus ũne haye, mõtoyt six pas encontre une muraille, grompoyt en ceste façon a une fenestre de la haulteur dune lãce. Nageoyt en profonde eau, a lendroit, a lenuers, de cousté, de tout le corps, des seulz pieds, une main en lair, en laquelle tenant un liure transpassoyt toute la riuiere de Seine sans icelluy mouiller a tyrant par les dens son manteau, comme faisoyt Jules Cesar, puis dune main entroyt par grande force en bateau : dicelluy se gettoyt derechef en leau la teste premiere, sondoyt le parfõd, creuzoyt les rochiers, plõgeoyt es abymes, q gouffres Puis icelluy Basteau tournoyt, gouuernoyt, menoyt hastiuemẽt lentemẽt à fil deau ãtre cours, le retenoit en pleine escluse,

dune main le guidoyt, de laultre se scrimoy
auecq ung grand cuiron, tendoyt le voile, montoy
au matz par les traictz, couroyt sus les bran
quars, adiustoyt la Boussole, côtreuentoit les
Boulines, bendoyt le gouuernail. Issant de leau
roydement montoyt encontre la montaigne
et deualloyt aussi franchement, grauoyt es
arbres comme ung chat, sauttoyt de lune en
laultre côme ung escurieulx, abastoyt les grans
rameaulx côme ung aultre Milo: auec deux
poignars asseurez et deux poinsons esprouez
montoyt au hault dune maison comme un
rat, descendoit: puis du hault en bas en telle
composition des membres, que de la cheute
nestoyt aulcunement greué Iectoyt le dart
la barre, la pierre, la iaueline, le espieu la hal
Barde, enfonceoyt larc, bandoyt es reins les
fortes arbalestes de passe, visoyt de lharqueBouse a loeil, affustoyt le canon, tyroit a la
Butte, au papaguay, du bas en môt, damont
Bal, dauât, de costé, en arriere, côme les Par
thes On luy atacboyt ung cable en quelque haul
te tour pédât en terre: par icelluy auecqs deux
mais môtoyt, puis deualoyt sy roidemêt, a
asseurement

asseurement, que plus ne pourriez pmy vn pré
tien egualé. On luy mettoyt vne grosse perse
che aporée a deux gros arbres, a ycelle se pen
doyt par les mains, a dycelle alloyt et ve
noyt sans des piedz a rien toucher, que a
grande course on ne leust peu aconcepuoir.
Et pour se exercer le thorax a poulmõ, crioit
comme tous les diables. Ie louy vne foys ap
pellãt Eudemon depuis la porte sainct Vi
ctor iusques a Montmartre, Stentor neust
oncques telle voix a la Bataille de Troye. Et
pour guarantir les nerfz, on luy auoyt faict
deux grosses saulmones de plõb chascune du
poys de huyt mille sept cens quintaulx lesqlles
il nõmoyt alteres. Icelles prenoyt de terre en
chascune main a les esleuoyt en lair au dessus
de sa teste, et les tenoyt ainsi sans soy remuer
troys quars d'heure a dauãtaige, q estoyt vne
force inimitable. Iouoit aux barres auecques
les plus fors. Et quãd le poinct aduenoit se
tenoit sus ses piedz tãt roiddemẽt qz se abãdõ
noit es pl9 aduẽtureux en cas qz le feissẽt mo
uoir de sa place, Commet Milo faisoit jadis.
A limitation duquel aussi tenoyt vne pome

de grenade en sa mai,q la dõnoyt a q luy po
royt bouster. Le temps ainsi employé, suy fu
té, nettoyé,q refraischy dhabillemẽs/tout dou
cement retournoyt q passans per quelque
prez, ou aultres lieux herbuz visitoient les
arbres q plantes, les cõferans auec les liures
des anciẽs qui en ont escript comme Theo
phraste, Dioscondes, Marinus, Pline, Nico
ber, Macer,q Galen,q en emportoient leurs
plenes mains au logis, desquelles auoyt la
charge vn ieune page nomme Rhizotome,en
semble des marrochons, des ploches, cerfouil
tes, beches, trãches,q aultres instrumẽs requis
a biẽ arbouzer. Eulx arriuez au logis ce pẽdã
quon apprestoyt le souper repetoient quelq
passaiges de ce quauoyt este leu q sasseoient a
table. Notez ycy,que son disner estoit sobre q
frugal,car tant seulemẽt mangeoit pour refre
uer les haboys de lestomach, mais le souppe
estoyt copieux q large, Car tant en prenoyt q
luy estoyt de besoig a soy entretenir q nourrir
Ce que est la braye diete prescripte par lart
de bõne q sceure medicine,quoy qun tas de ba
d aulx medicine herselez en lofficine des Ara
bes conseillent le contraire. Durant ycelluy

…pas estoit continuee la leczon du disner, tāt
que bon sembloyt, le reste estoyt cōsomme en
bons propos tous letrez & vtiles. Apres graces
rendues se aḋḋnoient a chanter musicalement, a iouer dinstrumens harmonienx, ou
de ces petiz passetēps quon faict es cartes,
es dez, & goubeletz, & la demouroient faisans
grand chere & se baussans aulcunesfoys iusques a lheure de dormir, quelq̃ foys alloient
visiter les compaignies des gens letrez, ou de
gens que eussent veu pays estranges. En pleine nuyct dauant que soy retyrer alloient on
lieu de leur logys le plus descouuert veoir la
face du ciel, & la notoient les cometes sy aulcu
nes estoient, les figures, situations, aspectz op
positions, & coniōnctions des astres. Puis
auecques son precepteur recapituloyt briefue-
ment a la mode des Pithagoricqs tout ce dq̃
auoyt leu, veu, sceu, faict, & entēdu on decours
de toute la iournee. Si prioēt dieu le createᵘ en
ladorāt, & ratifiāt leur foy enuers luy, & le glori
fiāt de sa bōte īmēse, & luy rēdāt graces de tout:
le tēps passe, se recōmedoiēt a sa diuine clemēce
pᵘ tout laduenir. Ce faict ētroiēt en leᵘ repos.

g ij

℃ Cõment Gargantua employoyt le têp[s]
quand lair estoit pluuieulx.
Chap. xxij.

S il aduenoyt q̃ lair feust pluuieux, in[tẽ]
pere, tout le temps dauant disner esto[yt]
employe comme de coustume, excepte [qͥl]
faisoyt allumer ung beau et clair feu, pour co[r]
riger lintemperie de lair. Mais apres disn[er]
en lieu des exercitations, ilz demouroiẽt en [la]
maison, & estudioint en lart de painctrie, & s[cul]
pture: ou reuocquoient en usaige lõticque [jeu]
des tales, ainsi quen a escript Leonicus,[et]
comme y ioue nostre bon amy Lascaris en[ ]
iouãt recoloient les passages des aucteur[s]
anciens esquelz est faicte mention ou pri[n]
quelque metaphore sus icelluy ieu: ou allo[ient]
ßeoir cõment on tiroyt les metaulx, ou cõ[me]
on fondoit lartillerie: ou alloient beoir l[es]
lapidaires, orfeures & taylleurs de pierrerie[s,]
ou les Alchymistes & monoyeurs, ou les ha[ul]
telssiers, les tissotiers, les uelotiers, les doul[ciers]
les Horologiers, mirailliers, imprimeurs, horg[a]
nistes, tinturiers, & aultres telles sortes do[uv]
uriers, & par tous donnans le vin, aprenoi[t]

consideroient linduſtrie et inuention des meſ
tiers. Alloient ouir les leczons publicques,
les actes solennelz, les repetitions, les decla-
macions, les pladoyez des gentilz aduocatz, les
concions des preſcheurs euãgelicques. Paſ-
ſoyt par les salles & lieux ordonnez pour le-
ſcrime, & la contre les maiſtres eſſayoit de
tous baſtons, & leur monſtroyt par euidence
que autant voyre plus en ſcauoyt que iceulx.
Et au lieu de arboriſer, viſitoient les bouti-
ques des drogueurs: herbiers & apothecaires, &
ſoigneuſement conſideroient les fruictz, raci-
nes, feueilles, gõmes, ſemences, axunges, pe-
regrines, enſemble auſſy comment on les adul-
ſtroyt. Alloyt veoir les baſteleurs, trejectaires
& theriacleurs, & conſideroyt leus geſtes leurs
ruſes, leurs ſoubzeſſaulx, & beau parler ſingu-
lierement de ceulx de Chaunys en Picardie,
car ilz ſont de nature grans iaſeurs & beaux
bailleurs de balliuernes. Eulx retournez pour
ſoupper: mangeoient plus ſobrement que es
aultres iours, & viandes plus deſiccatiues &
extenuantes: affin que lintẽperie humide de
lair, communiquee au corps par neceſſayre

¶ Cõment Gargantua employt le[temps]
quand l'air estoit pluuieulx.
¶ Chap. xvij.

S'il aduenoyt q̃ l'air feust pluuieux, [tout]
pere tout le temps dauant disner esto[yt]
employé comme de coustume, excepté [qu'il]
faisoyt allumer vn beau et clair feu, pour c[or]
riger l'intemperie de l'air. Mais apres dis[ner]
en lieu des exercitations, ilz demouroiẽt en
maison & estudioint en l'art de painctrie, & s[cul]
pture: ou reuocquoient en vsaige l'ãticque [ieu]
des tales, ainsi. qu'en a escript Leonicus,[&]
comme y ioue nostre bon amy Lascaris e[n]
iouãt recolotent les passages des aut[heurs]
anciens esquelz est faicte mention ou p[ar]
quelque metaphore sus.icelluy ieu: ou allo[ient]
veoir cõment on tiroyt les metaulx, ou co[m]
me on fondoit l'artillerie: ou alloient veoir l[es]
lapidaires, orfeures & tailleurs de pierrerie[s]
ou les Alchymistes & monoyeurs, ou les ha[ul]
telissiers, les tissotiers, les velotiers, les dom[a]
les horologiers, miralliers, imprimeurs org[a]
nistes, tincturiers, & aultres telles sortes do[uv]
uriers, & par tous donnans le vin, aprenoi[ẽt]

consinité,feust par ce moyen corrigee qué le[s]
feust incōmode par ne soy estre exercilez:c[ō]
auoiēt de cōstume. Ainsi fut gouuerne Ga[r]
gātua q continuoyt ce proces de iour en to[u]
pfitant cōme entēdez que peut fayre vn ieun[e]
hōme de bon sens/en tel exercice/ainsi conti
nué, Lequel cōbien que semblast pour le com
mencement difficile, en la continuation ta[nt]
douly fut/legier/q delectable,que mieulx r[e]
sembloyt vn passetemps de roy, que lestu[de]
dun escholier, Toutesfoys Ponocrates po[ur]
se seio'ner de ceste vehemēte intētiō des espe[r]
aduisoyt vne foys le moys quelque iour b[ien]
clair q serain,on quel bougeoient au matin [de]
la Ville,q alloient ou a Gentilly,ou a Bolo
gne,ou a Montrouge,ou au pont Charan
ton,ou a Vanues,ou a sainct Clou. Et l[a]
passoient toute la tournee a fayre la plusgr[āt]
de chere,dont ilz se pouoiēt aduiser, raissa[nt]
gaudissans,beuuās dautāt, iouans, chantā[s]
dansans, se voytrans, en quelque beau pré,[de]
nigeans des passereaulx/prends des caille[s]
peschans aux grenoilles,q escreuisses. Ma[is]
encores que icelle tournee fust passee sans l[ivres]

…res à lectures, poinct elle nestoit passée sans
…fit. Car en beau pré ilz recoloient par cueur
…quelques plaisans vers de lagriculture de Vir
…gile, de Hesiode, du Rustice, de Politian, descry
…oient quelque plaisans epigrames en latin:
…puys les mettoient par rondeaulx & balades
en langue Francoyse. En banquetant du vin
…ais que separoient leau: cõme lenseigne Cato
…de re rust., & Pline avecq un goubelet de Lyér
…, sauoient le vin en plein bassin deau, puys
…retiroient avec un embut: faisoiẽt aller leau
…dun verre en aultre, bastissoiẽt plusieurs petiz
…gins automates, cest a dire, soy mouens
…eulx mesmes.

¶ Comment feut meu entre les fouaciers
de Lerné, et ceulx du pays de Gargantua le grand debat, dont furent
faictes grosses guerres.
¶ Chapitre. xxiij.

EN cestuy temps, qui feut la saison de
vendanges on cõmãcemẽt de Automne,
les bergiers de la cõtree estoiẽt a garder
…les vignes, & empescher q̃ les estourneaulx ne
…mãgeassẽt les raisis. En q̃l tẽps les fouaciers

E iiij

de Lerné passoient le grand quarroy men[ant]
dix ou douze charges de fouaces a la vill[e.]
Lesdictz bergiers les requirēt courtoisemēt le[ur]
en bailler pour leur argēt au pris du march[é.]
Car notez que c'est viande celeste, manger [à]
desiuner des raisins avecq la fouace fraisch[e,]
mesmement des pineaulx, des fiers, des m[us]
schadeaux, de la bicane, et des foyrars pou[r]
ceulx qui sont constipez de ventre, Car ilz le[s]
font aller long comme un bouge: et souuant
cuydans peter ilz se conchient, dont sont nommez les vindēgeurs de vendanges. A leur reque
ste ne feurent aucunement enclinez les fouaciers, mais (que pys est) les oultragerent gra[n]
dement en les appellant, Trop diteulx, Bre-
chedēts, Plaisans rousseaulx, Galliers, Chi-
enlictz, Lime sourdre, Faict nede, Friandeaux,
Bustarins, Talvassiers, Rienneuaulx, Rustres, Challās, Happelopins. Trainneguai-
gnes, gentilz flocquetz, Copieux, Landore[s,]
Malotrus, Desnus, Baugears, Tezez, Ga[u]
bregeux, Gogueluz, Claquedens, Boyers de
trōs, Bergiers de merde: a aultres telz epith[e]
tes diffamatoyres, adioustans que point [ne]

eulx n'apartenoit mãger de ces belles fouaces, mais qu'ilz se debuoient côtenter de gros pain ballé,et de tourte. Auql oultraige vn d'lCeulx nommé Frogier, bien honneste homme de sa personne,et notable bachelier respondit doulcettement. Depuis quand auez-vous prins les cornes,qu'estes tant rogues deuenuz? Deuãt, nous en souliez bolũtiers bailler, & mainctenant y refusez? Ce n'est faict de bons voisins. & ainsi ne vous faisons nous quãd vous venez icy achapter nostre beau frumẽt: dont vous faictes vos gasteaux & fouaces: encores par le marché, vous eussions nous donné de nos raisins, mais par l'ame de vous en pourriez repentir, & aurez quelque iour affaire de nous, lors nous serons enuers vous a la pareille, & desmaintenant vous en soubuienne. Adõcques Marquet grand bastonnier de la confrarie des fouaciers luy dist. Vrayement tu es bien acresté a ce matin: tu mẽgeas ersoir trop de mil. Vien cza, vien cza, ie te donneray de ma fouace. Lors Forgier en toute simplesse aprocha tyrant vn vnzain de son baudrier: pensant que Marquet luy deust depes

cher de ses fouaces, mais il luy bailla de son
fouet a travers les iambes si rudement que
les noudz y apparoissoiẽt: puis voulut gaigner
a la fuyte: mais Forgier se crya au meurtre,
et a sa force tant quil peut ensemble luy gec
ta vn gros tribard quil portoit soubz son escel
le, & le attainct par la iotncture coronale de la
teste, sus lartere crotaphique, du cousté dextre: en sorte que Marquet tombit de dessus
sa grande iument, mieulx semblant vn hom-
me mort que vif. Ce pendant les mestaiers, q̃
la aupres challoiẽt les noix, accoururẽt auec
leurs grãdes gaules & fraperent sus ces foua
ciers comme sus seigle verd. Les aultres ber
giers & bergieres, ouyans le cry de Forgier y
vindrent auec leurs fondes & braffiers. & les
suyuerent a grandes coups de pierres tant me
nuz quil sembloit que ce feust gresle. Finable=
ment les aconpceurent & housterent de leurs
fouaces enuiron quatre ou cinq douzaines,
touteffoys ilz les payerẽt au pris acoustumé,&
leurs donnerent vn cent de quecas, et troys pa
nerees de frãcs aubiers. Puys les fouaciers
ayderẽt a mõter Marquet, qui estoit villai-

nemēt blesse: et retournerēt a Lerne sās poursuyure le chemī de Parille: menassās fort ser-
me les bouiers/bergiers/ͣ mestaters de seuille
ͣ de Synays. Ce faict ͣ Bergiers ͣ Bergieres
feirent chere lye auecqͫ ces fouaces ͣ beaulx
raisins/ͣ serigolerēt ēsemble au sō de la belle
bouzine: se mocquans de ces beaulx fouaciers
glozieulx ͗ auoiēt trouue male encōtre p faulte
de se stre sseignez de la bōne matī au matin. Et
auec gros raisins chenis estuuerēt les iābes de
fozgier mignōnemēt sī bien feut tātost guery.

¶ Cōmēt les habitās de Lerne par le cō-
mādemēt de Picrochole leur roy assail-
lirēt au despourneu les bergiers de
Gargātua. Chap. pxiiij.

Les fouaciers retournez a Lerne soubdain dauāt boyre ny māger se trāsporte-
rent au capitoly, ͣ la deuāt leur roy nō-
me Picrochole, tiers de ce nom, proposerent
leur complaincte, monstrans leurs paniers
rompuz leurs bonnetz foupiz leurs robbes
dessirees, leur fouaces destroussees et singulierement Marquet feut blesse enorme-
ment/disans le tout auoir este faict par les

bergiers & mestaiers de Grandgousier, pres le grand carroy par dela Seuillé. Lequel incontinent entra en courroux furieux, & sans plus oultre se interroguer quoy ne comment, feist crier par son pays ban & arriere ban, & que ung chascun sur peine de la hart convint en armes en la grãd place, devãt le chasteau, a heure de midy. Pour mieulx cõfermer son entreprinse, envoya sonner le tabourin a l'entour de la ville. Luy mesmes ce pẽdãt quõ aprestoit son disner, alla faire affuster son artillerie, & desployer son enseigne & oriflant, & charger force munitions, tant de harnoys darmes que de gueulles. En disnant bailla les commissions & feut par son edict cõstitué le seigneur Guyoemmault sur lauantgarde, en laquelle feurent contez seize mille hacquebutiers, trente cinq mille auanturiers. A l'artillerie feut commis le grand escuyer Toucquedillõ, en laquelle feurẽt cõtees neuf cens quatorze grosse pieces de brõze, en canõs, doubles canons, baselicz, serpentines, couleurines, bõbardes, faulcons, passeuolãs, spiroles, & aultres pieces. L'arriere guarde feut baillé au duc Raquenart. En la bataille se tint le

roy & les princes de son royaulme. Ainsi som‑
mairemēt acoustrez, dauāt q̄ se mettre en voye
enuoyerēt troys cens cheuaulx legiers soubz
la conduicte du capitaine Engouleuent, pour
descouurir le pays, & scauoir sil y auoit nulle
embusche par la contree. Mais auoir diligē‑
ment recherché trouuerent tout le pays alen‑
uiron en paix & silence, sans assemblee qconques. Ce que entendant Picrochole cōmenda
quu̇ chascun marchast soubz son enseigne ha‑
stiuement. Adōcques sans ordre & mesure prin
drent les champs les uns par my les aultres
gastans & dissipans tout par ou ilz passoient,
sans espargner ny pauure ny riche, ny lieu sa‑
cré, ny prophane, emmenoient beufz, vaches,
taureaulx, veaulx, genisses, brebis moutons,
cheures, & boucqs: poulles, chappons poulletz,
oysōs, iards, oyes, porcs, truyes, guorretz aba‑
tās les noix, vēdāgeās les vignes, emportās
les seps, croissans tous les fruictz des arbres.
Cestoit vn desordre incōparable de ce q̄lz fai‑
soient. Et ne trouuerēt persōne qcōques q̇ leur
resistast, mais vn chascun se mettoit a sa mer
cy, les suppliāt estre traictez pl⁹ humainemēt,

en cōsideration de ce qu'ilz, auoiēt de tous te[ps]
estez bons & amiables voisins, & que iama[is]
enuers eulx ne commirēt excés ne oultraig[e]
po[ur] ainsi soubdainement estre par iceulx m[al]
brepez,& que dieu les en puniroit de brief. Es[quelles]
quelles remonstrāces, rien plus ne respōdoi[ent]
si non quilz leurs vouloient aprendre a ma[n]
ger de la fouace.

℃ Comment vn moyne de Seuillé sau[l]
ua le cloz de labbaye du sac des ennemys.   Cha. xxv.

TAnt feirent & tracasserent en pillant [&]
larronnant, quilz arriuerent a Seuill[é]
& detrousserent hommes & femmes, [&]
prindrent ce quilz peurēt, rien ne leurs feut [ne]
trop chaud ny trop pesant. Combien que l[a]
peste y feust par la plus grande part des ma[i]
sons, ilz entroient par tout, & rauissoient to[ut]
ce questoyt dedans, & iamais nul nen p[rint]
dangier. Qui est cas asses merueilleux. C[ar]
les curez vicaires prescheurs, medicins, chiru[r]
giens & apothecaires, qui alloient visiter pen[n]
ser, guerir, prescher, & admonester les malade[s]

eſtoient tous mors de linfection, & ces diables
pilleurs & meurtriers oncqs ny prindrẽt mal.
Dont vient cela meſſieurs: penſez ie vous pry.
Le bourg ainſi pillé, ſe trãſporterẽt en labbaye
auecques horrible tumulte, mais la trouuerẽt
bien reſerree & fermee: dont larmee principale
marſcha oultre vers le gue de Vede, exceptez
ſept enſeignes de gens de pied & deux cens lances qui la reſterent & rompirent les murailles
du clous affin de guaſter toute la vendange.
Les pauures diables de moynes ne ſcauoiẽt
auqͤl de leurs ſaincts ſe vouer a toutes aduentures feirẽt ſonner ad capitulum capitulãtes
la feut decreté quilz ferotent vne belle pceſſiõ,
renforcee de beaulx prechans & letanies cõtra
hoſtiũ inſidias, & beaulx reſpõds pro pace. En
labbaye eſtoyt poᵘ lors vn moyne clauſtrier
nõme frere Jean des entõmeures ieune, gual-
lãt, friſque, de hayt, bien a dextre, hardy, aduentureux, deliberé, hault, maigre, bien fendu de
gueule, bien aduantage en nez, beau deſpeche²
dheures beau debude² de meſſes, beau decrote²
de vigilles poᵘ tout dire, vn vray moine ſi oncqs

en feu depuis que le monde moynat : moyne
de moynerie. Au reste : clerc iusques es dêts
matiere de Breuiare. Icelluy entendât le bruyt
que faisoyent les ennemys par le cloux de la
vigne, sortit hors poꝰ veoir ce quilz faisoiet. Et
aduisant qu'ilz vêdâgoiêt leurs cloux, on que
estoyt leur voyte de tout son fondée, retour
au cueur de leclise ou estoiêt les aultres moy
nes tous estonnez côme fondeurs de cloches
les qlz voyât chanter. Jm, im, pe, e, e, e, e, e, tum,
um, i, n, i, nin, mi, co, o, e, o, o, rū, um. Il est,
il, biê ch.é chanté Vertus dieu : que ne chan
vous A dieu paniers vêdâges sôt faictes ?
me dône au diable, silz ne sont en nostre clos
tant bien couppent a seps a raisins, quilz
aura par le corps dieu de quatre annees
halleboter dedâs. Ventre sainct Iacques
boyrons nous cependât, noꝰ aultres paum
diables ? Seigneur dieu da mihi potu.
dist le prieur clauftral. Que fera cest hyure
gne icy : Quon me ie mene en puson, : ouble
ainsi le seruice diuin : Mais : (dist le morne)
seruice du vin faisons tant qu'il ne soyt tro
blé, car voꝰ mesmes monsieur le prieur, ayme
boyxe

pere du messieur, sy faict tout homme de b̄,
jamais hōme noble ne hayst le bō xī Mais
ces responds que chantez ycy ne sont par dieu
point de saison. Pour quoy sont nos heures en
temps de moissons & bēdanges courtes, & en
ladvēt & tout hyuer tant longues? Feu de bō
ne memoyre frere Mace Pelosse, vray zela-
teur, ou ie me dōne au diable, de nostre religion,
me dist, il men souuient, que la raison estoyt,
affin qu'en ceste saison nous factions bien ser
rer & fayre le vin & qu'hyuer nous le humōs.
Escoutez messieurs vous aultres: q̄ aymez le
vin le cor dieu sy me suyuez. Car hardiment q̄
sainct Antoine me arde sy ceulx tastēt du pyot
qui nauront secouru la vigne. Vētre dieu, les
biēs de leeclise: ha nō nō. Diable sainct Tho
mas langloys voulut bien pour lieulx mourir, si ie y mourroys ne seroye ie pas sainct de
mesmes? Ie ny mourray ia pourtant, car cest
moy qui le foys es aultres. Ce disāt mist bas
son grād habit, & se saisit du baston de la croix,
qui estoyt de cueur de cormier long cōme vne
lance, rond a plain poing & quelque peu semé
de fleurs de lys toutes presque affacees. Ain
si

si sortit en beau sayon & mist sõ froc en eſch[ar]-
pe. Et de ſon baſton de la croix dõna ſy bruſ-
quemẽt ſus les ennemys qui ſans ordre ny[e]
ſeigne,ny trõpete,ny tabourin p my le clo[s]
vendãgoient: Car les porteguydons & por[te]
ſeignes auoiẽt mys leurs guidõs & enſeign[es]
lorce des meurs,les tabourineurs auoient[e]
foncez leurs tabourins dũ couſte,po[ur] les ẽ-
plir de raiſins,les trompettes eſtoient char[ges]
de mouſſines: chaſcun eſtoyt deſtray e, Il ch[o]
qua doncques ſi roydemẽt ſus eulx ſans d[i]
re guare,quil les renuerſoyt comme porcs[...]
pant a tors & a trauers a la vielle eſcrime,
vns eſcarbouilloyt la ceruelle.es aultres r[om]
poyt bras & iambes,es aultres deſlochoyt [les]
ſpondyles du coul,es aultres demouſſoyt [les]
reins,aualloyt le nez,poſchoyt les yeulx,ſe[n]
doyt les mandibules,enfonçoyt les dẽts en
gueule,deſcrouſſoyt les omoplates , ſphaſ-
ſoit les greues,deſgondoit les iſchies,debri[ſ]
ſoit les faucilles. Si quelcũ ſe douloyt caſch[é]
entre les ſeps plus eſpes,a icelluy frouſſoit to[u]
te la reſte du douſp: & le frenoit cõme vn chi[en]
Si aucun ſauluer ſe vouloyt en fuyant[...]

à luy faisoyt voler la teste en pieces par la commissure lambdoïde. Sy quelqu'ũ grauoyt en une arbre pensant y estre en seureté, y celluy de son baston empaloyt par le fondement. Si quelqun de sa vieille congnoissance luy crioyt ha frere Jean mõ amy, frere Jean ie me rẽd. Il est (disoyt il) bien force. Mais ensemble tu rendras lame a tous les diables. Et souddain luy donnoit dronos. Et si personne tant feust espritns de temerité quil luy voulsust resister en face, la monstroyt il la force de ses muscles. Car il leurs transperçoyt la poictrine per le mediastine q par le cueur, a daultres donnãt suz la faulte des costes, leurs subuertissoyt le stomach, a mouroient souddainement, es aultres tant fieremẽt frappoyt par le nõbril, quilz leurs faisoyt sortir les tripes, e aultres p my les couillons persoyt le boiau cullier. Croiez que cestoyt le plus horrible spectacle quõ veit oncques, les uns crioient saincte Barbe, les aultres sainct George, les aultres saincte Nytouche, les aultres nostre Dame de Cunault, de Laurete, de bonnes nouuelles

h ij

de là le nou/ de riuiere. Les vns se vouoy[ent]
sainct Jacqs,les aultres au sainct Suaire [de]
Chābery,mais il brusla troys moys apre[s]
ẽ qui ne peult sauluer vn seul brin. Les [aul]
tres a Cadouyn,Les aultres a sainct [Jehan]
dāgsly. Les aultres a saict Eutrope de [Xain]
ctes,a sainct Mesmes de Chinon, a sa[inct]
Martin de Cādes,a sainct Clouaud de [Si]
nays:es reliqs de Iaurezay, a mille aultr[es]
bons petitz sainctz. Les vns mouroient s[ans]
parler,les aultres cryoient a haulte voix [con]
fession, Confession. Confiteor,Miserere. [In]
manus. Tant fut grand le cry des naur[ez]
q̄ le prieur de labbaye auecq̄s toꝰ ses moin[es]
sortirent, Lesquelz quand aperceurēt ces p[au]
ures gens ainsi ruez par my la vigne a ble[ssez]
a mort,en cōfesserent quelques vns. Mais [e]
pendāt que les prebstres se amusoient a c[on]
fesser:les petiz moinetons coururent au l[ieu]
ou estoit frere Jean, a luy demāderēt en qu[oy]
il vouloit quil luy aydassent: A quoy respō[dit]
quilz esgorgetassent ceulx qui estoient po[rtez]
par terre. Ad oncques laissans leurs gran[des]
cappes sus vne treille ou plus pres,comm[e]

...rent esgrozgeter/t aceuer ceulx quil auoiẽt desia meurtryz. Sçauez vous de quoy ferremẽt? beaulx guouetz qui sont petitz demy cou-
teaulx dont les petitz enfans de nostre pays ernẽt les noix Puys a tout sõ bastõ de croix guaingna la bresche qu'auoient faict les enne-
mys. Aulcuns des moinetons emporterẽt les enseignes et guydons en leurs chãbres põ² en faire de iartiers, Mais quand ceulx q sestoiẽt confessez voulurent sortir par ycelle bresche, le Moyne les assõmoit de coups, disant ceulx y sont confes et repentans, y ont guaigné les pardons: ilz sen vont en Paradis aussi droict comme vne faucille, et comme est le chemin de Faye, Ainsi par sa prouesse, feurent desconfiz tous ceulx de larmée q estoient entrez dedãs le clous iusques au nombre de treze mille six cens vingt et deulx, Iamays Maugis hermite ne se porta sy vaillamment a tout son vour-
don cõtre les Sarrasins desquelz est escript es gestes des quatre filz Haymon, comme feist le moyne a lencontre des ennemys auecq se baston de la croix.

B iii

¶ Comment Picrochole print dassault
la roche Clermauld & le regret & difficulté q̃ feist Grãdgousier de entreprendre guerre. Cha-
pitre. xxxj

CE pendant que le moyne se scarmou-
choit cõe auons dict contre ceulx q̃
estoient entrez le clous, Picrochole
grande hastiueté passa le gué de Vede auec
ses gens & assaillit la roche Clermauld, on
lieu ne luy feut faicte resistance quelcõque,
par ce quil estoit ia nuict delibera en ycelle
se hebreger soy & ses gens, & refraischir de
cholere vfugitiue. Au matin print dassault
Boulleuars & chasteau & le repara tesbien et
prouent de munitions reqses, pensant là sa[ire]
sa retraicte si dailleurs estoyt assailly. Car
lieu estoyt fort & par art & par nature, a cau[se]
de la situation, & assiete. Or laissons les la,
retournons a nostre bon Gargãtua qui est
Paris bien instant a lestude de bõnes lettr[es]
& exercitations athleticques, & le vieulx b[on]
homme Grandgousier son pere, qui apres s[ou]
per se chauffe les couilles a vn beau clair

grand feu & attendãt graisser des chastaines, escript on foyer avecq ũn baston bruslé dun bout, dont on escharbotte le feu: faisant a sa femme & famille de baulx comptes du temps iadys. Ũn des bergiers qui guardoient les vignes nommé Pillot: se trãsporta devers luy en icelle heure, & raconta entierement les epces & pillaiges que faisoyt Picrochole roy de Lerné en ses terres & dommaines & comment il avoit pillé, gasté, saccagé tout le pays, excepte le clous de Seuillé que frere Jean des entommeures avoyt saulue a son honneur, & de present estoyt ledit roy en la roche Clermaud: ou a grande instance se rempaoyt, luy & ses gens. Holos, holos, dist Grãd gousier, quest cecy bonnes gens? Songe ie, ou si vray est ce quon me dict? Picrochole mon amy anciẽ, de tout tẽps, de toute race & alliãce me viẽt il assaillir? Qui le meut? qui le poinct? q le cõduict? q la ainsi conseille? ho, ho, ho, ho, ho. Mon dieu mon saulueur, ayde moy, inspire moy, conseille moy a ce quest de faire. Je proteste, ie iure davant: toy ainsi me soys tu

f iiij

ffauorable,ſy iamais a̲ luy deſplaiſir ne a̲ ſes
gens dommage,ne en ſes terres ie feis p. Mais
mais bien au contraire,ie lay ſecouru de ge
dargent,de faueur q̃ de conſeil,en tous cas
ay peu conjnoiſtre ſon aduentaige Q̃uil m'
ayt doncques en ce poinct oultraigé,ce ne peut
eſtre q̃ue par leſprit maling. Bon dieu tu con
gnoys mon couraige,car a toy rien ne peut
eſtre celé. Si par cas il eſtoyt deuenu furieux
q̃ que pour luy reabilliter ſon cerueau tu m'
l'euſſe icy enuoyé:donne moy q̃ pouuoir, a ſa
uoir le rendre au iouc de ſon ſainct bouloir
par bonne diſcipline. Ho ho,ho, Mes bonne
gens mes am s, q̃ mes frauls ſeruiteurs
faudra il que ie vous empeſcbe a me ayder
Las ma vieilleſſe ne requeroyt dorenauant
que repos q̃ toute ma vie nay rien tant pr̃
curé que paix Mais il fault ie le boy bi q̃
maintenant de harnoys ie charge mes pau
ures eſpaules laſſes q̃ foibles, q̃ en ma main
tremblante ie preigne la lāce q̃ la maſſe.pour
ſecourir q̃ guarantir mes paouures ſubiectz
La raiſon le veult ainſi,car de leur labeur i
ſuys entretenu,q̃ de leur ſueur ie ſuis nourri

mes enfans & ma famille. Ce nonobstāt
ie nentreprandray poinct guerre, que ie naye
essaye tous les ars & moyens de paix, la ie
me resolus. Adōcques feist cōuocquer son cōseil & proposa laffaire tel cōme il estoyt. Et
feut conclut quon enuoyroit quelque homme
prudēt devers Picrochole: scauoir pourquoy
ainsi soubdainemēt estoyt party de son repos,
& enuahy les terres, esquelles nauoict droict
quicōques. Dauantaige quon enuoyast querir Gargātua & ses gens, affin de maintenir
le pays, & defendre a ce besoing. Le tout pleut
a Grandgousier & commenda que ainsi feut
faict. Dōt sus lheure enuoya le Basque son
laquays querir a toute diligence Gargātua
Et luy escryuit comme sensuyt.

⁂ Le teneur des lettres que Grandgousier escrivoyt a Gargātua.
Chapitre. xxviii.

LA ferueur de tes estudes requeroyt que
de long temps ne te reuocasse de cestuy
philosophicque repos, sy la cōfience de
nos amys & anciens confederez n'eust de present frustré la seureté de ma vieillesse. Mais

puis que telle est ceste fatale destinee,que par
yceulx soye inquieté:esq̄lz plus ie me repou-
soye,force me est te rapeller au subsside des gēs
& biēs q̄ te sont par droict naturel affiez. Car
ainsi cõme debiles sont les armes au dehors,
si le conseil n'est en la maison:aussi vaine est
lestude & le conseil inutile:qui en temps opor
tun par vertuz n'est epecuté,a a son effect reduict. Ma deliberatiõ n'est de prouocquer:ains
de apayser:d'assaillir,mais defendre.de cõque-
ster,mais de guarder mes feaulx subiectz & ter
res hereditaires. Esquelles est hostillement
entré Picrochole,sans cause ny occasion,& de
iour en ior porsuyt sa furieuse entreprinse auec
ques epces nõ tolerables a persones liberes.
Je me suis en debuoir mys pour moderer sa
cholere tyrannicque,luy offrent tout ce que ie
pensoys luy pouoir estre en contentement,&
par plusieurs foys ay enuoyé amiablement
deuers luy pour entendre en quoy/par qui/&
comment il se sentoyt oustragé,mais de luy
n'ay eu respõce que de voluntaire desfiãce,&
en mes terres pretendoyt seulement droict de
bien seance. Dont i'ay congneu que dieu eter-

nel la laissé au gouuernail de son franc arbitre & propre sens, qui ne peut estre que meschant sy par grace diuine n'est continuellement guydé:& pour le côtentir en office & reduy
re a congnoissance me la ycy enuoyé a moles-
tes enseignes. Pourtant mon filz bien amé
le plus toust q̃ fayre pourras ces letres beues
retourne a diligence secourir non tât moy(ce
que toutesffoys par pitié naturellement tu
doibs) que les tiens, lesquelz par raison tu
peuz sauluer & guarder. Lexploict sera faict
a moindre effusion de sang que sera possible.
Et si possible est par engins plus expediens,
cauteles, & ruzes de guerre nous sauluerons
toutes les ames:& les enuoyerons ioyeulx a
leurs domiciles. Trescbier filz la paix de
Christ nostre redempteur soyt auecques toy.
Salue Ponocrates, Gymnaste, & Eudemõ
de par moy. Du vingtiesme de Septembre.
                Ton pere
          GRANDGOVSIER.

¶ Comment Vlrich Gallet fut enuoyé deuers Picrochole. Chapi. xxxiij.

Les lettres dictees & signees, Grandgousier ordonna que Ulrich Gallet, maistre des requestes homme sage & discret, duquel en divers & contencieux affaires il avoit esprouvé la vertu & bon adviz: allast devers Picrochole, pour luy remonstrer ce q̃ par eulx avoit esté decreté. En celle heure partit le bon homme Gallet, & passé le gué demanda au meusnier de l'estat de Picrochole: lequel luy feist response que ses gens ne luy avoyent laissé ny coq ny geline & q̃ s'estoyent enferrez en la roche Clermaulx, et q̃l ne luy conseilloit poinct de proceder oultre de peur du guet, car leur fureur estoit enorme. Ce q̃ facilement il creut & pour celle nuict herbergea avecques le meusnier. Au lendemain matin, se transporta avecques sa trompete a la porte du chasteau, et requist es guardes, qu'ilz le feissent parler au roy pour son proufit. Les parolles annoncees au roy ne consentit aulcunement quon luy ouvrist la porte, mais se transporta sus le Boulevard, & dist a l'embassadeur Quy a il de nouveau? Voulez vous dire? Adoncques l'embassadeur proposa comme s'ensuyt.

La harangue faicte par Gal-
let a Picrochole.
Chap. xxix.

Lus iuste cause de douleur naistre ne
peut entre les humains, que si du lieu
dont par droicture esperoient grace & be
neuolence, ilz recepuent ennuy & dommaige.
Et non sans cause(combien que sans raison)
plusieurs venuz en tel accident, ont ceste indi
gnité moins estime tolerable, que leur vie propre,& en cas que par force ny aultre engin ne
ont peu corriger,se sont eulx mesmes privez
de ceste lumiere. Doncques merueille n'est si
le roy Grandgousier mon maistre est a ta furieuse & hostile venue saisy de grand desplai-
sir & perturbé en son entendemēt, merueille se
roit si ne l'auoient esmeu les excés incompa-
rables, qui en ses terres & subiectz ont esté
par toy & tes gens commis, esquelz n'a esté
obmis exemple aulcun d'inhumanité. Ce q̃
luy est tāt grief de soy par la cordiale affectiō
de laquelle tousiours a chery ses subiectz que
a mortel hōme plus estre scauroit, toutesfoys
sus lestimation humaine plus grief luy est

en tāt q̄ par toy/ꞇ les tiēs ont este ces griefz/ꞇ
tors faictz. Qui de toute memoire ꞇ ancien-
neté auiez toy q̄ tes peres Vne amytié auecques luy/ꞇ tous ces ancestres conceue, laquelle iusques a present comme sacree ensemble
auiez inuiolablement mantenue/ guardee/ꞇ
entretenue, si bien que non luy seullement/ny
les siens, mais les nations Barbares/ Poi-
teuine/ Bretone/ Hanseaulx,ꞇ ceulx qui
habitent oultre les isles de Canarre/ꞇ Isa-
bella, ont estimé aussi facile demollir le firma-
mēt/ꞇ les abysmes eriger au dessus des nues
que desemparer Vostre alliance:ꞇ tant l'ont
redoubtee en leurs entreprinses q̄ nōt iamais
auzé prouocquer/ irriter/ ny endōmaiger lun
par craicte de l'aultre. Plus y a. Ceste sacree
amytié tant a emply ce ciel, que peu de gens
sont auiourdhuy habitans par tout le cōtinēt
q̄ isles de Locean, qui ne ayēt ambitieusemēt
aspiré estre receuz en icelle a pactes par Vous
mesmes conditionnez: autant estimant Vostre confederation que leurs propres terres/ꞇ
dommaines. En sorte que de toute memoy-
re n'a esté prinse ny ligue tant ifferee/ ou superbe

qui ait ouze courir sus,ie ne dys poinct vos terres,mais celles de vos confederez. Et si p conseil precipité,ont encontre eulx attēpté qlq cas de nouuelleté,le nom & tiltre de vostre al‑ liance entendu,ont soubdain desisté de leurs entreprinses. Quelle furie doncques te esmeut maintenant,toute alliance brisee,toute amy‑ tié conculquee,tout droit trespassé, enuahir ho stillement ses terres,sans en rien auoir esté p luy ny les siens endommaigé,irrité,ny prouoc qué? Ou est foy? ou est loy? ou est raison? ou est humanité? ou est crainte de dieu? Cuyde tu ces oultraiges estre recellees es espritz eter‑ nelz,& au dieu souuerain,qui est iuste retribu teur de noz entreprinses? Si le cuydes,tu te trompes,car toutes choses viēdront a son iu‑ gement. Sont ce fatales destinees,ou influen ces des astres qui voulent mettre fin a tes ayses & repos? Ainsi ont toutes choses leur fin & periode. Et quand elles sont venues a leur poinct superlatif,elles sōt en bas ruinees, car elles ne peuuent long temps en tel estat demourer, c'est la fin de ceulx qui leurs fortunes & prosperitez ne peuuent par

raison & temperance moderer. Mais si a[insi]
estoit vrayement, deust ores son heur & repos pre[ndre]
fin, falloit il que ce feust en incommodant
mon Roy: celluy par lequel tu estoys estab[ly]
Si ta maison debvoit ruiner, falloit il qu[e]
sa ruyne elle tombast sus les atres de cel[uy]
qui l'avoyt aornee? La chose est tant hors [les]
mettes de raison, tant abhorrente de sens co[m]mun,
que a pene peut elle estre par humaine
entendement conceue, & tant demourera no[n cre]yble
entre les estrangiers, iusques a ce q[ue] le[ur]
asseuré & tesmoigné leur donne a entend[re]
rien n'est ny sainct, ny sacré a ceulx q[ue] se so[nt]
emancipez de dieu & raison, pour suyure leu[r]
affections peruerses. Si quelque tort eust[é]
par nous faict en tes subiectz, & dommaiges
par nous eust esté porté faueur a tes mal ve[uil]lans,
si en tes affaires ne te eussions secouru[s]
par nous ton nom & honneur eust esté bles[sé]
Ou pour mieulx dire, si lesperit calumn[ia]teur
tentant a mal te tyrer eust par faussai[nes]
especes, & phantasmes ludificatoyres mys [en]
ton entendemēt, que envers toy eussions fa[it]
chose non digne de nostre ancienne amy[tié]

Tu debuoys premier enquerir de la verité/
¬ nous en admonester. Et nous eussions
fait a ton gré satisfaict,q̃ eusse eu occasiõ de toy
contenter, Mais (ô dieu æternel)quelle est ton
entreprinse: Vouldroys tu comme tyrant per
fide piller ainsi/et dissiper le royaulme de mon
maistre: Le as tu esprouué tant ignaue/et stu
pide,quil ne soustist:ou tant destitué de gens,
d'argẽt/de cõseil/q̃ d'art militaire,quil ne peust
resister a tes iniques assaulx: Depars d'icy p̃=
sentement,et demain pour tout le iour soye re
tyré en tes terres, sans par le chemin faire auf
cun tumulte ny force. Et paye mille bezans
d'or pour les dõmaiges que as faict en ces terres. La moytié bailleras demain l'autre moytie
payeras es ides de May prochainement ve-
nãt:nous delaissant ce pẽdant pour houstaige
les Ducs de Tournemoule/de Basdefes
ses/q̃ de Menuail,ensemble le prince de Gra
telles,q̃ le viconte de Morpiaille.

⁋Comment Grandgousier pour achapter
paix feist rendre les fouaces.
Chap.xxx.

Atãt se teut le bon hõme Gallet, mays
Picrochole a tous ses propos ne respõ[d]
aultre chose, si non Venez les quer[ir]
venez les querir. Ilz ont belle couille a moll[e]
Ilz vous brayeront de la fouace. Adoncq[ues]
retourne vers Grandgousier, lequel trouua [a]
genoulx, teste nue, encliné en vn petit coing d[e]
son cabinet, priant dieu. quilz vouzist amoll[ir]
la cholere de Picrochole, & le mettre au poin[t]
de raison, sans y proceder par force. Quan[t]
veit le bon homme de retour il luy demand[a]
ha mon amy, mon amy, quelles nouuelles m[e]
portez vous? Il nya, dist Gallet, ordre, cest h[om]
me est du tout hors du sens, & delaissé de di[eu]
Voyre mays dist Grandgousier, mon am[y]
qlle cause pretend il de cest expces? Il ne me [a]
dist Gallet, cause quelconques exposé. Si n[on]
qu'il ma dict en cholere quelques motz de fo[u]
aces. Ie ne scay si lon auroit poinct fai[t]
doultrage a ses fouaciers. Ie le veulx, di[st]
Grandgousier, bien entendre dauant qu'au[l]
tre chose deliberer sur ce que seroit de fair[e]
Alors manda scauoir de cest affaire: et trou
ua pour vray quon auoit puns par force qu[e]

ques fouaces de ses gens, et que Marquet auoit eu vn coup de tribard sus la teste. Touteffoys que le tout auoit estre bien payé, et que ledict Marquet auoit premier blessé Forgier de son fouet par les iambes. Et sembla a tout son conseil que en toute force il se doibuoyt defendre. Ce non obstant, dist Grandgousier. Puys qu'il n'est question de quelques fouaces, ie assayeray le contenter, car il me desplaist par trop de lui uer guerre. Adoncq ses enquesta combien on auoit prins des fouaces et entendent quatre ou cinq douzaines, commenda quon en feist cinq charretees en icelle nuyct, et que lune feust des fouaces faictes a beau beurre, beaulx moyeulx deufz, beau saffran, et belles espices pour estre distribuée a Marquet, a que pour ses interest, il luy donnoyt sept cens mille a troys Philippus pour payer les barbiers qui lauroient pensé, et d'abondant luy donnoyt la mestayrie de la Pomardiere a perpetuité franche pour luy et les siens Pour le tout conduyre et passer fut enuoyé Gallet. Lequel par le chemin, feist cuillir pres de la saulloye force grandz ra-

i ij

meaulx de cannes et roizeaulx q en feist armer
autour leurs charretes,& chascun des chan-
tiers,& luy mesmes en tint vn en sa main:par
ce voulõt donner a cõgnoistre quilz ne deman
doiẽt que paix,& qlz venoyẽt pour lachapter.
Eulx venuz a laporte requirẽt parler a Picro
chole depar Grãdgousier. Picrochole ne vou
lut oncques les laisser entrer,ny aller a eulx
parler,et leurs manda qu'il estoit empesché,
mais quilz dissent ce quilz vouleroient au capitaine Toucquedillõ lequel affustoyt quelque piece sus les murailles. Adoncq luy dist
le bon homme. Seigneur pour vous rescou-
der toute ance debat & houster toute excuse
que ne retournez en nostre premiere alliance,nous vous rendons presentemẽt les
fouaces,dont est la controuerse. Cinq douze-
nes en prindrent nos gens:elles furent tresbi?
payees,nous aymons tant la paix que nous
en rendons cinq charettes:desquelles ceste i?
sera pour Marquet qui plus se plainct, Dauantaige pour le contenter entieremẽt voy?
sept cens mille,& troys Philippus q ie luy v?
ure,& pour linterest q'l pourroyt pretẽdre luy

de la mettayrie de la Pomardiere, a perpetuelle pour luy & les siens, possedable en franc alloy. Voyez cy le contract de la transaction, Et
pour dieu vivons dorenauant en paix, & vous
retirez en vos terres ioyeusement, cedans ceste
place icy, en laquelle nauez droict quelcõques
comme bien le confessez Et amys comme par
auant. Toucquedillon raconta le tout à Picrochole, & de plus en plus enuenima son couraige luy disant: Ces rustres ont belle paour,
Par dieu Grandgousier se conchie, le pouure
beuueur, ce nest son naif aller en guerre, mais
ouy bien vuider les flascons. Je suis dopinion que refendz ces fouaces & largẽt, & aureste nous hastons de remparer icy pour suiure
nostre fortune, Mais pensent ilz bien, auoir
affaire a vne duppe, de vous paistre de ces fouaces: Voyla que cest le bon traictement & la
grande familiarité q̃ leurs auez par cy dauãt
tenue, vous ont rendu enuers eulx contemptible. Oignez villain, il vous poindra. Poignez villain, il vous oindra. Cza/cza dist Picrochole, sainct Jacques ilen auront, faicte aisi
quauez dict Dune chose, dist Toucquedillon.

i iij

vous veulx je aduertir. Nous sommes icy
assez mal auitailles: & pourueuz maigrement
des harnoys de gueule, Si Grādgousier nous
mettoit siege, des a present men irois faire ar-
racher les dents toutes, seulement que troys
me restassent, autant a vos gens comme a
moy, auec icelles nous nauangerōs que trop
a manger nos munitions, Nous dist Picrochole, naurons que trop mangeailles. Sommes nous icy pour māger ou pour batailler?
Pour batailler vrayemēt dist Toucquedillō
Mais de la panse vient la dance. Et ou faut
regne: force coule. Tant tazer: dist Picrochole
Saisissez ce quilz ont amené. Addōcques prin
drent argent et fouaces & beufz & charrettes &
les renuoyerent sans mot dire, si nō que plus
n'aprochassent de si pres pour la cause qu'on
leur diroit demain. Ainsi sans riē faire retour
nerent deuers Grandgousier, & luy conterent
le tout: adioustans quil n'estoyt aulcun espoir
de les tyrer a paix, si non a viue & forte guerre.

℃ Comment certains gouuerneurs de
Picrochole par conseil precipité se mi
rent on dernier peril. Cha. xxxi.

Es fouaces destroussees comparurent dauant Picrochole, ses duc de Menuail, cõte Spadassin: et capitaine Merdaille, et luy dirent. Syre aujourdhuy nous vous rendons le plus heureux et plus cheualeureux prince q onques feut depuis la mort de Alexandre Macedo. Couurez couurez (sous dist Picrochole.) Grand mercy (dirent ilz) Syre nous sommes a nostre debuoir. Le moyen est tel. Vous laisserez icy quelque capitaine en garrison auec petite bãde de gens, pour garder la place, laquelle nous semble assez forte: tant nature, que par les rampars faictz a vostre inuention. Vostre armee partirez en deux, comme trop mieulx sentendez. Lune partie yra ruer sur ce Grandgousier, et ses gens. Par icelle sera de pnme abordee facillement desconfit. La recourerez argent a tas. Car le vilain en a du content. Vilain, disons nous. Par ce que vn noble prince na iamais vn sou. Thesaurizer, est faict de vilain. Laultre partie ce pendant tirera vers Onys. Sanctõge, Angomoys, et Gascoigne: ensemble P

i iiij

rigot. Medoc,& Elanes. Sans resistence pẽ-
dront villes,chasteaulx,& forteresses: A Bayõ-
ne,a sainct Jehan de Luc,& Fõtarabie sayse-
rez toutes les naufz,& coustoyant vers Gallj-
ce,& Portugal,pillerez tous les lieux maritimes iusques a Vlisbone. ou aurez renfort de
tout equipage requis a vn conquerant Par le
corbieu Hespaigne se rendra,car ce ne sont q̃
Madourrez. Passerez par lestroict de Sybil-
le,& la erigerez deux columnes plus magnifi-
ques que celles de Hercules,a perpetuelle memoire de Vostre nom. Et sera nomme cestuy
destroict la mer Picrocholine, Passee la mer
Picrocholine, voicy Barberousse q̃ se rend vostre esclaue.ie(dist Picrochole) le prendray a
mercy. Voyre(dirent ilz)pourueu quil se face
baptizer. Et oppugnerez les royaulmes de
Tunic,de Hippes,hardiment toute Barba-
rie. En passant oultre retiẽdrez en vostre mai
Maiorque, Minorque, Sardaine, Corsicq,&
autres isles de la mer Ligusticque & Baleare.
Coustoyant a gausche, dominerez toute la
Gaule Narbonicque, Prouence,& Allobro-
ges, Genes, Florence, Lucques q̃ a dieu seaz

Rome. Le paulure monsieur du pape meurt
desia de peur.(Par ma foy dist Picrochole,ie
ne luy baiseray ia sa pantoufle)Prinze Italie
soyla Naples, Calabre, Apoulle et Sicile
toutes a sac.q Malthe avecq. Ie vouldrois
bien que les plaisans chevaliers iadictz Rho
diens vous resistassent, pour veoir de leur vrī
ne. Ie yroys(dist Picrochole)volūtiers a Lau
rette. Rien, ne dirēt ilz,ce sera au retour De la
prēdrions Candie, Cypre, Rhodes,q les isles
Cyclades,q dōnerons sus la Moree. Nous
la tenons. Sainct Treignan dieu gard Hie=
rusalem, car le Soubdan nest pas compara=
ble a vostre puissance. Ie(dist il)feray doncqz
bastir le temple de Solomon. Non dirent ilz,
encores.attendez vn peu:ne soyez iamais tant
souddain a vos entreprises. Scavezvous que
disoit Octaviā Auguste: festina lente. Il vous
convient premierement avoir Lasie mineur,
Carie, Lycie, Dāphilie, Cilicie, Lydie, Phry
gie, Mysie, Betune Charaxie satalie, Samago
rie, Castamena, Luga. Savasta: iusqs a
Euphrates. Voyrōs no⁹, dist Picrochole, Ba
bylōe,q le mōt Sinay Il nest dirēt ilz,ia besoīg

pour ceste heure. N'est ce pas assez tracassé de
auoir transfreté la mer Circane, cheuauché
les deux Armenies, & les troys Arabies? Par
ma foy, dist il, nous sommes affolez. Ha pau
ures ges. Quoy? diret ilz. Que boyrons nous
par ces deserts? Nous (dirent ilz) auons ia bon
né ordre a tout. Par la mer Siriace bo9 auez
neuf mille quatorze grãds. naufz chargees des
meilleurs vins du monde, elles arriuerent
Iaphes. La se sont trouuees vingt & deux
mille chameaux, & seize cens Elephans, les
quelz auez puns a vne chasse enuiron Sigel
mes, lors que entrastes en Lybie: & dauõtaige
eustes toute la Carauane de Lamech. Ne
Bous fourirent ilz de vin a suffisance? Voyre
mais, dist il, nous ne beumes poinct frais. di
rent ilz, par la vertus non pas dun petit poiss
son vn preux, vn conquerãt, vn pretendant &
aspirant a lempire Vniuers, ne peut tousiours
auoir ses aizes. Dieu soit loué que estez venu
Bous et vos gens saufz et entiers iusques au
fleuue du Tigre. Mais dist il, que faict ce p
dant la part de nostre armee qui deconfit
Vilain humeux Grandgousier? Ilz ne chom

ment pas (dirent ilz) nous les recontrerons tã
tost, si silz uous ont pris Bretaigne. Normandie, Flandres, Haynault, Braban8, Artoys,
Hollāde, Helande, ilz ont passé le Rhein par
sus le ventre des Souices & Lansquenetz, & à
part d'êtr eulx ont domté Luxembourg: Lo-
raine, la Champaigne, Sauoye iusq̃s a Lyon,
auquel lieu ont trouué vos garnisons retour-
nans des conquestes naualles de la mer Me-
diterranee. Et se sont reassemblez en Bohe-
me, apres auoir mys a sac Soueue, Ouiten-
berg, Sauieres, Austriche. Morauie & Stirie
Puis ont donné fierement ensemble sus Lu-
beh, Norberge, Sweden Richz, Dace,
Gotthie, Eugroneland, les Estrelins, iusq̃s
à la Mer Glaciale. Et ce faict conq̃sterēt les
Isles Orchades, & subiuguerēt Escosse, Angleterre, & Irlāde. De la nauigãs pur la Mer
fabuleuse, & p les Sarmates ont vaicu. & dñé
Prusse, Polonie Lithuanie, Russie, Vala-
chie, la Trāssyluanie, & Hōgrie Bulgarie, Tur
quie & sōt a Cōstātinoble. Allōs nous, dist Picrochole, rēdre a eulx le plꝰ tost. car ie veulx
estre aussi empereur de Thebizōde. Me tuer ōs

nous pas tous ces chiens Turcs & Mahumetistes? Que diable, dirent ilz, ferons nous doncques? Et donnerez leurs biens & terres, a ceulx qui vous auront serui honestemēt. La raison(dist il)le veult ceste equité. Ie vous donne la Carmaigne, Surie,& toute Palestine. Ha dirent ilz, Syre,cest du bien de vous: grãd mercy. Dieu vous face bien touſiours proſperer. La present eſtoit vn vieulx gentil hõme eſprouéen diuers hazars. & bray routier de guerre nommé Echephron, lequel oyant ces propos dist. I'ay grãd peur que toute ceste entrepriſe ſera ſēblable a la farce du pot au laict, duquel vn cordouannier ſe faiſoit riche par reſuerie:puis le pot caſſé neut de quoy diſner. Que pretendez vous par ces belles cõqſtes? Quelle ſera la fin de tant de trauaulx & trauerſes? Ce ſera,dist Picrochole,que nous retournez repouſerõs a nos aiſes,dõt dist Echephron,& ſi par cas iamais nē retournez? Car le voiage est long & perilleux. N'est ce mieulx que des maintenant nous repouſons, ſans nous mettre en ces hazars? O dist Spadaſſin:par dieu voicy vn bon reſueux, mais allõs nous cacher on coing de la cheminée: & la passons auec les dames noſtre vie, & noſtre tẽps, a enfiler des perles, ou a filler cõe Sardanapalus. Qui ne ſe adũẽture na cheual ny mulle, ce diſt Salomõ. Qui trop (diſt Echephrõ) ſe aduenture perd cheual & mulle, reſpondit Malcon. Baſte, diſt Picrochole paſſõs oultre. Ie ne crains que ces diables de legions de Grandgouſier ce pendant que nous ſommes en Meſopotamie, ſilz noꝰ dõnoiẽt ſus la queue qͥ remede? Treſbõ, diſt Merdaille, vne belle petite commiſſion, laquelle vous enuoierez es Moſcouites, voꝰ mettra en camp, pour vn moment cinquante mille combatans deſlite. O ſi vous me y faictes voſtre lieutenãt, ie tueroys vn pigne pour vn mercier. Ie mords, ie tue, ie frape, ie attrape, ie tue. Suz, ſuz, diſt Picrochole, quon deſpeche tout, & qui me ayme ſi me ſuyue.

¶ Comment Gargantua laiſſa la vil‐
le de Paris pour ſecourir ſon
pays & comment Gymnaſte
rẽcõtra les ennemys.
Cha.xxxi.

En ceste mesme heure Gargantua q[ui]
estoit yssu de Paris soubdain les let
tres de son pere leues: sus sa grand iu[-]
mēt venant auoit ia passé le pont de la non[-]
nai, luy Ponocrates, Gymnaste & Eudemō
lesquelz pour le suyure auoiēt prins cheuaulx
de poste, le reste de son train, venoit a iustes
tournees, amenāt tous ses liures & instrum[ens]
philosophicque. Luy arriue a Parillé, fu[t]
aduerty par le mestayer de Gouguet, comm[ent]
Picrochole sestoit rampare a la Rocheclerm[-]
maud & auoit enuoyé le capitaine Tripet
auec grosse armee, assaillir le boys de Vede[&]
Vaugaudry, & q[ui] auoiēt couru la poulle, iusq[ues]
au pssouer Billard, & q c'estoit chose estrāge [&]
difficile a croyre des epces quilz faisoient pa[r]
le pays. Tant quil luy feist paour & ne sca[-]
uoit bien que dire ny que faire. Mais Pono[-]
crates luy cōseilla quilz se transportassent
hers le seigneur de la Vauguyon, qui de tou[s]
temps auoit esté leur amy & confederé & par
luy seroient mieulx aduisez de tous affaires,
ce qlz feirēt incontinēt, & le trouuerēt en bōn[e]
deliberation de leur secourir: et feut de opini[on]

me il envoyroit quelqun de ses gens pour descouurir le païs à sçavoir en quel estat estoient les ennemys, affin de y proceder par conseil pris selon la forme de l'heure presente. Gymnaste se offrit dy aller, mais il feut concluds, que pour le meilleur il menast avecques soy quelqun qui congnoistroit les voyes & destours & les rivieres de l'entour. Adoncques partirent luy & Prelinguans escuyer de Daugyon, & sans effroy espierent de tous costez. Cependant Guargantua se refraischit, & reveut quelque peu avecques ses gens, & feist donner a sa iument ung picotin dauoyne, c'estoient soixante & quatorze muys. Gymnaste et son campaignon tant chevaucherent quilz rencontrerent les ennemys tous espars et mal en ordre, pillans & desrobans tout ce quilz pouoient: & de tant loing quilz lapperceurent, accoururent sus luy a la foulle pour le destrousser: adonc il leur cria, messieurs ie suys pauure diable, ie vous requiers qu'ayez de moy mercy. Jay encores quelque escu nous le boyrons. car c'est aurum potabile & ce cheualier sera vendu po' payer ma bien venue:

cela faict retenez moy des vostres, car iamais
homme ne sceut mieulx pestre, larder, roustir, ap
pster, boyre par dieu desmembrer, & gourmäder
pource que moy qui suys icy, & pour mon profi
ciat le Roy a tous bons compaignons. Lors des
couurit sa ferriere, & sans mettre le nez dedans,
beuuoit assez honestemēt. Les marroufles le
regardoient ouurans la gueulle dun grãd pied,
& tirans les langues comme leuuriers en al
ʃlete de boyre apres: mais Tripet le capitaine
sus ce poinct accourut sceoir que c'estoit. Adōc
Gymnaste luy offrit sa bouteille, disant. Te
nez capitaine, beuuez en ardiment, i'en ay faict
lessay, c'est vin de la Faye monceau. Quoy, dist
Tripet, ce gautier icy se guabele de nous. Qui
es tu? Ie suis (dist Gymnaste) pauure diable.
Ha, dist Tripet, puis que tu es pauure diable,
c'est raison que passez oustre, car tout pauure
diable passe par tout sans peage ny gabelle,
Mais ce n'est de coustume que pauures diables
soient si bien montez: pourtant monsieur le
diable descendez, que ie aye le roussin, & si bien
il ne me porte, vous maistre diable me porterez,
Car i'ayme fort qu'un diable tel m'en porte.

℣ Comment

¶ Comment Gymnaste soupple
ment tua le capitaine Tripet, ⁊
aultres gens de Picrochole
Cha. xxxvi.

CEs motz entenduz aulcuns d'estre eulx
commancerent auoir frayeur, ⁊ se sei-
gnoient de toutes mains, pensans que
ce feust vn diable desguisé, ⁊ quelqun deulx
nomme Bõ Ioan, capitaine des francz topins
tyra ses heures de sa braguette ⁊ cria assez
hault, Agios ho theos Sy tu es de dieu si parle, si tu es de laultre si t'en va. Et pas ne s'en
alloit, ce que entendirent plusieurs de la bãde
⁊ departoient de la compaignie. Le tout notant ⁊ considerant Gymnaste. Pourtant fist
semblant descendre de cheual, ⁊ quand feut
pendant du cousté du montouer feist soupplement le tour de lestriuiere, son espee bastarde au
cousté, ⁊ par dessoubz passé se lancza en l'air, ⁊
se tint des deulx piedz sus la selle le cul tour-
né vers la teste du cheual. Puis dist. Mon
cas va au rebours. Adoncq en tel poinct qu'il
estoit feist la quambade sus vn pied, tournant
à senestre, ne failloit oncq de rencõtrer sa propre

assiete sans en rien varier. Dont dist Tripet
ha ne feray pas cestuy la pour ceste heure,
pour cause. Bien dist Gymnaste, i'ay failly,
voys defaire cestuy sault, lors par grāde so
ꝛ agilité feist en tournant a deptre la gamba
de comme dauant. Ce faict mist le poulce de
la deptre sus l'arczon de la scelle, ꝗ leua tout le
corps en l'air, se soustenant tout le corps sus le
muscle, ꝛ nerf dudict poulce: ꝛ ainsi se tourna
troys foys, a la quatriesme se renuersant tout
le corps sans a rien toucher se guinda entre
les deux aureilles du cheual, soubdant tout le
corps en l'air sus le poulce de la senestre: ꝗ en
cest estat feist le tour du moulinet, puis frapīt
du plat de la main deptre sus le meilleu de
la scelle se donna tel brâle quil se assist sus la
croppr, comme font les damoiselles. Ce faict
tout a l'aise passe la iambe droicte par sus la
scelle, ꝛ se mist en estat de cheuaucheur, sus la
croppe. Mais (dist il) mieulx vault que ie me
mette entre les arsons. adoncq se appuyant
sus les poulces des deux mains a la croppe
d uuāt soy, se renuer sa cul sus teste en l'air, et
se trouua entre les arsons en bō maintiē, puis

..

un soubzefaulx se leua tout le corps en l'air, et ainsi se tint piedz iometz entre les arsons, & la tournoya plus de cent tours les, bras estêduz en croix,& crioyt ce faisant a haulte voix. Ien raige diables, enraige, enraige, tenez moy dia bles tenez moy tenez. Tandis quainsi voltigeoyt, les marroufles en grand esbahissement disoient l'un a l'aultre par la mer dé c'est ung lutin, ou un diable ainsi desguisé. Ab hoste maligno libera nos domine, & s'en fuyoient a la route regardans darriere soy, cõme un chien q emporte un plumail. Lors Gymnaste voyãt son auantaige descend de cheual: & desguainne son espee, & a grãds coups chargea sus les plus huppez,& les ruoyt a grãdz mõceaulx blesséz, nauréz, & meurtriz, sans q nul luy resistast, pensans que ce fust ung diable affamé, tãt par les merueilleux voltigemens quil auoit faictz: que par les propos que luy auoyt tenu Tripet, en lappellant pauure diable. Si non que Tripet en trahison luy voulut fendre la ceruelle de son espee lãsquenette, mais il estoit bien armé & de cestuy coup ne sentit q le chargemêt, & soubdain se tournãt, lâcea un estoc volant au

dict Tripet & ce pendãt que icelluy se couuroit
en hault, luy tailla dun coup lestomach, se co-
lon, & la moytié du foye, dont tomba par terre
& tõbãt rendit plus de quatre potees de souppes, & lame meslee pmy les souppes. Ce faict
Gymnaste se retyre considerant que les cas
de hazart iamais ne fault poursuyure iusques a
leur periode: & quil conuiẽt a tous cheualiers
reuerentemẽt traicter leur bõne fortune, sans
la molester ny gehainer Et montãt sus son
cheual luy donne des esperons tyrant droict
sõ chemin vers la Vauguyon, & Prelinguaut
auecques luy.

℄ Comment Gargantua demollyt le
chasteau du Gué de Vede, & comment ilz passerent le Gué.
℄ Chap. xxxiiii.

Venu que fut racõta lestat auquel
auoit trouué les ennemys & du Stra-
tageme quil auoit faict, luy seul contre
toute leur caterue afferment que ilz n'estoient
que maraulx pilleurs & brigans, ignorans de
toute discipline militaire, & que hardiment ilz
se missent en voye, car il leurs seroit tresfacille

de les assommer comme bestes. Adoncques monta Gargantua sus sa grande iument, acompaigné comme dauant auons dict. Et trouuant en son chemin ung hault & grand arbre,(lequel communement on nommoyt larbre de sainct Martin/pource quainsi estoit creu vng Bourdon que iadis sainct Martin y planta) dist. Voicy ce qu'il me failloyt. Cest arbre me seruira de Bourdon & de lãce. Et larrachit facilement de terre & en housta les rameaulx,& le para pour son plaisir. Ce pẽdant sa iument pissa pour se lascher le vẽtre: mais ce fut en telle abondance:quelle en feist sept lieues de deluge,& deriua tout le pissat au gué de Vede & tant lenfla deuers le fil de leau,q̃ toute ceste bande des ennemys furent en grãd horreur noyez,exceptez aulcuns qui auoient pris le chemin vers les cousteaulx a gausche. Gargantua venu a lendroit du boys de Vede feut aduisé par Eudemon que dedans le chasteau estoit ãlq̃ reste des ennemys,pour laqlle chose scauoir Gargãtua sescria tãt q̃l peut. Estez vous la,ou ny estez pas: Si vo'y estez ny soyez plus:si ny estez:ie nay q̃ dire. Mais

l iii

Vn ribauld canõnier qui estoit au macchicolys, luy tyra vn coup de canõ,& le attainct par la temple dextre furieusemẽt: touteffoys ne luy feist pour ce mal en plus que sil luy eust getté vne prune Qu'est ce la: dist Gargantua, nos gettez vous icy des grais de raisins? La vẽdã ge vo9 coustera cher. Pẽsant de vray q̃ le bou let feust vn grain de raisin. Ceulx q̃ estoient dedans le chasteau amuzez a la pille entẽdãt le bruyt coururent aux tours/& forteresses, et luy tirerẽt pl9 de neuf mille vigt & cinq coups de faulcõneaux/& arquebouzes, visans tous a sa teste:& si menu tiroyẽt contre luy, quil ses crya. Ponocrates mõ amy ces mousches icy me aueuglent baillez moy quelque rameau de ses saulses po2 les chasser. Pẽsant des plõ bees & pierres dartillerye que feussent mous ches vouines Ponocrates laduisa que ce ne stoient aultres mousches que les coups dar tillerye.q̃ lon tiroyt du chasteau. Alors choc qua de son grand arbre contre le chasteau, & a grans coups abastit & tours/& forteresses/ et ruyna tout par terre. Par ce moien feurent tous rompuz/& mys en pieces ceulx q̃ estoient

y̅ ycelluy. De la part ãs arriuerent au põt
du moulin, & trouuerẽt tout le gué couuert de
corps mors, en si sse foulle quilz auoiẽt engor
gé le cours du moulin, & cestoient ceulx q̃ estoiẽt
uz au deluge Brinal de la iument. La seu
nnt en pensement commẽt ilz pourroient pas
ser, beu sẽpeschement de ces cadaures. Mais
Gymnaste dist. Si les diables y ont passé, ie
y passeray fort bien. Les diables (dist
Eudemon) y ont passé pour en emporter les
ames dannees: sainct Treignan(dist Ponocrates) par doncques consequẽce, necessaire il
y passera. Voyre voyre, dist Gymnaste, ou ie
demoureray en chemin. Et donnant des espe
rons a son cheual passa frãchemẽt oultre, sãs
que iamais son cheual eust frateur des corps
mors. Car il l'auoit acoustumé (selõ la doctri
ne de Aelian) a ne craidre les armee, ny corps
mors. Non en tuãt les gẽs, cõme Diomedes
tuoyt les Thraces, & Ulysses mettoyt les
corps de ses enemys es pieds de ses cheuaulx
ainsi q̃ racõte Homere: mais en luy mettãt vn
phãtosme p̃my son foin, & le faisant ordinaire
ment passer sus icelluy quand il luy bailloyt

h iiij

son auoyne. Les troys aultres le suyuirent
sans faillir, excepté Eudemon, duquel le cheual enfoncea le pied droict iusques au genoil
dedans la pance dun gros & gras Billain, qui
estoit la noyé a lenuers,& ne se pouoit tyrer
hors: ainsi demouroit empestré, iusques a ce
que Gargantua du bout de son baston enson
dra le reste des tripes du billain en leau, ce pē
sant q̃ le cheual leuoit le pied. Et(q̃ est chose
merueilleuse en Hippiatrie)feut ledict cheual
gueryd'un surot quil auoit en celluy pied, par
latouchement des boyaux de ce gros marrou
fle.

ℂ Comment Gargantua soy peignant fai
soit tomber de ses cheuaulx les boulletz d'artillerye. Chapi-
tre. xxxv.

Sus de la riue de Vede peu de temps
apres abourderent au chasteau de Grāt-
gousier, qui les attēdoyt en grand desir. A
sa venue ilz le festoyerent a tour de bras,ia-
mais on ne veit gens plus ioyeux. Car sup-
plementum Supplemēti.chronicorum,dict q̃
Gargamelle y mourut de ioye,ie nē scay ril

de mã part,τ bien peu me soucye ny d'elle ny
daultre. La verité feut ᛫ Gargãtua se refraiſ
chiſſant d'habillemens,τ se teſtonnant de son
peigne (qui eſtoit grãde de cẽt cannes, tout ap٠
pointe de grandes dents de Elephãs toutes
entieres) faiſoit tomber a chaſcun coup plus
de sept balles de Bouletz qui luy eſtoẽt demou
rez entre ses cheueulx a la demolition du
boys de Vede. Ce que voyant Grãdgouſier
son pere, penſoit que feuſſent poux,τ luy diſt.
Dea mon bon filz nous as tu aporté iuſques
cy des eſparuiers de Montagu? Ie nenten٠
doys que la tu feiſſe reſidence. Adonc Pono٠
crates reſpondit, Seigneur ne penſez que ie
l'aye mis au college de pouillerie qu'on nõme
Mõtagu, mieulx ie euſſe voulu mettre entre
les guenaux de ſainct Innocẽt, pour l'enorme
cruaulté τ villenye que ie y ay congneu. Car
trop mieulx ſont traictez les forcez entre les
Maures τ Tartares, les meurtriers en la
priſon criminelle, voyre certes les chiẽs en vo٠
ſtre maiſon, ᛫ ne ſõt ces malautruz on dict col
liege. Et ſi ieſtoye roy de Paris, le diable m'em
portit ſi ie ne metroye le feu dedans τ faiſoye

busser a principaulx regens, qui endurés soubz ceste inhumanité dauant leurs yeulx. Lors leuant vn de ces boulletz dist, ce sont coups de canon q̃ na gueyres a repceu vostre filz Gargantua passant dauant le boys de Vede par la trahison de vos ennemys. Mais ilz en eurent telle recompense quilz sont tous periz en la ruine du chasteau: cõme les Philistins par lengin de Sanson, a ceulx qu[e ...]ma la tour de Siloe, desq̃lz est escript [...]iii. Iceulx ie suis dauuis que nous poursuyuõs ce pendant que lheur est pour nous. Car loccasion a tous ses cheueulx au front, quãd elle est oultre passee, vous ne la pouez plus reuocquer, elle est chauue par le darriere de la teste, a iamais plus ne retourne. Vrayement, dist Grãdgousier, ce ne sera pas a ceste heure: car ie veulx vous festoyer pour ce soir, a soyez les tresbien venuz. Ce dict on appresta le soupper a de surcroist feurent roustiz seze beufz, troys genisses, trente a deux veaux, soixãte a troys cheureaux moissonniers, quatre vigtz quinze moutons, troys cens gourretz de laict a beau moust, vnze vingt perdrys, sept cens becasses,

quatre cens chappons de Loudunoys & Cor
nouaille, six mille pouletz & autāt de pigeōs,
six cens guallinottes, quatorze cens leuraulx,
troys cens & troys hostardes, & mille sept cens
hutaudeaux de henaison lon ne peut tant
soubdain recourir, fors vnze sāgliers, qu'enuoya
labbe de Turpenay, & dix & huyt bestes fauues que donna le seigneur de Grandmōt: ensemble sept vingtz faisans qu'enuoya le seigneur
des Essars, & quelques douzaines de Ramiers, de oyseaux de riuiere, de Cercelles,
Buors, Courtes, Pluuiers, Francolys, Cra-
uans, Tyrāsons, Tabournes, Pochecullei-
res, Pouacres, Hegronneaux, Foulques, Ai-
grettes, Ciguoignes, Cannes petieres, & rēfort de potages. Sās poinct de faulte y estoit
de viures abondance & feurent apprestez honestemēt par Frippesaulce, Hoschepot & Pille-
uerius cuisiniers de Grandgousier. Janot
Micquel & Verrenet apresterent fort bien &
boyre.

⁋ Comment Gargantua man-
gea en sallade six pelerins.
Chapitre. xxxvi.

Le propos requiert, que racontons ce qu'aduint a six pelerins qui venoient de sainct Sebastian pres de Nantes, & pour soy herberger celle nuyct de peur des ennemys sestoyt mussez on iardin dessus les poyzars entre les choulx & lectues. Gargantua se trouua quelque peu alteré & demanda si lon pourroit trouuer de lectues pour faire sallade, Et entēdent quil y en auoit des plus belles & grādes du pays car elle estoiēt grandes cōme pruniers on noyers: y voulut aller luy mesmes & en emporta en sa main ce que bon luy sembla, ensemble emporta les six pelerins, lesquelz auoient si grand paour, quilz ne ausoient ny parler ny tousser. Les lauāt dōcques premierement en la fontane, les pelerins disoient en voix basse lun a laultre. Quest y de faire? nous nayons icy entre ces lectues, parlerons nous? mais si nous parlons, il nous tuera comme espies. Et comme ilz deliberoient ainsi. Gargantua les mist auecques ses lectues dedans vn plat de la maison, grand comme la tonne de Cisteaulx & auecques huille, & vinaigre, & sel, les mangroyt pour soy refraischir dauant souper, & auoit ia engoullé cinq des pelerins, le sixiesme estoit dedans le plat caché soubz vne lactue, excepté son bourdon qui apparoissoit au dessus. Lequel voyāt Grandgousier dist a Gargantua Je croy que cest la vne corne de limasson, ne le mengez poinct. Pourquoy, dist Gargantua Ilz sont bons tout ce moys. Et tyrant le bourdon ensemble enleua le pelerin & le mangeoyt tresbien. Puis beut vn horrible traict de vin pineau, & attendirent que lon apprestast le souper. Les pelerins ainsi deuorez se retirerent hors les meulles de ses dents le mieulx que faire peurent, & pensoient qu'on les eust mys en quelque basse fousse des prisons. Et lors que Gargantua beut le grand traict, cuyderent noyer en sa bouche, & le torrēt du vin presque les emporta on gouffre de son estomach, toutesfois saultans auecq leurs bourdons comme sont les micquelotz se mirent on franchise lorez des dentz Mais par malheur lun deulx tastāt auecques sen bourdon le pays a scauoir silz estoient en seurte frappa rudement en la faulte dune dente

creuze,q férut le nerf de la mandibule, dõt sen
tresforte douleur a Gargantua q commêce
crier de raige quil enduroit. Pour dõcques se
soulaiger du mal feist aporter son cureden̄tz
sortant hors le noyer grossier soubz demigez
messieurs les pelerins. Car il arrapoit lun
par les iambes/laultre par ses espaulles, laul
tre p la besace/laultre par la follouze, laultre
par lescharpe, q le pouure hayre q sauoit feru
du bourdon le acrocha par la braguette, tou
tesfoys ce luy feut vn grãd heur, car il luy pen
cea vne bosse chancreuze, qui le martyrzoit de
puis le tẽps dsleurent passé Ancenys. Ainsi
les pelerins demigez sen fuyrent a trauers la
plante le beau trot, q appaisa la douleur.
En laquelle heure fut appellé par Eudemon
pour soupper car tout estoit prest. Je men
uoys doncques (dist il) pisser mon malheur.
Lors pissa si copieusement, que lurine trãcha
le chemin aux pelerins, q furent contrainctz
passer la grande boyre. Passans de la par
loree de la touche en plain chemin, tombirent
tous excepté Fournillier, en vne trape quon
auoit faict pour prendre les loups a la traina

nee. Dont eschapperent moyennant l'industrie dudict Fournillier, qui rompit tous les sacz & cordages. De la issus pour le reste de celle nuyct coucherent en une loge pres le Couldray. Et la feurent recōfortez de leur malheur par les bonnes parolles dun de leur compaignie nomme, Lasdaller, lequel leur remonstra que ceste aduenture auoyt este predicte par Dauid ps. Cum exurgerent homines in nos, forte uiuos deglutissent nous, quād nous feusmes mangez en salade au grain du sel. Cum irasceretur furor eorum in nos, forsitan aqua absorbuisset nos, quand il beut le grand traict. Torrentem petransiuit anima nostra, quand nous passasmes la grande boyre/forsitan petransisset anima nostra aquam intolerabilem, de son vin, dont il nous tailla le chemin. Benedictus dominus qui non dedit nos in captionem dentibus eorum. Anima nostra sicut passer erepta est de laqueo uenantium, quand nous tōbasmes en la trape. Laqueus contritus est, par Fournillier, & nos liberati sumus. Adiutorium nostrum.

¶ Commēt le Moyne feut festoyé par Gargantua, & des beaulx propos qu'il tint en souppant. Chap.xxxvij.

Quand Gargantua feut a table & la premiere poincte des morceaulx feut bauffree, Grandgousier commença racōter la source & la cause de la guerre meue entre luy & Picrochole, & vint au poinct de narrer comment frere Jean des entommeures auoit triumphé a la defence du clous de labbaye, & le loua au dessus des prouesses de Camille, Scipion, Pompee, Cesar, & Themistocles. Adoncques requist Gargantua q̄ sus lheure feust enuoyé querir, affin quauecques luy on consultast de ce questoit a faire. Par seur vouloir lalla querir son maistre dhostel et ladmena ioyeusement auecques son baston de croix sus la musle de Grandgousier. Quand il feut venu, mille charesses, mille embrassemens, mille bons tours feurēt dōnez. Hes frere Jean mon amy. Frere Jean mon grād cousin, frere Jean de par le diable, laccollee, mon amy. A moy la brassee. Çza couillon

couilles que ie te estrene de foise de tacotter. Et
frere Jehan de rigoller iamais home ne feut tât
courtoys ny gracieux. Cza cza, dist Gargantua, une escabelle icy auprs de moy, a ce bout.
Ie le veulx bien (dist le moyne) puis qu'ainsi
vous plaist. Page de leau: boute mon enfant
boute, elle me refraischira le faye, baille i͞cy q̄ ie
guargarize. Deposita cappa, dist Gymnaste,
houstons ce froc. Ho par dieu (dist le Moyne)
mon gentil home il y a un chapitre in statu-
tis ordinis: au quel ne plairoit le cas. Bien
(dist Gymnaste) bien pour vostre chapitre,
le froc vous rompt les deux espaules.
Mettez bas. Mon amy (dist le Moyne) laiss-
se le moy, car par dieu ie n'en boy que mieulx,
il me faict le corps tout ioyeulx. Si ie le laisse, messieurs les pages en ferôt des iarretieres:
côme il me feut faict une foys a Coulaines. Da
uantaige ie n'auray nul appetit. Mais si en
cest habit ie massys a table, ie boiray par dieu
et a toy, et a ton cheual. Et de bayt, Dieu
guard de mal la compagnie, ie auoys souppe. Mais pource ne mangeray ie poinct moins
Car i'ay un estomach paué, creux comme la

cotte sainct Benoist, tousiours ouuert com
me la gibbessiere dun aduocat. De tous poisͭ
sans fors que la tãche, prenez laelle de la Per
drys. Ceste cuisse de Leurault est bonne pour
les goutteux. A pros truelle, pourquoy est ce
que les cuisses dune damoizelle sõt tousiours
fraiches? Ce probleme (dist Gargantua) n'est
ny en Aristoteles ny en Alexan. Aphrodisͤ
ny en Plutarque. C'est (d.st le Moyne) Pour
troys causes, par lesquelles ũn lieu est naturellement refraischy. Primo pour ce que leau
decourt tout du long. Secundo, pour ce que
c'est un lieu umbrageux, obscur, & tenebreux,
on quel iamais le Soleil ne luist. Et tierce-
ment pour ce quil est continuellement esuen
té des ventz du trou, de bize, de chemise, & dabõ
dãt de la braguette. Et de hayt. Page a la bu
merye. Crac, crac, crac. Que dieu est bõ qui
nous dõne ce bõ piot. Iaduoue dieu, si ie eusse
este on tẽps de Iesuch.st ieusse bien engarde que
les Iuifz ne seussent pris au Iardi de Oliuet.
Ensemble le diable me saille: si ieusse failly de
coupper les iarretz a messieurs les Apostres q
fuyrent tant lascbement apres quilz eurent
bien souppe, et laisserent leur bon maistre au

resoing. Je hays plus que poison ung homme
qui fuyt quand il fault iouer des cousteaux.
Hon que ie ne suys roy de France pour quatre vingtz ou cent ans. Par dieu ie vous met
troys en chié courtault les fuyars de Pauye
leur febure quartaine. Pourquoy ne mouroient ilz la plus tost que laisser leur bon prin
ce en ceste necessité? N'est il meilleur & plus ho
norable mourir vertueusemēt bataillant, que
vivre fuyant villainement? Nous ne mangerons guieres d'oysons ceste annee. Ha mon
amy, baille de ce cochon. Diavol il n'y a plus
de moust. Germinavit radix Jesse. Je renye
ma vie ie meure de soif. Ce vin n'est des pires.
Quel vin beuuez vous a Paris? Je me donne au diable, si ie n'y tins plus de six moys
pour ung temps maison ouuerte a tous venās.
Cognoissez vous frere Claude des haulx bar-
rois? O le bon compaignon que cest. Mais
qlle mousche la picq? Il ne faict riē q estudier
depuis ie ne scay quād. Je n'estudie poit de ma
part. En nostre abbaye nous ne estudions iamais, de peur des auripeaux. Nostre feu abbé disoit que cest chose monstrueuse veoir vn

¶ Commēt le Moyne feut festoyé
par Gargantua, & des beaulx
propos qu'il tint en souppant. Chap. xxxvij.

Quand Gargantua feut a table & la
premiere poincte des morceaulx feut
bauffree, Grandgousier commença
racōter la source & la cause de la guerre meue
entre luy & Picrochole, & vint au poinct de
narrer comment frere Jean des entommeu
res auoit triumphe a la defence du clous de
labbaye,& le loua au dessus des prouesses de
Camille,Scipion,Pompee,Cesar,& The
mistocles. Adoncques requist Gargantua q̃
sus lheure feust enuoyé querir,affin quauec=
ques luy on consultast de ce questoit a faire,
Par leur vouloir lalla querir son maistre
d'hostel et labmena ioyeusement auecques
son baston de croix sus la mulle de Grand=
gousier. Quand il feut venu,mille charesses,
mille embrassemens,mille bons tours feurēt
dōnez. Hes frere Jean mon amy, frere Jean
mon grād cousin,frere Jean de par le diable.
Lacollee, mon amy. A moy la brassee. Ca
couillon

Moyne scauāt. Par dieu monsieur mon amy
magis magnos clericos non sunt magis ma
gnos sapientes, Uous ne veistez oncques tāt
de lieures cōe il y en a ceste anne. Je nay peu
recouurir ny Aultour, ny Tiercelet de lieu
du monde. Monsieur de la Bellonniere me
auoyt promis vn Lanier, mais il mescriput
na gueres quil estoit deuenu patays. Les per
drys nous mangeront les aureilles mesouay
Je ne prēs poinct de plaisir a la tonnelle. Car
ie y morfonds. Si ie ne cours, si ie ne tracasse
ie ne suis poinct a mon aise. Uray est que saul
tant les hayes et buissons, mon froc y laisse
du poil. Jay recouuert vn gentil leurier. Je
donne au diable si luy eschape lieure. Vn lac
quays le menoit a monsieur de Mauleurier,
ie le destroussay: feys ie mal? Nenny frere (ce
dist Gymnaste) nenny de par tout les diables
nenny. Ainsi dist le Moyne a ces diables: ce
pendant quilz durent. Vertus dieu quen eust
faict ce boyteux? Le cor dieu il prent plus de
plaisir quād on luy faict presēt dūg bō cōble de
beufz. Cōment (dist Ponocrates) vous iurez
frere Jean? Ce nest (dist le moyne) que pour or

per mon langaige. Ce sont couleurs de rethorique Ciceroniane.

Pourquoy les Moynes sont refuyz du monde, et pourquoy les ungs ont le nez plus grand q̄ les aultres.
Chap. xxxviii.

Fy de Christiã (dist Eudemõ) le entre en grãde resuerie considerant lhonesteté de ce moyne. Car il nous esbaudist icy tous. Et cõment doncques est, quon rechasse les moynes de toutes bonnes compaignies: les appellãs Trouble festes, cõme abeilles chassent les freslons dentour leurs rousches. Ignauū fucos pecus (dict Maro) a presepibus arcent. A quoy respondit Gargantua. Il ny a rien si vray que le froc, a la cagoule tire a soy les opprobres, iniures & maledictions du monde, tout ainsi cõme le vẽt dict Cecias attire les nues. La raison peremptoyre est: par ce quil mangent la merde du monde, cest a dire, les pechez & cõme marchemerdes lon les reiecte en leurs retraitctz: ce sont leurs conuentz & abbayes: se parez de cõuersation politicque comme sont les retraictz dune maisõ. Mays si entẽdez pourquoy ung cinge en une famille est tousiours moc qué z herselé:Vous entẽdrez pourquoy les moy nes sont de tous refuys, z des vieulx z des ieu nes, Le cinge ne garde poinct la maison, cõ me ung chiẽ:il ne tire pas laroy,cõe le beuf,il ne pduict ny laict ny laine,cõe la brebis:il ne por te pas le faiz cõe le cheual, Ce qsl faict est tout cõchier z degaster,q est la cause poquoy de to repceoyt mocqries z bastonnades. Semblable ment ung moyne(ientẽds de ces ocieux moy nes(ne laboure,cõe le paisãt,ne garde le pays cõme lhomme de guerre:ne guerist les mala des,cõe le medicin:ne presche ny endoctrine le mõde cõe le bon docteur euangelicq z pedago ge:ne porte les cõmoditez z choses necessaires a la republicq,cõe le marchãt. Ce est la cause pourquoy de tous sõ huez/z abhoyrys. Voire mais(dist Grãdgousier)ilz pret dieu po nous Ri moins(respõdit Gargãtua) vray est qlz mo lestẽt tout leur voisinage a force de trinqballer leurs cloches.(Voyre dist le Moyne,une mes se unes matines,unes vespres bie sonnees,sõt q

demy dictes ilz marmonnēt grād rēfort de legē
des τ pseaulmes nullemēt par eulx ētēduz Ilz
dīsēt force patenostres ētrelardees dē lōgs Aue
maria, sās y pēser ny entēdre. Et ce ie appelle
mocqdieu nō oraison. Mais ainsi leurs ayde
dieu silz prīēt poꝛ noꝰ: τ nō par paour de pdre
leurs miches et souppes gracee. Tous vrays
Chrestiās, de tous estatz en toꝰ lieux et tous
tēps prīēt dieu, lespit prie τ iterp ꝓ eꝰ poꝛ iceulx:
τ dieu les prēt en grace. Maitenāt tel nest nre
bō frere Frā. Doꝛtāt chū cū le souhayte en sa
cōpagnie. Il nest poict bigot, il nest point dissi
té, il est honeste, ioyulx, deliberē, bō cōpaignō.
Il trauaille, il laboure, il defēd les opprimez, il
conforte les affligez, il subuiēt es suffreteux,
il garde le cloꝰ de labbaye. Ie soꝛs (dist le moy
ne (bie dadueslaige. Car en deprsibāt nos ma
hnes τ āniuersaires on cueur, ēsēble ie fois des
chordes darbaleste, ie polys des matratz τ gar
rotz, ie fois des retz τ de poches a prendre les
connins. Iamais ie ne suis oisif. Mais or za
a boyre, boyre ça. A porte le fruict. Ce sont
chastaignes du boys Destroez. Auecques

f iiij

son vin nouueau,Boy.Bous la comp oseur de petz,Dous nestez encores ceans amouffillez. Par dieu ie Boy a tous quez, côme ōn cheual de promoteur.Gymnaste luy dist, Frere Jeã ostez ceste ropie q̃ Bo9 pẽd au nez.ha,ha(dist le myone)feray ie en dāgier de noyer:veu q̃ suis en eau iusques au nez,nō dā/nō:Quare:Or elle en sort bien,mais poinct ny entre.Car il est bien antidoté de pampre.O mon amy,qui auroit bottes dhyuer de tel cuyr:hardiment pourroit il pescher aux huytres.Car iamais ne prendroient eau.Pourquoy(dist Gargantua)est ce,que frere Jean a si beau nez:Parce (respondit Grangousier)que ainsi dieu l'a vou lu,lequel nous faict en telle forme et telle fin scelon son diuin arbitre,que faict ūn potier ses vaisseaulx,Par ce(dist Ponocrates)q̃l feut des p̃miers a la foyre des nez.Il print des pl9 beaulx q̃ pl9 grās.Trut auant(dist le Moy ne)scelō vraye Philosophie monasticque cest parce que ma nourrice auoit les tetins mo letz,en laictant mon nez y enfondroit comme en beurre,τ la sesleuoit et croissoit comme la

paste dedans la met. Les durs retins de nouṙ-
rices font les enfans camuz. Mais guay/
guay/ad formā nasi cognoscitur ad te leuaui.
Je ne mange iamais cõfitures. Page ala Bu-
merie. Item roustres.

℃ Comment le Moyne feyt dor
mir Gargantua/& de ses
heures et Breuiare.
Chap. xxxix.

LE souper acheue consulterent sus laffaire instant q feut concluds que enuiron
la minuyct ilz sortiroient a lescarmou-
che pour scauoir quel guet et diligence faisoiēt
leurs ennemys. En ce pēdant quilz se reposẽ-
roient ĕlq peu, pour estre plus frays. Mais
Gargantua ne pouoyt dormir en quelque
facẓon quil se mist. Dont luy dist le Moyne.
Je ne dors iamais bien a mon aise, si nõ quāḋ
suis au sermon, ou quāḋ ie prie dieu. Je vous
supply commenczons vous et moy les sept
pseaulmes pour veoir, si tātoust ne serez endor-
my. Linuention pleut tresbien a Gargantua.
Et commanceant le premier pseaulme sus le
poinct de Beati quorum, sendormirent et vn

l'aultre. Mais le Moyne ne failht oncqs a se sveiller auãt la minuyct, sõt il estoit habitué a sõnerye des matines claustrales. Luy esueillé, toꝰ les autres esueilla, chãtãt a pleine voix la chãson. Ho Regnault reueille toy. Veille o Regnault reueille toy. Quãd toꝰ furẽt esueillez, il dist. Messieurs lon dict, que matines cõmẽcẽt par, tousser, souper par boyre. Faisons au rebours cõmẽçõs maintenãt nos matines par boyre, & de soir a l'ẽtrée de souper noꝰ trousserons a qui mieulx mieulx. Lõt dist Gargãtua. Boyre si tost apres le dormir: Ce n'est vescu en diete de medicinc. Il se fault premier escurer le stomach des supfluitez & excremẽz. C'est dist le Moyne bič medicinč. Et diables me faultent au corps s'il ny a plus de vieulx yurongnes, q̃ ny a de vieulx medicis. Rẽdez tant que vouldrez voz cures, ie men voys aps mõ tyrouer. Quel tyrouer (dist Gargãtua) entẽdez voꝰ? Mõ breuiaire, dist le Moyne. Car tout aĩsi q̃ les faulcõniers deuãt q̃ paistre les oyseaulx les font tyrer quelque pied de poulle, pour leur purger le cerueau des phlegmes & pour les mettre en appetit, ainsi prenant ce ioyeulx petit breuiaire au matin, ie m'escu

re, tout le poulmon, a soy me la piest a soy
res A quel bsaige (dist Gargantua) dictes vou-
ces belles heures? A l'usaige (dist le Moyne) de
secan a troys pseaulmes et troys leczons,
ou rien du tout qui ne veult. Jamais je ne
me assubiectys à heures, les heures sont
faictes pour l'homme, et non l'homme pour
les heures. Pourtãt ie fois des miẽnes a gui
se destriuieres, jeles acourcys ou alõge quãd
bon me semble. Breuis oratio penetrat ce
los, longa potatio euacuat scyphos. Ou est
escript cela? Par ma foy (dist Ponocrates) ie
ne scay mon petit couillaust, mais tu vaulx
trop. En cela (dist le Moyne) ie vous ressem
ble. Mais, Venite apotemus. Lõ aprẽsta tãt
bõnaurdes a force et belles souppes de prī
mes, a brut le Moyne a son plaisir. Aulcuns
luy tindrent compaignie, les aultres sen de-
porterẽt. Apres chascun cõmẽcea soy armer &
accoustrer. Et armerent le Moyne côtre son
vouloir, car il ne vouloit aultres armes q son
froc dauãt sõ estomach, a le baston de la croix
en son poing. Toutessoys a leur plaisir seut
armé de pied en cap, a mõté sus vn bõ coursier
du royaulme, a vn gros braquemart au cousté

Ensemble Gargatua, Ponocrates, Gymnaste, Eudemon, et vingt et cinq des plus aduentureux de la mayson de Grandgousier, tous armez à laduentaige la lance au poing, montez comme sainct George, chascun ayant vn arquebouzier en crope.

℃ Comment le Moyne donne couraige
 a ses compaignons, et comment il se pendit
 a une arbre. Cha. xl.

Or sen vont les nobles champions a leurs aduentures, bien deliberez daten dre quelle rencontre fauldra poursuy ure, et de quoy se fauldra contregarder, quand viendra la iournee de la grande et horrible bataille. Et le Moyne leur donne couraige, disant, Enfans nayez ny paour ny doubte ie vous conduyray seuremet. Dieu et sainct Benoist soient auecques nous. Si ianoy la force de mesmes le couraige, par la mort bieu ie vous les plumeroys cõme vn canart. Ie ne crains riẽ fors lartillerie. Touteffois ie scay qlque oraisõ, q ma baille le soubsecretaĩ de nře abbaye, laqlle quarentist la psonne de toutes bouches a feu. Mais elle ne me profitera de rien, Car ie ny adiouste poinct de soy. Toutesfoys mon baston de croix fera diables. Par dieu, qui fera la cane de vous aultres, ie me donne au diable si ie ne le foys moyne en mõ lieu, & lescheuesteray de mõ froc. Il porte medicine a coüardise de gens. Auez poinct ouy parler du leurier de monsieur de Meurles, qui ne valoit riẽ pour les champs. Il luy mist un froc au col, par le corps dieu il neschappoit ny lieure ny regnard dauant luy & q̃ pl⁹ est couurit toutes les chiẽnes du pays, qui au parauant estoit esrenee, & de frigidis et maleficiatis. Le Moyne disant ces paroles en cholere passa soubz vn noyer tyrant vers la saullaye, & embroncha la visiere de son heaulme a la roupte dune grosse branche du noyer. Ce non obstant donna fierement des esprons a son cheual, lequel estoit chastouillé a la poincte, en maniere que le cheual bondit en auant, & le Moyne voulant deffaire sa visiere du croc, lascha la bride, & de la main se prẽd aux branches: ce pendant que le cheual se desroba dessoubz luy: Par ce moyen demoura le Moyne pendant au noyer, & criant a laide & au meurtre, protestant aussi de trahison. Eus

de mon premier l'aperceut, & appellant Gargantua. Hyre vehez & voyez Absalon pendu,
Gargantua venu considera la contenãce du
moyne:& la forme dont il pendoit,& dist a Eudemõ. Voº auez mal rẽcõtré le cõparãt a ab-
salõ. Car absolõ se pẽdit p̃ les cheueux, mais
le moyne ras de teste s'est pẽdu p̃ les aureilles.
Aydez moy (dist le Moyne) de par le diable.
N'est il pas bien le temps de iazer? Vous me
semblez les prescheurs decretalistes, qui disent
que qconques verra son prochain en dãger de
mort, il le doibt sus peine de excommunication
trisulce plus tost admonnester de soy confes-
ser & mettre en estat de grace que de luy ayder.
Quand doncques ie les verray tombez en la
riuiere,& prest destre noyez, en lieu de les aller
querir & bailler la main, ie leur feray vn beau
& long sermon de cõtemptu mundi, & fuga se-
culi. & lors qu'ilz seront roides mors, ie les iray
pescher. Ne bouge (dist Gymnaste) mon mignon ie te voys querir, car tu es gentil petit
monachus. Monachus in claustro non valet
oua duo, sed quando est extra, bene valet
triginta. Iay beu des pẽduz, plus de cinq cẽs.

mais ie nen vis oncques qui eust meilleure grace en pendillant, ie me laudoys aussi bonne le vouldroys ainsi pedre toute ma vie. Aurez vous (dist le Moyne) tantost assez presché? Aidez moy de par dieu, puis que de par laultre ne voulez. Car l'habit que ie porte vous en reporteres tempore & loco prelibatis. Alors descendit Gymnaste de son cheval, & montant au noyer souleva le moyne par les gossetz d'une main, & de laultre desfist sa visiere du croc de larbre, et ainsi le laissa tomber en terre, & soy apres. De scèdu que feut le Moyne, se desfist de tout son arnoys, & getta l'une piece apres laultre pmy le champ, & reprenant son baston de la croix remonta sus son cheval, lequel Eudemon avoit retenu a la fuyte. Ainsi sen vont ioyeusement tenans le chemin de la saulsaye.

¶ Comment l'escharmouche de Picrochole feut rencontree par Gargantua. Et comment le Moyne tua le capitaine Tyravant, & puis fut prisonnier entre les ennemys.

Chap. xl.

Picrochole a la relation de ceulx qui
auoient euadé a la roupte, fors que
Tripet fut estripé, feut espris de grãd
courroux, oyant que les diables auoient cou
ru sus ses gens, & tint son cõseil toute la nuyct
auquel Hastiueau & Toucquedillon conclu
rent que sa puissance estoit telle quil pourroit
desfaire tous les diables denfer sils y venoiẽt.
Ce que Picrochole ne croyoit pas du tout,
aussi ne sen desfioyt il. Pourtãt enuoya soubz
la conduicte du conte Tyrauant pour descou
urir le pays, seze cens cheualiers tous mõtz
sus cheuaulx legiers en escharmouche, tous
bien aspergez deau benisste, & chascun ayãt pr
leur signe vne estolle en escharpe, a toutes ad
uẽtures sils recõtroient les diables, q̃ par ver
tus tant de ceste eau Gringorienne que des
estolles les feissent disparoir & esuanouyr. Jl
ceulx coururent iusques pres lauau Guyon
& la maladerye, mais oncques ne trouuerent
personne a qui parler, dont repasserent par le
dessus, et en la loge & tugure pastoral, pres le
Couldray trouuerent les cinq pelerins. Les
quelz liez & baffouez emmenerent, comme sils
feussent

fussent espiés, nõ obstant les exclamatiõs ab-
juratiõs & reqstes qlz feissent. Descendus de la
fere Seuillé furẽt entẽduz p Gargãtua. Lequel dist a ses gens. Compaignons il y a icy
rencõtre & sont en nombre: trop plus dix foys
que nous chocquerons nous sus eulx. Que
diable(dist le moyne)ferons nous donq. Estimez vous les hommes par nombre, & non par
vertus & hardiesse. Puis se scria. Chocquons
diables, chocquons. Ce que entendãs les ennemys pensoiẽt certainemẽt que feussẽt vrays
diables, dont commencerent fuyr a bride aualle, excepté Tyrauant, lequel coucha sa lance en l'arrest, & en ferut a toute oultrãce le moyne au milieu de la poictrine, mais rencontrãt
le froc horrifique, rebouscha par le fer, comme
si vous frappiez dune petite bougie contre vne
enclume. Adoncq le Moyne auecq son basto
de croix luy donna entre col & collet sus los
Acromion si rudement quil l'estonna: & feist
perdre tout sens & mouemẽt, & tomba es piedz
du cheual. Et voyãt l'estoffe quil emportoit en
escharpe, dist a Gargantua. Ceulx cy ne sõt
que prebstres, ce n'est qu'un commancement de

moyne, par sainct Jean ie suis moyne par
faict ie Vous en tueray comme de mousches,
Puis le grād galot courut apres, tant q̃ l'atra
pa les derniers a les abbastoyt cōme seille trā
pāt a tors q̃ a trauers. Gymnaste interrogua
sus l'heure Gargātua, sil̃z les debuoiēt po²suy
ure: A quoy dist Gargātua. Nullemēt. Car
scelon vraye discipline militaire, iamais ne
fault mettre son ennemy en lieu de desespoir.
Par ce que telle necessité luy multiplie la for
ce, q̃ acroist le couraige, q̃ ia estoit deiect q̃ fail
ly. Et ny a meilleur remede de salut a gens
estommiz q̃ recreuz que de nesperer salut auk
cun. Quātes victoires ont esté toulliues des
mains des vaincqueurs par les vaicuz, quād
ilz ne se sont cōtētez de raisō: mais ont atemp
te du tout mettre a internition q̃ destruire to
talement leurs ennemys, sans en vouloir laiſ
ser vn seul pour en porter les nouuelles? Ou
urez tousiours a vos ennemys toutes les por
tes q̃ chemins, q̃ plus tost leurs faictes vn
pont d'argēt, affi de les renuoyer. Voyre mais
dist Gymnaste) ilz ont le Moyne. Ont ilz
dist Gargantua) le moyne: Sus mon hon

neur,que ce sera a leur dōmaige. Mais affin de suruenir a tous hazars, ne nous retirons pas encores,attendons icy en silence. Car ie pense ia assez congnoistre l'engin de nos ennemys,ilz se guidēt par sort:nō p̄ conseil. Eceulx ainsi attendans soubz les noiers,ce pendant le Moyne poursuyuoit chocquāt tous ceulx quil rencontroit sans de nully auoir mercy, iusque a ce quil rencontra vn cheualier qui portoit en croppe vn des pauures pelerins, & la voulent mettre a sac se escria le pelerin. Ha monsieur le prieur mō amy/mōsieur le prieur saulluez moy ie vous en prie. Laquelle parolle entendue se retourneret arriere les ennemys voyans que la nestoit que le Moyne,q̄ faisoit cest esclandre,le chargerent de coups, comme on faict vn asne de bois,mais de tout rié ne sentoit mesmement quānd ilz frapoiēt sus son froc tāt il auoit la peau dure. Puis le baillerēt a garder a deux archiers,& tournās bride ne veirēt personne contre eulx dōt estimerent que Gargantua estoit fuy auecques sa bande. Adoncques coururent vers les noyzettes tant roiddement quilz peurent pour les renm ij

contrer, & laisserẽt la le moyne seul auecques
deux archiers de guarde. Gargantua entẽdit
le bruit, & hennissement des cheuaulx, & dist a
ses gens. Compaignons, ientends le trac de noz
ennemys, & ia appercoy aulcuns diceulx qui
viennent contre nous a la foulle serrõs nous
icy/& tenons le chemin en bon ranc, par ce
moyẽ nous les pourrons receuoir a leur per
te & a nostre honneur.

¶ Comment le Moyne se deffist
de ses guardes,& comẽt les-
charmousche de Picro-
chole feut deffaicte.
¶ Chap. xl.

LE Moyne les voyant ainsi departi
en desordre, coniectura quilz alloient
charger sus Gargantua & ses gens,& se
contristoit merueilleusement de ce quil ne les
pouoit secourir. Puis aduisa la contenance
de ses deux archiers de guarde, lesquelz eussent
voulentiers couru apres la troupe pour y bu-
tiner quelque chose & tousiours regardoit vers
la vallee en laquelle ilz descendoient. Dadui-
taige syllogisoit disant, ces gens icy sont bien

mal expertez en faictz darmes. Car oncques
ne me ont demandé ma foy, & ne me ont ousté
mon braquemart. Houssain apres tyra son
dict Braquemart, & en ferut larchier qui le tenoit a dextre luy coupant entierement les vei-
nes iugulares / & arteres spagitides du col,
avecques le guarguareon, iusques es deux
adenes: & retirant le coup luy entreouurit la
mouelle spinale entre la seconde & tierce verte-
bre, la tomba larchier tout mort. Et le moyne
detournant son cheual a gauche courut sus
laultre, lequel voyant son compaignon mort
& le moyne aduantaigé sus soy, cryoit a haulte voix. Ha monsieur le prieur ie me rendz,
monsieur le prieur, mon bon amy monsieur le
prieur. Et le Moyne cryoit de mesmes. Monsieur le postertour mon amy, monsieur le poste-
riour, vous aurez sus vos posteres. Ha (disoit
larchier) monsieur le prieur, mon mignon, monsieur le prieur, q̃ dieu vous face abbé. Par lha
bit (disoit le Moyne) que ie porte ie vous feray
icy cardinal. Ransonnez vous les gens de religion? Vous aurez vn chapeau rouge a ceste
heure de ma main. Et larchier cryoit, Mon-

sieur le prieur, monsieur le prieur, mõsieur labbé futeur, mõsrᵉ le cardinal, mõsieur le tout. Ha, ha, hes, mõ Mõsieur le prieur, mõ bon petit seigneur le prieur ie me rends a vous. Et ie te rends (dist le Moyne) a tous les diables. Lors dun coup luy tranſchit la teste, luy coupant le test sus les os petreux & enseuant les deux os bregmatis & la commissure sagittale, auecques grande partie de los coronal, ce que faisant suy tranchit les deux meninges & ouurit profondement les deux posterieurs ventricules du cerueau, & demeura le craine pendant sus les espaulles a la peau du pericrane par derriere, en forme dun bõnet doctoral, noir pas dessus, rouge par dedãs. Ainsi tõba roid le mort en terre. Ce faict, le Moyne donna des esperõs a son cheual & poursuyt la voye que tenoient les ennemys, lesquelz auoient rencontré Gargantua & ses compaignõs au grand chemin, & tant estoiẽt diminuez en nõbre pour lenorme meurtre q̃ y auoit faict Gargantua auecques son grãd arbre: Gymnaste, Ponocrates, Eudemon, & les aultres, quilz sõmẽçoiẽt soy retirer a diligẽce, tous effrayez q̃ perturbez de sens q entendemẽt,cōme silz Veissent la propre espece a forme de mort deuant leurs yeulx. Et cōe vous voyez vn asne quãd il a au cul vn oestre Junonicque,ou vne mouche qui le poinct,courir cza q la,sans voye ny chemin gettant sa charge par terre/rompant son frain q renes,sans auscunement respirer ny prãdre repos, q ne scayt on q̃ le meut, car son ne veoit rien qui le touche. Ainsi fuyoient ces gẽs de sens desprouueuz,sans scauoir cause de fuyr,tant seulement les poursuyt vne terreur Panice laquelle auoient conceue en leurs ames. Voyãt le moyne q̃ toute leur pẽsee n'estoit sinō a gaigner au pieds,descẽd de sō cheual q mōte sus vne grosse roche q̃ estoit sus le chemī,q auecq̃s sō grãd bracqmart,frappoit sus ces fuyars a grãd tour de bras sãs se fainbre ny espargner. Tãt en tua q mist p̃ terre. q̃ son bracãmart rōpit en deux pieces. Adōcq̃ pẽsa en soy mesmes q̃ cestoit assez massacré q tué q q̃ le reste doibuoit eschaper poᵉ en porter les nouuelles. Pouᵒtãt saisit en sō poing vne hache de ceulx q̃ la gisoiẽt mors,q se retoᵒna de rechief sus la roche,passãt tẽps a veoir fouyr les

m iii

ennemys, & culbuter entre les corps mors, excepté q̃ a tous faisoit laisser leurs picques, espees, lances & hacquebutes, & ceulx qui portoient les peserins liez, il les mettoit a pied & destroit leurs cheuaulx au dictz peserins, les retenant auecques soy ioree de la haye, Et Touquedillon, lequel il retint prisonnier.

¶ Comment le Moyne amena les peserins & les bonnes paroles que leur dist Grandgousier. Chap. xlii.

CEste escarmouche peracheuee se retyra Gargantua auecques ses gẽs excepté le Moyne, & sus la poincte du iour se rendirent a Grandgousier, lequel en son lict prioyt dieu pour leur salut & victoyre, Et les voyant tous saulz & entiers les embrassa de bon amour, & demãda nouuelles du moyne. Mais Gargantua luy respõdit, que sans doubte leurs ennemys auoient le moyne. Ilz auront (dist Grandgousier) doncques male encontre. Ce que auoyt esté bien vray. Pourtant encores est le prouerbe en vsaige, de bailler le moyne a quelqun. Adoncques commanda quon aprestast tresbien à desiuner pour les refraischir. Le tout apresté lon appel la Gargantua, mais tant luy greuoit de ce que le moyne ne comparoit aulcunement, quil ne vouloit ny boyre ny manger. Tout soubdain le Moyne arriua, & des la porte de la basse court, se scrya, Vin frays, vin frays, Gymnaste mon amy. Gymnaste sortit, & veit q̃ cestoit frere Jean q̃ amenoit cinq pelerins, & Toucquedillon prisonnier, dont Gargantua sortit au dauant, & luy feirent le meilleur recueil q̃ peurent, & le menerent dauant Grandgousier, lequel linterrogea de toute son aduenture. Le moyne luy disoit tout, & comment on lauoit prins, & comment il sestoit deffaict des archiers, & la boucherie q̃l auoit faict par le chemin, & coment il auoit secous les pelerins, & amené le capitaine Toucquedillon. Puis se mirent a bancqueter ioyeusement tous ensemble. Ce pendant Grandgousier interrogeoit les pelerins, de quel pays ilz estoient, dont ilz venoient, & ou ilz alloient. Lasballer pour tous respondit. Seigneur ie suis de sainct Genou en Berry, cestuy cy est de Paluau, cestuy cy est de Onzay cestuy cy est de Argy, & cestuy cy est de Dille-brenin. Nous venõs de sainct Sebastian pres de Nantes, & nous en retournons par nous petites iournees. Vraye mais (dist Grand-gousier) qu'allez vo⁹ faire a sainct Sebastiã? Nous allions (dist Lasdaller) luy offrir nos votes contre la peste. O (dist Grandgousier) pauures gens, estimez vous que la peste viengne de sainct Sebastian? Ouy vrayemẽt (respondit Lasdaller) nos prescheurs no⁹ l'af-ferment. O (dist Grandgousier) les faulx pro phetes vous amoncent ilz telz abuz? Blasphe ment ilz en ceste facon les iustes & sainctz de dieu, quilz les font semblables aux diables, q̃ ne font q̃ mal entre les humains? Cõme Ho-mere escript que la peste fut mise en l'oust des Gregoys p̃ Apollo, & comme les Poetes fai-gnent ung grãd tas de Veioues & dieux mal-faisãs. Ainsi preschoit a Sinays ung Caphart, q̃ sainct Antoine mettoit le feu es iambes, & sainct Eutrope, faisoit les hydropicques, & sainct Gildas les foulz, sainct Genou les gouttes. Mais ie le punys en tel exemple quoy quil me appellast hereticque, que depuis ce temps

Caphart quiconques n'est aisé entrer en mes terres. Et mesbays si vostre roy les laisse prescher par son royaulme telz scandales. Car plus sont a punir, que ceulx q̃ par art magicque ou aultre engin auroient mys la peste par le pays. La peste ne tue que le corps: mais ces predicatiõs diabolicques infectionet les ames des pauures a simples gens. Luy disans ces paroles entra le Moyne tout deliberé, a leure demãda. Dõt este võ võus aultres pauures freres? De sainct Genou, dirent ilz. Et cõmẽt (dist le Moyne) se porte labbé Trãchelion le bõ beuueur. Et les moynes, q̃lle chere font ilz? Le cor dieu ilz biscotent vos femmes ce pẽdãt que estes en romiuage. Hinhen (dist Lastaller) ie nay pas peur de la miẽne. Car q̃ la verra de iour, ne se rõpra pas le coul poƲ laller visiter la nuyct. C'est (dist le moyne) biẽ retiré de picques. Elle pourroit estre aussi layde q̃ Proserpine, elle aura p̃ dieu la saccade puis q̃ l'y a moynes autour. Car vn bõ ouurier mect indifferentement toutes pieces en oeuure. Que l'aye la verolle, en cas que ne les trouuiez engroissees a vostre retour. Car seulement l'ombre du clocher dune abbaye est fe rtonde(C'est) dist Gargantua (comme l'eau du Nile en Egypte, si vous croyez Strabo/ et Pline lib. vii chap. iii) aduisez q̃ cest de la miche, des habitz, & des corps. Lors dist Grandgousier: Allez vous en pauures gens on nom de dieu le createur, lequel vous soyt en guide perpetuelle. Et dorenauant ne soyez faciles à ces oiseux & inutiles voyages. Entretenez vos familles, trauaillez chascun en sa vacation, instruez voz enfans, & viuez côme vous enseigne le bõ Apostre sainct Paoul; Ce faisans vous aurez la garde de dieu, des ãges, & des saictz auecques vous, & ny aura peste ny mal q̃ vous porte nuysance. Puis les mena Gargantua prendre leur refection en la salle: mais les pelerins ne faisoiẽt q̃ souspirer, & dirent à Gargantua, Ō q̃ heureux est le pays q̃ a pour seigneur vn tel homme. Nous sommes plus edifiez & instruictz en ces propos q̃l nõs a tenu, qu'en tõs les sermons que iamais nous feurẽt preschez en nostre ville. C'est (dist Gargantua) ce que dist Platon lib. v. de rep. que lors les republicques seroient heureuses, quãd les roys philosopheroient ou les philosophes regneroient.

Puis les feist emplir leurs bezaces de viures/
leurs bouteilles de vin, & a chascun dōna cheual pour soy soulaiger au reste du chemin,&
quelques carolus pour viure.

℄ Comment Grandgousier traicta
humainement Toucquedillon
prisonnier. Chapi-
tre. xlviii.

Toucquedillon fut presenté a Grandgousier,& interrogé par icelluy sus len-
trepnnze & affayres de Picrochole, que
fin il pretēdoyt par ce tumultuaire vacarme.
A quoy respōdit que sa fin & sa destinee estoyt
de conquester tout le pays sil pouoyt, pour lin-
iure faicte a ses fouaciers. Cest(dist Grandgousier)trop entrepris, qui trop embrasse peu
estraint, le temps n'est plus d'ainsi conquester
les royaulmes auecques dommaige de son
prochain frere christian, ceste imitation des anciens Hercules, Alexandres, Hannibalz, Scipions, Cesars & aultres telz est contraire a
la profession de leuangile, par lequel nous est
cōmandé garder, saluuer, regir,& administrer
chascun ses pays & terres, non hostilemēt en-

nahir les aultres. Et ce que les Tatarins & Barbares iadys appelloient prouesses, maintenãt no° appellõs bruguãderies, & mechãsetez. Mieulx eust il faict soy cõtenir en sa maison royallemẽt sa gouuernãt:q̃ insulter en la mienne, hostilemẽt la pillant, car par biẽ la gouuerner leust augmẽtee, p̃ me piller sera destruict. Allez vous en au nom de dieu: suyuez bonne entreprinse, remõstrez a vostre rey les erreurs q̃ cõgnoistrez & iamais ne le cõseillez, ayãt esgard a vostre profit particulier, car auecques le cõmun est aussi le propre p̃du. Quãd est de vostre rançon, ie vous la dõne entieremẽt, & veulx q̃ vo° soiẽt rẽdues armes & cheual, ainsi fault il faire entre voisins & anciẽs amis, veu q̃ ceste nostre differẽce, n'est poinct guerre propremẽt. Cõme Platõ li. 5. de rep. vouloit estre nõ guerre nõmer, ains seditiõ quãd les Grecz mouueoiẽt armes les vns contre les aultres. Ce q̃ si par male fortune aduenoyt, il cõmãde quon vse de toute modestie. Si guerre la nõmez, elle n'est q̃ superficiaire: elle nentre poinct au profund cabinet de nos cueurs. Car nul de nous nest oultragé en son hõneur:& nest q̃ ſion en ſomme totale,q̃ de rabiller q̃ la faulte tõmiſe par nos gẽs,iẽtẽds q̃ voſtres q̃ noſtres. Laq̃lle encores q̃ congneuſſiez,vous doibuez laiſſer couler ouſtre,car les pſõnages q̃re lãs eſtoiẽt plˢ a cõtẽpner, q̃ a rainẽteuoir,meſme mẽt leurs ſatiſfaiſant ſcelon le grief,cõe ie me ſuis offert. Dieu ſera iuſte eſtimateur de nr̃e differẽt,leq̃l ie ſupplỹ plus toſt par mort me tollir de ceſte vie/q̃ mes b̃ẽs deperir dauãt mes yeulx,q̃ par moy ny les miẽs en riẽ ſoit offẽſé. Ces paroles acheuees appella le moyne,q̃ dauãt toˢ luy demãda,frere Jeã mõ bõ amy eſtes voˢ q̃ auez pris le capitaine Toucq̃dillõ icy preſent? Syre (diſt le moyne) il eſt preſent,il a eage q̃ diſcretion,i'ayme mieulx q̃ le ſachez par ſa cõfeſſion,q̃ par ma parole. Adoncques diſt Toucquedillõ. Seigneur ceſt luy verita blemẽt q̃ m'a pr̃ins, q̃ ie me rẽds ſon priſonnier franchement. L'auez vous (diſt Grãdgouſier au moyne) mis a rãczon? Non, diſt le moyne. De cela ie ne me ſoucie. Combien (diſt Grãd gouſier) vouldriez vous de ſa priſe? Rien, rien (diſt le moyne) cela ne me mene pas. Lors commenda Grandgouſier,que preſent

Toucquedillon feussent contez au moyne soi-
pante & deux mille saluz, pour ceste prinse. Ce
que fut faict ce pendant qu'on feist la collation
audict Toucquedillon, auql demanda Grandgousier s'il vouloit demourer auecques luy, ou
si mieulx aymoit retourner a son roy. Toucquedillon respondit, quil tiendroit le party leql
il luy conseilleroit. Doncques (dist Grandgousier) retournez a vostre roy, & dieu soit auecqs
vous. Puis luy donna une belle espee de Vienne, auecques le fourreau dor faict a belles vi-
guettes dorseuerye, & un collier dor pesent sept
cens deux mille marcz, garny de fines pierreries, a lestimation de cent mille soixante mille
ducatz, & dix mille escuz p present honorable.
Apres ces propos monta Toucquedillon sus
son cheual. Gargantua pour sa seureté luy
bailla trente hommes darmes & six vingtz archiers soubz la conduicte de Gymnaste, pour
le mener iusques es portes de la Roche clermauld, si besoing estoit. Icelluy departy le moyne rendit a Grandgousier les soixante & deux
mille salutz qlz auoit repceu, disant. Syre ce
nest ores, q vous dorvez faire telz dons, attedez
la fin de

la fin de ceste guerre, car lõ ne scait quelz affai
res pourroient seuruenir. Et guerre faicte sãs
bõne prouisiõ dargẽt, n'a qun souspiratl de vi=
gueur, les nerfz des batailles sõt les pecunes.
Pource (dist Grãdgousier) a la fin ie vous cõtẽ
teray par hõneste recompẽse, & tous ceulx qui
me auront bien seruy.

¶ Comment Grandgousier manda
querir ses legions, et comment
Toucquedillon tua Hasti=
ueau, puis feut tué par
le commandement
de Picrochole.
Cha. xlv.

En ces mesmes iours ceulx de Bessé, du
Marché vieulx, du bourg sainct Jacques
du Traineau, de Parillé, de riuiere, des
roches sainct Paoul, du Vau Bretz, de Pautil
le, du Brehemõt, du pont de Clã, de Crauãt,
de Grandmont, des Bourdes, de la ville au
mere, de Huymes de Segré, de Hussé, de
sainct Louãt de Pãzoust, des Couldreaulx, de
Verron, de Coulaines, de Chosé, de Vare=
nes, de Bourgueil, de Lisle boucard, du crou=
n

ſay,de Marſay,de Candé,de Montſoreau, τ aultres lieux confines enuoierēt deuers Grād gouſier ambaſſades,pour ſuy dire quil eſtoit aduertis de tord; que luy faiſoit Picrochole: τ pour leur ancienne confederation ilz luy oſ ſroient tout leurs pouoir tant de gēs,que dar gent,τ aultres munitions de guerre. Largent detous montoit par les pactes quil luy en uoyoient,ſix vingt quatorze millions dor. Les gens eſtoient quinze mille hommes darmes, trente et deux mille cheuaulx legiers / quatre vingtz neuf mille harquebouziers,cent quarā te mille aduēturiers/onze mille deux cens ca nons / doubles canons/baſiſicz τ ſpiroles. Piō niers quarante a ſept mille/le tout ſouldoyé τ auitaillé pour ſix moys. Lequel offre Gargā tua ne reſuſa,ny accepta du tout. Mais grā dement les remerciant,diſt quil compoſeroit ce ſte guerre par tel engin q̄ beſoing ne ſeroit tāt empeſcher de gēs de biē. Seulemēt enuoya q̄ apteneroit en ordre les legiōs leſqlles entrete noiēt ordinairemēt en ſes places de la Deuie riere/de Chauiny/de Grauot/τ Quinquays, montāt en nombre douze cens hommes dar

mes , trente a six mille hõmes de pieds, treize
mille arcqbuziers,de up ces grosses pieces dartil
lerye a vingt a deux mille Pionniers, tous par
bãdes,tãt biẽ assorties de seurs thesauriers,de
munãdiers/de Mareschaulx/de armuriers
& aultres gens necessaires au trac de bataille
tant bien instruictz en art militaire/tant bien
armez,tant bien recongnoissans et suyuans
seurs enseignes/tant soubdains a entendre a
obeir a seurs capitaines/tãt expediez a courir/
tant fors a chocquer/tant prudens a lauentu
re,que mieulx ressembloiẽt une harmonie dor
gues a concordante dhorologe/q une armee ou
gensdarmerie.Toutquesi lon arriué se presen
ta a Picrochole,q luy compta au long ce quil
auoit a faict, a veu, a la fin conseilloit par for
les parolles qu'o i feist, apoinctement auecqs
Grandgousier,lequel il auoit esprouué le plus
homme de bien du monde , adioustant que ce
n'estoyt ny preu,ny raison molester ainsi ses
voisins,desq̃lz iamais nauoiẽt eu que tout bie.
Et au reguard du principal:q iamais ne sortí
roient de ceste entreprinse que a seur grand
dommaige et malheur. Car la puissance de

Picrochole n'estoit telle, que aisement ne les peust Grādgouzier mettre a sac. Il n'eut achevé ceste parolle, que Hastiueau dist tout hault. Bien malheureux est le prince qui est de telz gēs serui, qui tant facilement sont corrompuz, cōme ie cōgnoys Toucquedillon. Car ie voy son couraige tant chaugé que voluntiers se feust adioinct a noz ennemys pour contre nous batailler ꝟ nous trahir / silz leusent voulu retenir, mais comme vertus est de tous tant amys que ennemys louee ꝟ estimee, aussi meschanceté est tost congneue ꝟ suspecte. Et posé que dicelle les ennemys se seruent a leur pfit si ont ilz tousiours les meschans ꝟ traistres en abhomination. A ces parolles Touchdillon impatiēt tyra son espee, ꝟ en transperça Hastiueau vn peu au dessus de la mamelle gausche. dōt mourut incontinent. Et tyrant son coup du corps, dist fraichemēt. Ainsi pisse qui fraulx seruiteurs blasmera. Picrochole soubdain entra en fureur, et voyant lespee ꝟ fourreau tant diapré, dist. Te auoit on donne ce bastō, pour en ma presence tuer malignemēt mon tant bon amy Hastiueau? Adoncques

commenda a ses archiers quilz le meissent en
pieces. Ce que fut faict sus lheure, tant cruel
lement que la chambre estoit toute pauee de
sang. Puis feist honorablement inhumer le
corps de Hastiueau,/ cellup de Toucquedillon
getter par sus les murailles en la valee. Les
nouuelles de ces oultrages feurēt sceues par
toute larmee, dont plusieurs commencerent
murmurer contre Picrochole, tant q̃ Grippe
minaud luy dist, Seigneur ie ne scay quelle
yssue sera de ceste entriprinse. Ie voy vos gẽs
peu confermez en leur coraiges. Ilz considerẽt
que sommes icy mal pourueuz de viures, q̃ ia
beaucoup diminuez en nombre, par deux ou
troys yssues. Dauantaige il vient grand ren
fort de gẽs a vos ennemys. Si nous sommes
assiegez vne foys, ie ne voy poinct comment ce
ne soyt a nostre ruyne totale. Bren, bren, dist
Picrochole, vous semblez les anguilles de
Melun. Vous criez dauāt quon vous escorche
laissez les seulement venir.

¶ Comment Gargantua assaillit
Picrochole dedans la Rocheclermaud q̃
defist larmee dudict Picrochole. Chap. xlvj.

Gargantua eut la charge totalle de larmee, son pere demoura en son fort. Et seur donnant couraige par bônes parolles, promist grandz dons à ceulx qui feroiẽt quelques prouesses. Puis guaignerent le gué de Vr Bée, et par basteaulx a pons legierement faictz passerent oultre dune traicte. Puis considerant lassiete de la ville que estoit en lieu hault et adventageux, deliberal celle nuyct sus ce questoit de faire. Mais Gymnaste luy dist. Seigneur telle est la nature z complexiõ des Frãçoys, que ilz ne valent que a la pmiere poincte. Lors ilz sont pires q̃ diables, mais silz seiournent, ilz sont moins que femmes. Je suys dadvis que heure presente apres que vos gens aurõt quelque peu respiré z repeu, faciez dõner lassault. Ladvys feut trouvé bõ, Adõc ques produict toute son armee en plein camp, mettãt les subsides du cousté de la mõtee. Le Moyne print avecq̃s soy six enseignes de gẽs de pied, z deux cens hõmes darmes: et en grande diligence traversa les marays, et gaingna au dessus le puy iusques au grand chemyn de Loudun. Cependant lassault continuoit, ses

gens de Picrochole ne sçauoient si le meilleur
estoit sortir hors et les recepuoir, ou bien guar
der la ville sans bouger. Mais furieusement
sortit auecques quelque bande d'hommes darmes, de sa maison: et la feut receu et festoyé a
grandz coups de canon, qui gresloiēt devers
les cousteaux, dōt les Gargātuistes se retirerent au bas, pour mieulx dōner lieu a lartille-
rye. Ceulx de la ville defēdoiēt le mieulx que
pouoient, mays les traictz passoiēt oultre par
dessus sans nul ferir. Aulcūs de la bāde sauluez de lartillerie dōnerent fierement sus noz
gens, mais peu profiterēt, car tous feurent receuz entre les ordres, q̄ la rurz par terre. Ce
que voyans se vouloient retirer: mais ce pendāt le Moyne auoit occupé le passaige. Parquoy se mirent en fuyte sans ordre ny maintien. Aulcuns vouloient leur dōner la chasse,
mais le Moyne les retint craignant que suy-
uāt les fuyans perdissent leurs rancz: et q̄ sus
ce poīct ceulx de la ville chargeassent sus eulx
Puis attēdāt q̄lq̄ espace, et nul ne cōparant a
lēcōtre, enuoya le duc Phrontiste pour assmō-

noſtre Gargantua a ce quil auanceaſt pour
guaigner le couſtau a la gauſche pour empeſ
cher la retraicte de Picrochole par celle por
te. Ce que feiſt Gargantua en toute diligēce,
et y enuoya quatre legions de la compaignie de
Sebaſte, mais ſi toſt ne peurent gaigner le
hault q̄lz ne rencõtraſſent en barbe Picrocho
le a ceulx qui auecq̄s luy ſeſtoiēt eſpars. Lors
chargerent ſus roiddement, touteſſoys grande
ment furent endõmaigez par ceulx qui eſtoiēt
ſus les murs en coupz de traict et artillerie.
Quoy voyant Gargantua en grande puiſſā
ce aſſa les ſecourir, et commencza ſon artille
rie a hurter ſus ce quartier de murailles, tant
que toute la force de la ville y feut euocquee.
Le Moyne voyant celluy couſté lequel il te
noit aſſiegé, denué de gens et gardes, magna
nimement tyra vers le fort et tant feiſt quil
mõta ſus luy et aulcuns de ſes gens penſant
que plus de craincte a de frayeur dõnēt ceulx
q̄ ſuruenienent a vn conflict que ceulx qui
lors a leur force combatent. Touteſſoys ne
feiſt oncques effroy, iuſques a ce que tous ſes
ſiens euſſent gaigne la muraille, epcepté les

deux cens hommes d'armes qu'il laissa hors
pour les hazars. Puis s'escria horriblement, a
les siens ensemble, et sans resistence tuerent
les guardes d'icelle porte, a la ouurirēt es hō=
mes d'armes a en toute fiereté corurent ensem
ble vers la porte de Lorient, ou estoit le desār-
roy. Et par derriere renuerserent toute leur
force, voyās les assiegez de tous coustiez, a les
Guargantuistes auoir guaigné la ville, se ren
dirent au Moyne a mercy. Le Moyne leurs
feist rendre les bastons et armes et tous retiz
rer a reserrer par les eccļises saisissāt tous les
bastons des croix, et commettāt gens es por
tes pour les garder de yssir. Puis ouurant cel
le porte orientale sortit au secours de Gargātua. Mais Picrochole pensoit que le secours
luy venoit de la ville, a par oultrecuydance se
hazarda plus que deuant: iusques a ce q̄ Gargantua s'escrya, Frere Jean mon amy, frere
Jean en bon heur soyez venu. Adoncques con
gnoissant Picrochole a ses gēs que tout estoit
desesperé prindrent la fuyte en tous endroictz.
Gargātua les poursuyuit iusq̄s ps Vaugau
dry tuāt a massacrāt, puis sōna la retraicte.

¶ Comment Picrochole fuiant feut surprins de males fortunes & ce q̃ feit Gargantua aps la bataille. Chap. xlвij.

Picrochole ainsi desespere sen fuyt vers Lisle Bouchart, & au chemin de Riuere son cheual bruncha par terre, a quoy tant feut indigne que de son espee le tua en sa chole, puis ne trouuant personne qui le remõtast, voulut prandre vn asne du molin qui la aupres estoit, mais les meusniers le murtrirẽt tout de coups, et le destrousserẽt de ses habillemens, et luy baillerẽt pour soy couurir vne meschante seguye. Ainsi sen alla le pauure cholericque, puis passãt leau au port Huaux, & racontant ses males fortunes, feut aduise par vne vieille lourpidon, que son royaulme luy seroit rẽdu, a la venue des Coquecigruës, depuis ne scayt on quil est deuenu. Toutesfoys lon ma dict quil est de present pauure gaignedenier a Lyon cholere comme dauãt. Et tousiours se guemente a tous estrangiers de la venue des Coquecigruës, esperant certai

nement scelon la prophetie de la Sibille, estre a
leur venue reintegré en son royaulme. Apres
leur retraicte Gargantua premierement re-
censa ses gés, & trouua q̃ peu diceulx estoient
perys en la bataille scauoir est àlques gés de
pied de la bãde du capitaine Tolmere, & Ponocrates qui auoit vn coup de harquebouze
en son pourpoinct. Puis les feist refraischer
chascun par sa bande, & commanda es thesauriers que ce repas leur feust defrayé et payé,
& q̃ lon ne feist oultraige quicõcques en la ville, veu quelle estoit sienne, & apres leur repas
ilz cõparussent en la place deuãt le chasteau
& la seroiẽt paiez pour six moys. Ce que feut
faict, puis feist conuenir dauant soy en ladicte
place tous ceulx qui la restoient de la part de
Picrochole, esquelz presens tous ses princes &
capitaines parla comme sensuyt.

¶ La contion que feist Gargantua es
vaincuz. Chap. xlviii.

Nos peres, ayeulx, & ancestres de toute
memoyre, ont esté de ce sens & ceste nature
que des batailles par eulx consõmees ont po~
signe memorial des triũphes & victoyres plus

Boluntiers erige trophees & monumens es cueurs des vaincuz par grace, q̃ es terres par eulx conquestees par architecture. Car plus estimoient la vifue soubuenance des humains acquise par liberalité, q̃ la mute inscription des arcs, columnes, & pyramides subiecte es calamitez de l'air, & enuie d'un chascun. Souuenir assez vous peut de la mansuetude, dont ilz vserent enuers les bretons a la iournee de sainct Aubin du Cormier: & a la demolition de Parthenay. Vous auez entendu, & entendent admirez le bon traictement q̃lz feirẽt es Barbares de Spagnola, q̃ auoient pillé, depopulé, & saccaigé les fis maritimes de Olone & Thalmondoys. Tout cel ciel a esté remply des louãges & gratulations que vous mesmes et vos peres feistes lors que Alpharbal roy de Canarre nõ assouy de ses fortunes enuahyt furieusement le pays de Onys epercãt la piracticque en toutes les isles Armortsques & regions confines. Il feut en iuste bataille nauelle prins & vaincu de mõ pere, auquel dieu soit garde & protecteur. Mais quoy? On cas que les aultres roys & empereurs, voyre q̃ se font nommer Catholicques leussēt miserablemēt traicté, durement emprisonné, q rançonné extremement, il le traicta courtoisement, amiablement le logea auecques soy en son palays, q par incroyable debonnaireté le renuoya en saufcōduyt, chargé de dons, chargé de graces, chargé de tous offices damitié. Quen est y aduenu? Luy retourné en ses terres feist assembler tous les princes q estatz de son royaulme leurs exposa l'humanité quil auoit en nous congneu, q les pria sur ce deliberer en façon que le monde y eut exemple, comme auoit ia en nous de gratieuseté honneste, aussi en eulx de honnesteté gratieuse. La feut decreté par consentement unanime, que lon offreroit entieremēt leurs terres, dommaines q royaulme, a en faire scelon nostre arbitre. Alpharbal en propre personne soubdain retourna auecques huyt grandes naufz oneraires, menant non seulement les thesors de sa maison q ligne royalle, mais pres q tout le pays. Car soy embarquāt pour faire voille au vent Vesten Nor dest: chascū a la foulle gettoit dedās icelle, or, argēt, bagues, ioyaulx, espiceries, drogues q odeurs aromaticques. Papegays/Pelicās/Guenšes/ Ciuettes/Genettes/Porzespicz. Poinct ne stoit filz de bōne mere reputé,qui drdās ne ges taft ce q̄ auoit de singulier. Arriue q̄ feut, dou soit baiser les piedz de mō dict pere,se faict fut estime indigne:a ne feut tolere,ais feut embras sé sociafement:offrit ses psens,ilz ne feurēt re ceuz,par trop estre epcessifz:se dōna mācipe,a serf voluntayre soy q̄ sa posterité:ce ne feut ac cepté,p ne sēbler equitable:ceda p le decret des rstatz ses terres a royaulme offrant la trāsa ctiō e trāsport signé,seelle a ratifié de toꝰ ceulx q̄ faire le doibuoient,ce fut totalement refuse, a les contractz gettez au feu. A la fin feut,q̄ mō dict pere commencza lamenter de pitié a pleu rer copieusemēt,cōsiderāt le frāc vouloir a sim plicite des Canarriens:a par motz epquys et sentences cōgrues dyminuoyt le bon tour q̄l leur auoit faict,disāt ne leur auoir faict biē q̄ feust a lestimation dū beuf:d,a si rien dhōnes stete leur auoit mōstre,il estoit tenu de ce fai re. Mais tant plus laugmentoit Alpharbal. Quelle feut lyssue? En lieu que poꝰ sa rāczō paņse a toute eptremite, eussent peu tyrannic

ᵹmēt epīger ōīgt foys cēt mille escutz a refenīr
pō̄ houstagiers ses enfans aisnes, Ilz se sont
faictz tributaires perpetuelz, ꞇ obligez noꝰ bail
ler par chascun an deux millions dor affinè a
ōigt quatre kratz, Ilz noꝰ feurēt lanee pmiere
icy payez: la secōde de franc ōouloir en paierēt
ꝓppiij.cēs mille escutz la tierce; ꝓꝓōj. cēs mille,
la quarte troys milliōs, ꞇ tāt tousiours crois-
soyēt de leꝰ bō gré, q̄ serōs cōtraictz feure Inhi-
ler de rien plꝰ noꝰ aporter. C'est la nature de
gratuité. Car le tēps q̄ toutes choses erode ꞇ di
minue, augmente, ꞇ acroist ses biensfaictz; p ce
qun bon tour liberalement faict a hōme de rai
son, croist continuement par noble pensee ꞇ re
membrance. ꝗe ōoulant doncques aucune
ment degenerer de la debōnaireté he ōitaire
de mes parens, maintenant ie ōous absoulz
ꞇ desliure, ꞇ ōous rends francs ꞇ libez ꞇ comme par auant. D'abondant serez a lissue des
porte payez chascun pour troys moys, pour
ōous pouoir retirer en ōos maisons ꞇ famil
les, et ōous conduiront en sauluete sir cens
hommes darmes ꞇ huyt mille hon mes de
pied soubz la conduicte de mon escuyer. Ali=

pandre, affin que par les paisans ne soyez oultragez. Dieu soit auecques vous. Je regrette de tout mõ cueur que n'est icy Picrochole. Car ie luy eusse dõné a entẽdre que sans mon vouloir, sans espoir de accroistre ny mon bien, ny mõ nom estoit faicte ceste guerre. Mais puis qu'il est esperdu, et ne scait on ou, ny comment est estanouy, ie veulx q son royaulme demeure entier a son filz. Lequel par ce qu'est p trop bas daage, (car il na encores cinq ans acõplyz) sera gouuerné et instruict p les anciẽs princes et gens scauãs du royaulme. Et p autãt qu'un royaulme ainsi desolé, seroit facilemẽt ruiné, si on ne refrenoyt la couuoytise et auarice des administrateurs dicelluy: ie ordonne et veulx q Ponocrates soyt sus tous ses gouuerneurs entẽdant, auecques autorité a ce requise, et assidu auecques l'enfant: iusques a ce quil se congnoistra idoine de pouoir p soy regir et regner. Je cõsidere q facilité trop eneruée et dissolue de pardõner es malfaisãs, leurs est occasion de plus legieremẽt de rechief mal faire, par ceste pernicieuse confiance de grace. Je considere q Moyse, le plus doulx homme qui de son tẽps
feust sus

feust sus la terre, aigrement punissoyt les mutins & seditieux on peuple de Israel. Je considere que Jules Cesar empereur tant debonnaire, que de luy dict Ciceron: que sa fortune rien plus souuerain nauoit, sinon quil pouoit: & sa vertus meilleur nauoit, sinon ql vouloit tousiours sauluer, & pardõner a vn chascun. Icelluy touteffoys ce nonobstant en certains endroictz punit rigoureusement les autheurs de rebellion. A ces exemples ie veulx que me liurez auant le departir: premierement ce beau Marquet, qui a esté source & cause premiere de ceste guerre par sa vaine outrecuidance. Secondement ses compaignons fouaciers, q̃ feurent negligens de corriger sa teste folle sus linstant. Et finablement tous les cõseilliers, capitaines, officiers & domesticques de Picrochole: lesquelz le auroient incité, loué, ou cõseillé de sortir ses limites po' alsi nous inquieter.

¶ Comment les victeurs Gargãtuistes feurẽt recõpensez apres la bataille. Ch. pl̃.

Ceste cõction faicte par Gargãtua, feurẽt liurez les seditieux par luy requis: exceptez Spadassin & Merdaille, etc.

Menuail: lesquelz estoient fuyz six heures dauant la Bataille. L'un iusques au col de Laignel,
d'une traicte, l'aultre iusques au Val de Vyre,
l'aultre iusques a Logroigne sans derrier soy
reguarder, ny prendre alaine p chemin, & deux
fouaciers, lesquelz perirent en la tournee. Aultre mal ne leurs feist Gargantua: sinon qu'il
les ordonna pour tirer les presses a son imprimerie: laquelle il auoit nouuellement institue.
Puis ceulx qui la estoient mors il feist honorablement inhumer en la vallee des Noiretes,
& au camp de Bruslevieille. Les naultrez il
feist panser & traicter en son grand Nosocome.
Apres aduisa es dommaiges faict en la ville
& habitans: & les feist rembourcer de tous leurs interestz a leur confession & serment. Et y feist
bastir un fort chasteau: y commettant gens &
guet pour a l'aduenir mieulx soy defendre contre les soubdaines esmeutes. Au departir re-
mercya gracieusement tous les souldars de ses
legions: qui auoient este a ceste defaicte, & les enuoya hyuerner en leurs stations & garnisons.
Excep es aulcuns de la legion Decumane, les
quelz il auoit veu en la iournee faire quelque

prouesses: & les capitaines des bandes, lesquelz il
emmena auesques soy deuers Grandgousier.
A la veue & venue dyceulx le bon homme feut
tant ioyeulx que possible ne seroit le descripre.
Adōc leurs feist vn festi le plus magnificq̃ le plus
abundāt & plus delitieux, q̃ feust veu depuys le
temps du roy Assoire. A lissue de table il distri-
bua a chascū dyceulx tout le paremēt de son
buffet q̃ estoit au poys de dishuyt cēt mille be-
zās dor: en grās bases dātiq̃/grās potz/grās
bassins/grādes tasses/couppes/poteltz/candela-
bres/calathes, nacelles/bretiers/drageoires/&
aultre telle vaisselle toute dor massif oultre la
pirrerie, esmail & ouuraige, qui par estime de
tous excedoit en pris la matiere dyceulx. Pl9
leurs feist compter de ses coffres a chascū dou
ze cens mille escuz contents. Et dabundāt a
chascun dyceulx donna a perpetuite(excepte
silz mouroiēt sans hoirs) ses chasteaulx/& ter
res vicines selon que plus leurs estoiēt cōmo
des. A Ponocrates donna la Roche cler-
maulx/a Gymnaste le couldray/a Eudemon
Montpensier. Le Riuau a Tolmere/a
Sibysole Montsoreau/a Acamas Cangey

o ij

Varenes, a Chironacte, Gravot a Sebaſt
Quinquenays, a Alexandre, Ligré a Sophi
nes, & ainſi de ſes autres places.

¶ Comment Gargantua feiſt baſtir
pour le Moyne labbaye de The
leme. Chap. l.

Eſtoit ſeulement le Moyne a pour
uoir, Lequel Gargantua vouloyt
re abbé de Seuillé: mais il le refu
Si luy vouluſt donner labbaye de Bourgu
ou de ſainct Florent laquelle mieulx luy d
roit, ou toutes deux, ſi les pnoit a gré. Ma
le Moyne luy fiſt reſponce peremptoyre,
de moynes il ne vouloit charge, ny gouuer
ment. Car commēt(diſoyt il)pourroys ie g
uerner, aultruy, qui moymeſmes gouuer
ne, ſcauroys: Si vous ſemblez que ie vo'
faict, & q̃ puiſſe a laduenir faire ſeruice ag
ble, octroyez moy de fonder vne abbay
mon deuys. La demande pleut a Gargāt
offrit tout ſon pays de Theleme, ioupte la
uiere de Loyre, a deux lieues de la grande
reſt du port Huault: Et requiſt a Gargā
q̃ inſtituaſt ſa religiõ au contraire de to

aultres. Premierement doncques(dist Gargantua)
ny fauldra ia bastir murailles au circuit:car
toutes aultres abbayes sont fierement murees.
Voyre,dist le Moyne. Et non sans cause ou
pourquoy a q dauant q darriere,y a force murmur/
ante q conspiration mutue. Dauantaige veu
q en certains couuents de ce monde est en usance,
si femme aulcune y entre(ientends des preudes q
pudicques)on nettoye la place par laqlle elles ont
passé,feut ordonné q si religieup ou religieuse y
entroyt par cas fortuit,on nettoiroyt curieuse
ment tous les lieup par lesqlz auroient passé. Et p
ce q es religions de ce monde tout est compassé,limité,
reiglé par heures,feut decreté q la ne seroit ho
rologe ny quadrant aulcun. Mais scelon les occa
sions q oportunitez seroient toutes les œuures
dispensees. Car(disoit Gargantua)la plus vraye
perte du temps qil sceust,estoit de compter les heures. Quel bien en vient il?q la plus grande resuerie
du monde estoit soy gouuerner au son dune clo
che,q non au dicté de bon sens q entendement. Ite
par ce quen icelluy temps on ne mettoyt en reli
gion des femmes,sinon celles q estoient borgnes,
boyteuses,bossues,laydes,defaictes,folles,in

senses/maleficés/à tarées: ny les hommes si
non catarrhez/mal nez/mais q empesche de
maison. A propos (dist le Moyne) une femme
q nest ny belle ny bonne, à quoy vault toille?
A mettre en religion, dist Gargantua. Voy
re, dist le Moyne, q à faire des chemises, feut
ordonne que la ne seroient recepues sinon les
Belles / bien formees / q bien naturees, q les
beaulx bien formez q bien naturez. Et par ce
que es couuentz des femmes ne entroient les
hommes sinon a emblee q clandestimēt: feut
decreté que la ne seroiēt la les femmes on cas
que ny feussent les hommes: ny les hommes
on cas que ny feussent les femmes. Item par
ce que tāt hommes que femmes une foys re
ceuz en religion apres lan de probation estoit
forcez q astrainctz y demourer perpetuellemēt
leur vie durante, feut estably que tant hōmes
que femmes la receuz, sortiroient quand bon
leur sembleroit franschement q entierement.
Item par ce que ordinairement les religieux
faisoiēt troys veuz: scauoir est de chasteté, pau
ureté, q obedience: fut constitue, que la honora
blement on peult estre marié, que chascū feut
riche, q vesquist en liberté. Au regard de lagē

legitime,les femes y estoient repceues depuis
dix iusques a quinze ans:les hommes depuis
douze iusques a dix & huyt.

¶ Comment feust bastie & dotee labbaye
des Thelemites. Cha.li.

Pour le bastiment,& assortiment de lab
baye Gargantua fist liurer de content
vingt & sept cens mille huyt cens trente
& vn mouton a la grand laine, & par chascun
an iusques a ce que le tout feust parfaict assi-
gna sus la recepte de la Diue seze cens solpā
te & neuf mille escuz au soleil & autāt a lestoil-
le poussiniere. Pour la fondation & entretene
ment dycelle donna a perpetuite vingt troys
cēs soixante neuf mille cinq cens quatorze no
bles a la rose de rente fōciere indemnez, amor
tyz,& soluables par chascū an a la porte de lab
baye Et de ce les a passa belles lettres. Le Bastiment feut en figure exagone en telle faczon
que a chascun angle estoyt bastie vne grosse
tour rōde:a la capacité de soixāte pas en dia-
metre. Et estoient toutes pareilles en grosseur
& protraict. La riuiere de Loyre decouloyt
sus laspect de Septentrion. Au pied dicelle

estoyt une des tours assise, nõmee Artice. En
tirant vers Lorient estoit une aultre nõmee
Calaer, Laultre ensuyuant Anatole. Laultre apres Mesembrine. Laultre aps/ Hesperie. La derniere, Cryere. Entre chascũe tour
estoyt espace de troys cent douze pas. Le tout
basty a six estages/cõprenant les caues soubz
terre pour un. Le second estoit voulté a la forme dune anse de panier. Le reste estoit embrunché de guy de Flandres a forme de culz de lãpes. Le dessus couuert dardoize fine: auecqs
lesousseure de plomb a figures de petitz manequins & animaulx bien assortez & dorez auecques les goutieres qui yssoiẽt hors la muraille entre les croyzees, poinctes en figure diagonale de or & azur, iusques en terre, ou finissoiẽt
en grands eschenaulx qui tous conduisotent
en la riuiere par dessoubz le logis. Ledict bastimẽt estoit cẽt foys plus magnificq q̃ nest Bo-
niuet. Car en celluy estoiẽt neuf mille troys
cens trẽte & deux chãbres: chascune guarnie
de arriere chambre/cabinet/guarderobbe/cha
pelle/& yssue en une grande salle. Entre chascune tour au milieu dud corps de logis estoyt

ine biz brizee dedãs icelluy mesmes corps. De laqlle les marches estoient part de porphyre, part de pierre Numidicq, part de marbre serpentin: longues de .xxii. piedz: lespesseur estoit de troys doigtz: assise par nõbre de douze entre chascun repos. En chascun repos estoient deux beaux arceaux dãtiq, par lesql estoit repceu la clarté, & p iceulx on entroit en ũn cabinet faict a cler voys de largeur de la dicte biz: q mõtoit iusqs au dessus la couuerture, & la finoit en pauillõ. Par icelles biz on entroit de chascũ cousté en une grande salle, & des salles es chambres. Depuis la tour Artice iusqs a Cryere estoiẽt les belles grandes libraries en Grec, Latin, Hebrieu, Francoys, Tuscan, & Hespaignol: disperties par les diuers estaiges scelon iceulx langaiges. Au milieu estoit une merueilleuse biz, de laqlle lentree estoit par le dehors du logis en un arceau large de six toises. Icelle estoit faicte en telle symmetrie & capacité, q six hõmes darmes la lãce sus la cuisse pouoiẽt de frõc ensemble mõter iusqs au dessus de tout le bastimẽt. Depuis la tour Anatole iusqs a Mesembrine estoiẽt belles grãdes

galeries toutes pinctes des anticques prueffes
histoires & descriptions de la terre. Au milieu
estoyt vne pareille montee & porte côme auons
dict du cousté de la riuiere. Sus icelle porte
estoit escript en grosses lres antiques ce q̃ sesuyt.

℄ Inscription mise sus la grande
porte de Theleme. Chap. liii.

Cy nentrez pas Hypocrites/Bigotz/
Dieulx matagotz/marmiteux bour-
soufflez.
Torcoulx badaulx plº q̃ nestoyēt les Gotz
Ny Ostrogotz/ precurseurs des magotz/
Haires/cagotz caffars empantouflez.
Gueux moutouflez/ frapars escorniflez
Befflez/enflez/fagoteurs de tabus
Tirez ailleurs pour vendre vos abus.
Vos abus meschans
Rempliroient mes champs
De meschanceté.
Et par faulseté
Troubleroient mes chants
Vos abus meschans.

℄ Cy nentrez pas maschefains practiciens

Clers,basaucliens mangeurs du populaire
Officiaulx,scribes,ç pharisiens
Juges,anciens,qui les bons parroiciens
Ainsi que chiens mettez au capulaire.
Voſtre salaire est au patibulaire,
Allez y braire:icy n'eſt faict excès,
Dont en vos cours on deuſt mouuoir procès,
Procès ç debaz
Peu sont cy debaz
Ou lon vient sesbatre.
A vous pour debatre
Soient en pleins cabatz
Procès ç debatz.

Cy nentrez pas vous vsuriere chichars,
Buffaulx,seschars,qui tous iours amassez
Grippeminaulx,auailleurs de frimars
Courbez,camars,qui en vous coquemars
De mille marcs ia nauriez assez.
Poinct esguassez neſtes quand cabassez
Et entassez poiltrons a chicheface.
La male mort en ce pas vous deface.
Face non humaine
De telz gents quon maine
Raire ailleurs:ceaus

Ne seroit seant.
Vuidez ce dommaine
Face non humaine.

Cy nentrez pas vous raffotez maſtins
Soirs ny matins, vieulx chagrins & ialous
Ny vous auſſi ſeditieux mutins
Larues/lutins/de dangier palatins/
Grecz ou Latins: plus a craindre que Loups
Ny vous qualons verollez iuſq a lous
Portez vos loups ailleurs paiſtre en bō heur
Crouſteleuez remplis de deſhonneur,
Honneur/los/duduct
Ceans eſt deduict
Par ioyeux acords.
Tous ſont ſains au corps.
Par ce bien leur duict
Honneur/los/deduict.

Cy entrez vous, & bien ſoiez venuz.
Et paruenuz tous nobles cheualiers.
Cy eſt le lieu ou ſont les reuenuz
Bien aduenuz: affin que entretenuz
Grands & menuz tous ſoiez a milliers.

Mes familiers serez & peculiers
Frisques gualliers, ioyeux, plaisans mignōs,
En general tous gentilz compaignons.
Compaignons gentilz,
Serains & subtilz
Hors de vtilité,
De ciuilité,
Cy sont les houstilz
Compaignons gentilz.

Cy entrez vous qui le sainct euangile
En sens agile annoncez, quoy quon gronde.
Ceans aurez vn refuge & bastille
Contre lhostile erreur, qui tant postille
Par son faulx stile empoizonner le monde,
Entrez qu'on fonde icy la foy profonde.
Puis quon confonde & par voix & par roulle
Les ennemys de la saincte parolle.
La parolle saincte
Ja ne soit extaincte
En ce lieu tressainct.
Chascun en soy ceinct,
Chascune ay enceinte,
La parolle saincte.

Cy entrez vous dames de hault paraige
En franc couraige, Entrez y en bon heur,
Fleurs de beaulté a celeste visaige,
A droict corsaige/a maintien prude & saige,
En ce passaige est le seiour dhonneur.
Le hault seigneur, qui du lieu fut donneur,
Et guerdonneur, pour vous la ordonné,
Et pour frayer a tout prou ordonné,
Ordonné par don
Ordonné par bon
A cil qui se donne.
Et tresbien guerdonne
Tout mortel preu dhom
Ordonné par don.

¶ Comment estoit le manoir
des Thelemites.
Chapitre. lii.

AU milieu de la basse court estoyt une fontaine magnificque de bel Alabastre. Au dessus les troys Graces auecques cornes dabondance. Et gettoient leau par les mamelles/bouche, aureilles/ oyeulx/& aultres ouuertures du corps. Le dedans du logis sus ladicte basse court estoit sus gros pilliers de Cassidoine & Porphyre, à beaulx ars dantique. Au dedans desquelz estoient belles gualeries longues & amples, aornees de painctures, de cornes de cerfz & aultres choses spectables. Le logis des dames comprenoit depuis la tour Artice, iusques a la porte Mesembrine. Les hommes occupoient le reste. Deuant ledict logis des dames, affin quelles eussent sesbatement, entre les deux premieres tours au dehors estoient les lices, lhippodrome, le theatre, & natatoires, auecqs les bains mirificques a triple solier, bien garniz de tous assortemens & foyzon deau de Myrte. Ioupte la ruiere estoit le beau iardin de plaisance. Au milieu dicelluy le beau Labyrinte. Entre les deux aultres tours estoient les ieuz de paulme & de grosse balle. Du cousté de la tour Cryere estoit le vergier plan de to9 arbres fructiers, toutes ordōnees en ordre quincūce. Au bout estoit le grād parc foizonnant en toute beste sauuaigine. Entre les tierces tours estoient les butes pour larquebuze, larc, & larbaleste. Les offices hors la tour Hesperie á simple estaige. Lescurye

au delà des offices. La faulconnerye au davant
d'icelles, gouvernee p'asturciers bië experts en
l'art. Et estoit annuellemët fournie p'les Can-
diens, Venitians, & Sarmates de toutes sortes d'oiseaux paragons, Aigles, Gerfaux, Au-
tours, Sacres, Laniers, Faulcons, Espar-
uiers, Emerillons, & aultres: tãt bië faictz & do-
mistiques que partans du chasteau pour s'esbatre es champs prenoiët tout ce q rencõtroient.
La Venerie estoit un peu plus loing tyrãt vers
le parc. Toutes les salles, chãbres, & cabinetz
estoient tapissez en diuerses sortes scelõ les saisons de l'anee. Tout le paué estoit couuert de
drap verd. Les lictz estoiët de brioderie. En chascune arriere chãbre estoit un mirouoir de chry-
stallin enchassé en or fin, autour garny de perles, & estoit de telle grãdeur, qu'il pouoit verita-
blemët representer toute la personne. A l'issue
des salles du logis des dames estoiët les par-
fumeurs & testõneurs, par les mains desquelz
passoiët les hõmes quãd ilz visitoient les dames. Iceulx fournissoient par chascũ matin
les chãbres des dames, d'eau rose, d'eau de na-
phe & d'eau d'ange, & a chascune la precieuse
cassollette

caſſollette vaporant de toutes drogues aromaticques.

℩ Cōment eſtoient veſtuz les religieux
et religieuſes de Theleme.
Chap. liiij.

LEs dames au commēcement de la fon
dation ſe habilloient a leur plaiſir et ar
bitre. Depuis furēt reformees par leur
franc vouloir en la façon que ſenſuyt. Elles
portoiēt chauſſes deſcarlatte, ou de migraine,
et paſſoiēt leſdictes chauſſes le genoul au deſſus par troys doigtz iuſtemēt. Et ceſte liziere
eſtoit de qlques belles broderies et deſcoupeu-
res. Les iartieres eſtoiēt de la couleur de leurs
braceletz, et comprenoiēt le genoul au deſſus et
deſſoubz. Les ſouliers, eſcarpins, et pātophles
de velours cramoyſi rouge, ou violet, deſchic-
quettees a barbe deſcreuiſſe. Au deſſus de la
chemiſe veſtoient la belle vaſquine de quelque beau camelot de ſoye. Sus ycelle veſtoient la verdugalle de tafectas blanc, rouge, tanne, grys et c. Au deſſus, la cotte de tafetas dargent faict a broderies de fin or et a la
gueille entortille, ou ſelon que bō leur ſembloit

p

& correspõdent a la disposition de l'air, de satin, damas, velous, orãge, tâné, verd, cedre, bleu, tâné clair, rouge cramoysi, blanc, drap dor, toille dargent, de canetille, de brodure scelon les festes. Les robbes scelõ la saison de toille dor a frizure dargent, de satin rouge couuert de canetille dor, de tafetas blanc, bleu noir, tanne, sarge, de soye, camelot de soye, velous, drap dargẽt, toille dargent, or traict, velous ou satin portsilé dor en diuerses vrofructures. Et istẽ ãques soubz en lieu de robbes portoient belles Marfottes des parures susdictes, ou quelqs bernes a la Morescue de velous violet a frizure dor sus canetille dargent, ou a courderieres dor quarnies auec rencontre de petites perles Judicqs. En hyuer robbes de tafetas de couleurs comme dessus: fourrees de lorps cerurieres, genettes noyres, martres de Cafa be, zibelines, a aultres fourrures precieuses. Les patenostres, anneaulx, iazerans, corcõs estoiẽt de fines pierreries, escarboucles, rubres, balays, diamãs saphis, esmeraudes, tourquoyses grenatz, agathes, berilles, perles & unions trauailléez. La constremẽt de la testa estoit selõ

le temps En lhyuer à la mode Francoyse.
Au printemps à Lespagnole, En esté à la
Tusq. Excepte les festes e dimanches, esql̃z
portoient accoustrement Francoys. Par ce
quil est p̃us honorable, τ mieux sent la pudi
cite matronale. Les hõmes estoient habillez à
leur mõde, chausses pour le bas destamet ou
serge drappee, destarsette, de migrame, blanc
ou noir. Les hault de besous dicelles coul̃r̃s
ou bien pres apprsch.ãtes: brodees et descḣic-
quettees seelon leur inuẽtion. Le pourpoinct
de drap dor, dargent, de Belous satin, damas,
tafetas de mesmes couleurs, deschicquettez,
brodez, et acoustrez en paragon. Les aguisse-
te de soye de mesmes couleurs: les fers dor bie
esmaillẽz, Les sayes a chamarrees de drap dor
toille dor, drap dargent, belous proffité à plaisir. Les robbes autant precieuses comme des
dames Les ceinctures de soye des couleurs
du pourpoinct, chascũ la belle espee au couste,
la poignee dorce, le fourreau de belous de la
couleur des chausses, le bout dor a de orfeure
rie Le poignart de mesmes. Le bonnet de belous noir, garny de force bagues et boutons

p̃ iii

doz. La plume blanche par dessus mignonne
ment partie a paillettes doz au bout desquel=
les pēdoyent en papilletes, beaux rubyz, esme
raudes ꝛc. Mais telle sympathie estoit entre
les hōmes & les femmes, q̄ par chascun iour
ilz estoiēt vestuz de sēblable parure. Et pour a
ce ne faillir estoient certains gētilz hōmes or
donnez pour dire es hōmes par chascū matin
q̄lle liuree les dames volloiēt en ycelle iournee
porter. Car le tout estoit faict selō larbitre des
dames. En ces vestemēs tāt ppres & acoustre
mēs tāt riches ne pensez q̄ eulx ny elles perdis
sent temps aulcun, car les maistres des garde
robbes auoient toute la vesture tāt prestre par
chascun matin: et les dames de chambre tant
bien estoient aprinses, que en vn moment el=
les estoiēt pstes & habillees de pied en cap. Et
pour iceulx acoustremens auoir en meilleur
oportunite, Au tour du boys de theleme estoit
vn grād corps de maison loing de demye lieue,
bien clair et assorty, en laq̄lle demouroient les
orfeures, lapidaires, brodeurs, tailleurs, ty
reurs doꝛ, veloutiers, tapissiers, & aultelissiers,
et la œuuroiēt chascū de son mestier, & le tout

poꝰ les subdictz religieux τ religieuses. Iceulx
estoiẽt forniz de matiere τ estoffe par les mains
du seigneur Nausiclete, lequel par chascun an
leur rẽdoit sept nauires des Isles de Perlas τ
Canibales chargees de lingotz dor, de soye crue
de ples τ pierreries. Si aulcũs vnions tẽdoit a
vetusté, τ chãgeoiẽt de naifue blãcheur: icelles
par leur art renouuelloiẽt en les dõnãt a mãger a quelques coqs, cõme on baille cure es
faulcons.

¶ Cõment estoient reiglez les Thelemi
tes a leur maniere de viure.
Chap. lij.

Toute leur vie estoit employe non par
loix, statuz ou reigles, mais scelon leur
vouloir τ frãc arbitre. Se leuoient du
lict quand bon leur sembloit: beuuoient, man
geoient, trauailloiẽt, dormoient quand le desir
leur venoit. Nul ne les esueilloit, nul ne les
parforceoyt ny a boyre, ny a manger, ny a
faire chose aultre quelconques. Ainsi lauoit
estably Gargantua. En leur reigle nestoit
que ceste clause. FAICTZ. CE
QVE VOVLDRAS. Par ce
p iij

que gents liberes, bien nez, & bien instruictz, conuersans en compaignies honnestes ont par nature ung instinct & aguillon, qui tousiours les poulse a faictz vertueux, & retire de vice: lequel ilz nommoient honneur. Iceulx quand par vile subiection & contraincte sont deprimez & asseruiz: detournent la noble affection par laquelle a vertuz franchemēt tendoient, a deposer & enfraindre ce ioug de seruitude. Car nous entreprendz tousiours choses defedues: & conuoytōs ce que nous est denié. Par ceste liberté entrerent en louable emulation de faire tous ce que a ung seul voyoient plaire. Si quelcun ou quelcune disoit Beuuons, tous beuoient. S'il disoit, iouōs, tous iouoient. S'il disoit, allōs a lesbat es champs tous y alloyēt. Si cestoit pour voller ou chasser, les dames montees sus belles hacquenees auecques leur palefroy guorrier, sus le poing mignonement enguantele portoient chascune, ou ung Esparuier ou ung Laneret ou ung Esmerillō: les hommes portoiēt les aultres oyseaux. Tāt noblement estoient apruis, q'nestoit entre eulx celuy ny celle q̄ ne sceust lire, escripre, chāter, io-

uer dinstrumēs harmonieux, parler de cinq a
six lāgaiges, q en icelles cōposer tāt en carme
q en oraison solue. Jamais ne feurent veuz
cheualiers tāt preux, tāt gualās, tāt dextres
a pied q a cheual, plus vers, mieulx remuās,
mieulx maniās tous bastōs, q la estoient. Jamais ne feurent veues dames tant propres,
tāt mignōnes, moins fascheuses, plus doctes
a la main, a laquelle, a tout acte mulieble ho
neste q libere, que la estoient. Par ceste raison
quād le temps venu estoit q aucun dicelle ab
baye, ou a la reqste de ses parens, ou pour aultres causes voulust issir hors, auecques soy il
emmenoyt vne des dames celle laquelle lau-
roit prins pour son deuot, q estoient ensēble ma-
riez. Et si biē auoient vescu a Theleme en de
uotion q amytié: encores mieulx la cōtinuoiēt
ilz en mariage, q autant se entraimoyent ilz a
la fin de leurs iours, cōme le premier de leurs
nopces. Je ne veulx oubblier vous descripre
vng enigme qui feut trouue on fondemens de
labbaye en vne grande lame de bronze. Tel
estoit comme sensuyt.

¶ Enigme trouué es fondemens de
 l'abbaye des Thelemites.
   Chapt. lvj.

Auures humains qui
son heur attendez,
Leuez vos cueurs, et
mes dictz entendez,
S'il est permys de croi-
re fermement,
Que par les corps qui
sont au firmament,
Humain esprit de soy puisse aduenir
A prononcer les choses a venir:
Ou si l'on peut par diuine puissance
Du sort futur auoir la congnoissance,
Tant que l'on iuge en asseure decours
Des ans loingtains la destinee a cours:
Ie foys sçauoir a qui le veult entendre,
Que cest Hyuer prochain sans plus attendre
Voire plus tost en ce lieu ou nous sommes
Il sortira vne maniere d'hommes
Las de repoz, & faschez de seiour,
Qui franchement iront & de plein iour

Suborner gents de toutes qualitez
A differentz & partialitez.
Et qui vouldra les croyre & escouter:
Quoy quil en doibue aduenir & couster,
Ilz feront mettre en debatz apparentz
Amys entre eulx & les proches parents,
Le filz hardy ne craindra limpropere
De se bander contre son propre pere.
Mesmes les grands de noble lieu saillis
De leurs subiectz se verront assaillis.
Et le debuoir dhonneur & reuerence
Perdra pour lors tout ordre & difference
Car ilz diront que chascun en son tour
Doibt aller hault, & puis faire retour.
Et sur ce poinct tant seront de meslees,
Tant de discordz venues, & allees
Que nulle histoyre: ou sont les grands mer-
Ne faict recit desmotions pareilles, (ueilles
Lors se verra maint homme de valeur
Par lesguillon de ieunesse & chaleur
Et croyre trop ce feruent appetit
Mourir en fleur, & viure bien petit.
Et ne pourra nul laisser cest ouuraige
Si vne foys il y mect le couraige:

Quil nayt emply par noises & debatz
Le ciel de bruit, & la terre de pas,
Alors auront nen moindre anctorité
Homme sans foy,que gens de verité:
Car tous suyuront la creance & estude
De lignorance & sotte multitude.
Dont le plus sourd sera receu pour iuge,
Dommaigeable & penible deluge.
Deluge(dist il)a a bonne raison,
Car ce trauail ne perdra sa saison
Ny sen sera desluree la terre:
Iusques a tant quil ne sorte a grand erre
Houssaines eaux,dont les plus attrempez
En combatant seront prins & trempez,
Et a bon droict:car leur cueur adonné
A ce combat,naura point pardonné
Mesme aux troppeaux des innocētes bestes
Que de leurs nerfz,& boyaulx deshonnestes
Il ne soit faict,non aux dieux sacrifice
Mais au mortelz,ordinaire seruice
Or maintenant ie vous laisse penser
Comment le tout se pourra dispenser.
Et quen repoz en noise si profonde
Aura le corps de la machine ronde.

Les plus heureux qui plus d'elle tiendront
Moins de la perdre & gaster s'absticndront,
Et tascheront en plus d'une maniere
A l'asseruir & rendre prisonniere,
Et tel endroict qui la pauure diffaicte
N'aura recours que a celluy qui la faicte,
Et pour le pis de son triste accident
Le clair soleil, ains que estre en occident
Lairra espandre obscurité sus elle,
Plus que l'ecclipse, ou de nuyct naturelle
Dont en vn coup perdra sa liberté,
Et du hault ciel la faueur & clarté.
Ou pour le moins demeurera deserte.
Mais elle auant ceste ruyne & perte,
Aura long temps monstré sensiblement
Vn violent & si grand tremblement
Que lors Ethna ne feust tant agittee,
Quand sur vn filz de Titan feut iectee.
Ne plus soubdain ne doibt estre estimé
Le mouuement que fist Inarime,
Quand Typhoeus si fort se despita,
Que dans la mer les monts precipita.
Ainsi sera en peu d'heure rengee
A triste estat, & si souuent changee,

Que mesme ceulx qui tenue lauront
En despitant la pauurete lairront.
Lors sera pres le temps bon & propice
De mettre fin a ce long epercice:
Car les grans eaux dont oyez deuiser
Feront chascun la retraicte aduiser.
Et touteffoys deuant le partement
On pourra veoir en lair apertement
Laspre chaleur dune grand flamme esprise,
Pour mettre a fin les eaulx & lentreprise.
Reste en apres que yceulx trop obligez,
Penez, lassez, trauaillez, affligez,
Par le sainct vueil de leternel seigneur
De ces trauaulx soient refaictz en bon heur
La sera lon par certaine science
Le bien & fruict qui sort de patience:
Car cil qui plus de peine aura souffert
Au parauant, du lot pour lors offert
Plus recepura, O que est a reuerer
Cil qui pourra en fin perseuerer.

¶ La lecture de cestuy monument paracheuee Gargantua souspira profondement, & dist
es assistans, Ce nest de maintenant que les

gents reduictz a la creance euangelicque sont
persecutez. Mais bien heureux est celluy qui
ne sera scandalizé,ᵹ qui tousiours tendra au
But/au Blanc que dieu par son cher filz nous
a prefix,sans par ses affections charnelles
estre distraict ny diuerty. Le Moyne dist.
Que pensez vous en vostre entendemēt estre
par cest enigme designé ᵹ signifie?Quoy,dist
Gargantua,le decours ᵹ maintien de verité
diuine. Par sainct Goderan(dist le Moyne)
ie pense que cest la description du ieu de
paulme:ᵹ que la machine ronde,est le-
steuf, ᵹ ces nerfz ᵹ boyaulx de bestes innocentes,sont les acquet
tes,ᵹ ces gentz eschauffez ᵹ
debatās,sont les ioueurs.
La fin est que apres
auoir bien tra-
uaillé,ilz vont
repaistre,ᵹ
grād chie
re,

F I N I S.

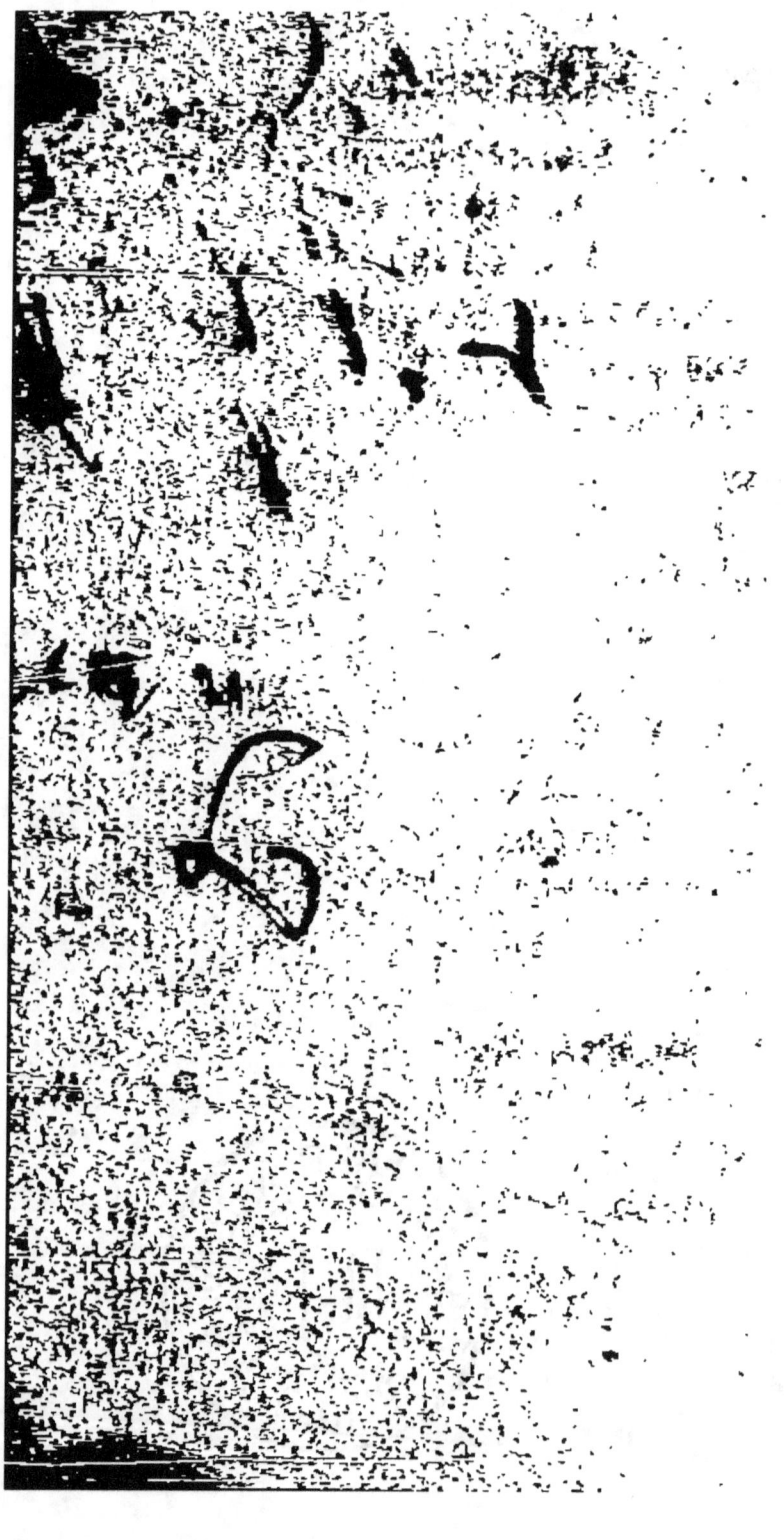

www.ingramcontent.com/pod-product-compliance
Lightning Source LLC
Chambersburg PA
CBHW070200240426
43671CB00007B/503